KB211684

마가복음 강해

거 룩 한 낭 비

박 귀 환 지음

영혼을 소생시키는 진리의 참맛

평소에 아끼고 사랑하는 박귀환 목사께서 마태복음 강해("음부의
권세를 이기는 교회"-상, "천국의 열쇠를 소유한 교회"-하)에 이어
"거룩한 낭비-마가복음 강해"를 출간하게 됨을 크게 기뻐하면서 진
심으로 축하하는 마음으로 추천의 글을 전한다.

개혁교회의 전통에서 설교는 하나님의 말씀을 선포해서 그 말씀
을 경청하는 회중의 삶에 거룩한 변화가 일어나도록 돕는 사역이다.
따라서 설교는 목사에게 주어진 두렵고 떨리면서도, 가장 영광스럽
고 고귀한 사역인 것이다. 배추가 있다고 김치가 되는 것은 아니다.
배추가 소금에 절여지고 갖은양념이 한꺼번에 들어가서 함께 발효
될 때 비로소 맛있는 김치가 되는 것처럼, 하나님의 오묘한 진리의
말씀이 설교를 통해서 우리의 인격 속에 스며들어 발효되면, 생명을
살리는 맛을 내기 시작한다. 그리고 그 말씀이 육신이 되어 우리 가
운데 오신 예수님의 모습으로 인격화된다.

한 편의 설교를 준비하기 위해 설교자는 홀로 골방에서 '말씀과
기도' 속에서 고독한 시간을 보내야만 하는 영혼의 몸부림이 있다.
그 몸부림을 통해 받은 메시지가 설교를 통해 영혼을 소생시키는 진

리의 참맛을 내는 것이다. 따라서 목사는 설교사역을 통해 남다른 영적 고통과 기쁨의 삶을 또한 맛보기도 한다.

그동안 설교를 통해 귀로 듣던 말씀들을 이 책을 통해 눈으로 읽게 될 것이다. 설교는 귀로 듣는 것이지 눈으로 읽는 것이 아니다. 바라기는 이 마가복음 강해서가 단순히 눈으로 읽어서 그 내용을 아는 지식(로고스)에만 머물지 말고, 우리의 '영과 혼과 몸의 관절, 골수까지 찔러 쪼개는'(히 4:12) 살아 있는 하나님의 말씀(레마)으로 들려지기를 원한다. 본서 역시, 마치 산책하듯 쉽고 친절하게 대화체로 복음서 각 장의 단락과 중요한 요절을 놓치지 않고 꼼꼼하게 철저히 해설하고 있다.

이 마가복음 강해서를 통해 다윗의 고백(시 23:3)처럼 독자 여러분의 영혼을 소생시키는 살아계신 하나님의 음성을 생생하게 들을 수 있길 기대한다. 그리고 고난 중에 있는 이웃들과 함께 나누는 영의 양식이 되길 바라는 마음이다. 한 걸음 더 나아가 예수님의 지상명령(마 28:18-20)을 따라 모든 민족을 제자로 삼는 세계선교의 사명을 실천하는 복음의 공동체가 되기를 축원한다.

고 용 수 목사
전 장로회신학대학교 총장

빛을 잃어가는 시대에 빛의 말씀으로...

박귀환 목사님의 "마태복음 강해"를 출판 한 지 일 년 만에 다시 "마가복음 강해"를 출간하게 됨을 진심으로 축하한다. 금번 "거룩한 낭비-마가복음 강해"도 매우 탁월한 강해서로 성도들의 삶을 변화시킬 수 있는 강력한 힘을 지닌 좋은 책이다.

이 책을 정독한 성도들은 정독하기 전과는 분명히 다른 사람이 되어있을 것이다. 세상 속에 파묻혀서 살던 성도들은 세상과는 다른 삶을 살아야 하겠다는 것을 분명히 느끼게 될 것이다. 이 책의 큰 장점은 다른 삶을 살아야 하겠다는 것을 느끼게 할 뿐만 아니라, 다른 삶을 향한 결단에 이를 수 있도록 강력한 힘을 주는 책이라는 데 있다.

이 책은 마가복음의 깊은 의미를 잘 밝혀주고 있다. 하나님 나라의 언약의 백성으로 탄생한다는 것이 무엇을 의미하는지, 세상 속에 존재하는 음부의 세력의 심각성, 교회의 위대함과 세상 속에서의 성도들의 실천과 빛 된 삶, 세상에 얽매이지 않고, 세상과 근본적으로 다른 성도들의 거룩성 등 마가복음이 전하고자 하는 매우 귀중한 하나님 나라의 가치관과 특성을 정확하게, 또한 매우 감동적으로 전달하고 있다.

마가복음을 강해하고자 하는 목회자들도 이 책을 읽으면 성도들을 바르게 가르칠 수 있고, 교회를 세상과는 근본적으로 다른 힘을 가진 하나님 나라를 위한 공동체로 만들 수 있을 것이다.

박귀환 목사님은 아산시에 있는 생명샘동천교회를 크게 부흥시키고, 지역사회에서 살아 있는 빛 된 교회로 만들었다. 교회가 살아 있는 빛 된 교회가 되는 이유를, 독자들은 이 책을 읽으면 그 이유의 많은 것을 찾을 수 있을 것이다. 한국의 교회들이 빛을 잃어가는 오늘의 위기의 시대에 이 책은 더할 나위 없이 귀중한 책이다. 성도들뿐만 아니라 목회자들도 이 책을 정독해서 한국 교회에 새로운 변화가 일어나길 바란다.

김 명 용 목사
전 장로회신학대학교 총장, 현 온신학아카데미 원장

복음서와 말씀의 권위

'복음'(유앙겔리온)이란 말은 '기쁜 소식'이란 뜻이다. 신약의 처음 네 권을 '사복음서'라고 부르는데 이는 기쁜 소식을 전하는 네 권의 책을 말한다. 그중의 두 번째 책인 마가복음은 마가가 전하는 기쁜 소식이다.

'사복음서'의 주제는 예수 그리스도의 이야기이다. 예수 그리스도의 탄생이 기쁜 소식이며, 예수 그리스도의 생애가 기쁜 소식이며, 예수 그리스도의 말씀이 기쁜 소식이며, 예수 그리스도의 죽으심이 기쁜 소식이며, 예수 그리스도의 부활이 기쁜 소식이다. 다시 말하면 예수 그리스도가 우리에게 기쁜 소식인 것이다. 그래서 누가는 예수 그리스도의 탄생을 "온 백성에게 미칠 큰 기쁨의 좋은 소식"이라고 한다.

구약은 오실 예수 그리스도를, 신약은 오신 예수 그리스도를 그리고 요한계시록은 다시 오실 예수 그리스도를 적고 있다. 성경 전체의 주제가 예수 그리스도이다. 그러므로 예수 그리스도가 인류에게 가장 중요한 인물이며 성경의 주제인 것이다. 그런 의미에서 가장 중요한 주제인 예수 그리스도를 '사복음서'는 전해주고 있다.

복음서가 한 권이 아닌 네 권인 까닭도 예수 그리스도가 성경의 핵심적 주제이기 때문이다. 가장 중요한 예수 그리스도를 네 저자가 각각 다른 눈으로 본 것이다. 마가복음은 마가가 보고 기억하는 예수 그리스도를 적고 있다.

사도들이 처음 교회를 세우고 복음을 전하기 시작했을 때 복음서는 없었다. 그러나 복음서가 기록되고 발견된 다음 복음서는 복음 전파의 제일 권위였고, 교회는 그 권위로 복음을 전파하고 있다. 복음서는 예수 그리스도의 사건을 실제적 사실로 전하고 있고, 교회는 복음서를 정경화 과정을 통하여 최고의 권위를 부여한 것이다.

그러므로 복음서는 예수 그리스도에 관한 모든 것을 증언하는 권위를 가지고 있는 것이다. 성경의 모든 책이 소중한 하나님의 말씀이며 귀하지만 복음서만큼 가치 있는 책은 없다. 그런 의미에서 복음서를 잘 가르치는 것은 성도의 신앙을 든든하게 지키는 길이다.

박귀환 목사님께서 그간의 연구와 가르침을 통하여 "거룩한 낭비-마가복음 강해"를 저술하시게 되었다. 목사님의 마가복음 강해에는 영성과 지성이 가득하고 깊은 묵상과 기도의 열정이 흐른다. 복음을 관념적으로 해석하면 이념에 불과하며 사람을 변화시키는 힘을 상실하게 된다. 복음은 언제나 영적이며 동시에 사회적이므로 영적으로 변화시키며, 사회적으로 행동하게 한다. 복음은 예수 그리스도의 이야기이므로 그분을 통하여 우리 자신의 문제를 깨닫게 하고, 동시에 그분을 통하여 문제를 해결하고 영원한 나라를 얻게 한다.

　박 목사님의 마가복음 강해에는 이런 복음에 대한 이해와 설명이 너무나 명료하고 쉽게 풀어 놓아 잔잔한 감동이 오래 간직되며 영혼을 치유하고 회복하는 힘이 있다. 혹자는 교회가 21세기에 살아남으려면 포스트모던 문화 속에서 복음을 구체화해 나가야 한다고 하였다. 포스트 코로나 시대에 박 목사님의 "거룩한 낭비-마가복음 강해"는 우리의 영적, 사회적 힘을 실어주는 복음의 지침이 될 것이다.

이 성 희 목사
대한예수교장로회 증경총회장, 연동교회 원로목사

듣고 싶은 말씀이 아닌 들어야할 말씀

설교가 '목회의 꽃'이라고 하지만 목회 중에서도 가장 힘든 것이 설교 사역이다. 특히 삼복더위가 있는 7~8월 설교는 진을 뺀다. 낮에는 35도 이상, 밤에도 열대야가 되면 생각이 마비될 정도이다. 거기다가 신학자나 다른 설교자의 글을 조금만 인용하면 '표절'이라 하고, 예화가 많으면 "설교 준비 안 하고 예화로 떼운다"라고 하고, 예수님도 시국에 관한 설교를 많이 하셨지만, 시국에 관한 문제점을 지적하면 "정치 설교하지 말고 성경만 설교해 달라"고 요구한다.

조금 풀어서 쉽게 하면 "우리가 초등학생이냐?"라고 하고, 좀 딱딱하게 하면 "강의 시간이냐?"라고 하고, 조금만 길어도 '지루하다'라고 평가하는 것 같아서 갈수록 어렵고 힘든 사역이 설교 사역임을 깨닫는다. 더구나 한 교회에서 동일한 대상을 두고 장기목회를 한다는 것은 교역이 아니라 고역이 될 수도 있는 것이 설교 사역이다.

또한, 현대 교인들은 포스트 코로나와 경제 상황의 어려움으로 인해 우울해하고 지쳐있기 때문에 주일 하루만큼은 교회 나와서 '위로' 받고 싶어 한다. 그 심정 충분히 이해가 간다. 그러나 매 주일 격려, 공감, 칭찬 등 위로하는 설교와 회중의 비위에 맞추는 설교는 결국 영적 성장을 멈추게 하고 만다.

목사는 회중이 듣고 싶어 하는 설교를 하는 것이 아니라 마땅히 들어야 할 설교 즉 하나님이 전하고 싶어 하는 것을 설교라는 통로를 통해서 전달해야만 한다. 사적 감정이 실린 분풀이도 금해야 한다. 가톨릭교회의 수녀의 절제된 행동이 명품이라면 개혁교회의 목사의 설교가 명품이 되어야 한다.

사랑하는 박귀환 목사님은 생명샘동천교회에서 '무엇을, 어떻게 전할 것인가'를 23년 동안 고심하고 기도하면서 강단에 섰다. 그의 눈물과 강해사역으로 교회는 푸른 초장이 되었으며, "거룩한 낭비-마가복음 강해"로 주의 교회와 성도들을 말씀 위에 굳게 세워 말씀의 흥왕함을 증언하였다.

설교의 목적은 '삶의 변화'이다. 'information'(정보)이 아니라 'transformation'(변화)이다. 자신과 성도들의 변화를 위하여 혼신을 쏟아 놓아 샘솟듯 하는 은혜로 인도하는 "거룩한 낭비-마가복음 강해"를 기쁘게 추천한다.

김 태 영 목사
대한예수교장로회 증경총회장, 백양로교회 위임목사

거룩한
낭 비

생명샘동천교회 강단에서 지난 2019년 봄부터 2020년 말까지 마가복음 강해 설교를 선포하면서 복음의 진수(眞髓)를 다시 한번 맛볼 수 있었다. 설교할 수 없는 진리는 죽은 진리이기 때문에 독자들은 이 책을 읽으면서 강단에서의 설교를 연상하며 한 번 더 은혜를 받기를 소망한다.

우리는 사복음서(四福音書)를 분류할 때 공관복음과 요한복음으로 나눈다. 공관복음(共觀福音)이란 같은 관점에서 예수님의 생애를 기록한 복음서로 마태복음, 마가복음, 누가복음이 이에 해당한다. 이 복음서들은 거의 동일한 관점에서 예수님의 생애를 기록하고 있다.

마태복음은 주로 유대인들을 위해 기록된 복음서로서 구약 예언의 성취로 오신 예수님이 메시아라는 사실을 이야기한다. 마가복음은 로마인들을 위해 기록한 복음서로서 왕으로서의 예수님, 혹은 종으로서의 예수님에 대해 기록한다. 누가복음은 이방인 중에 헬라인들을 위해서 기록된 복음서라고 말할 수 있으며 온 인류의 구원자로서의 예수님을 소개한다.

요한복음은 예수님의 생애를 기록하고 있지만, 그것보다는 예수님의 가르침과 교훈을 더 자세하게 풀어서 기록하고 있고, 특별히 하나님의 아들로서의 예수님에 대해 강조하면서 쓰고 있어 사복음서를 공관복음서와 요한복음으로 구분하는 것이다.

복음서의 기록 목적은 사도들이 살아 있는 동안에는 직접 그들의 입술을 통해 예수님의 생애에 대해 들을 수 있었기 때문에 기록할 필요성을 느끼지 못했다. 그러나 점점 세월이 흘러가면서 예수님의 생애에 일어났던 일들과 그 말씀들을 잊어버리는 경향이 생겨났고, 기록의 필요성을 느껴 복음서를 작성하였다.

마가복음은 예수님의 생애와 교훈을 기록한 사복음서 중에서도 가장 오래되고 기본적인 것이다. 특별히 '섬기는 종'으로 오신 예수 그리스도의 모습을 생생히 보여준다. 세상 사람들은 높은 자리에 올라가 군림하고 다스리며 명령하는 것을 성공과 출세로 보았지만, 예수님은 오히려 낮아지고 낮아져서 사람들을 섬기고 사랑하는 삶을 통해 오히려 다스리며 존경받는 새로운 삶의 가치관과 지도력을 보여주셨다.

그의 십자가의 죽음은 그 절정을 이룬다. 그러나 이러한 십자가의 고난과 희생을 통해 부활의 새 아침은 밝아온다. 바로 이러한 은혜와 축복이 "거룩한 낭비-마가복음 강해"를 대하는 모든 성도들에게 함께 하시기를 기원한다.

생명샘동천교회 설립 60주년 기념 설교집으로 "음부의 권세를 이기는 교회-마태복음 강해 상"과 "천국의 열쇠를 소유한 교회-마태복음 강해 하"를 두 권으로 묶어내게 되었다. 지난해에 이어서 금번에 "거룩한 낭비-마가복음 강해"를 출판할 수 있게 되어 참으로 기쁘고 감사하다.

2019년 초(初)부터 귀로 들었던 "거룩한 낭비-마가복음 강해"를 다시 눈으로 읽으며 묵상하는 가운데 말씀과 성령의 능력을 겸비하는 생명샘동천가족들이 되시기를 소원한다. 아울러 이 책을 처음으로 읽게 되는 독자들에게도 성령의 임재와 더불어 살아계신 하나님의 아들을 만나는 은혜의 시간이 되기를 간구한다.

바쁘신 중에도 추천의 글을 보내주신 장신대 고용수, 김명용 총장님과 이성희, 김태영 증경 총회장님의 노고와 사랑에 머리 숙여 감사드린다. 특별히 이 책을 출판할 수 있도록 물심양면(物心兩面)으로 후원하신 우금욱 권사님과 사랑하는 우리 가족들, 그리고 생명샘동천교회 당회원과 성도님들께 깊은 감사를 드린다. 또한, 이 책이 햇빛을 보게 되기까지 원고를 교정해 주며 편집해 주신 '따스한 이야기'의 김현태 목사님과 직원들의 고마움도 기억한다.

코람데오(Coram Deo)!
솔리데오글로리아(Soli Deo Gloria)!

2022. 6. 5. 성령강림절에
성터산기슭 생명샘동천교회 목양실에서
박 귀 환

마가복음 강해

거룩한 낭비

HOLY
WASTE

차 례

1부

예수 그리스도
복음의 시작

예 수 그 리 스 도
복 음 의 시 작

하나님의 아들 예수 그리스도의 복음의 시작이라
선지자 이사야의 글에 보라 내가 내 사자를 네 앞에
보내노니 그가 네 길을 준비하리라
광야에 외치는 자의 소리가 있어 이르되 너희는 주의 길을
준비하라 그의 오실 길을 곧게 하라 기록된 것과 같이
세례 요한이 광야에 이르러 죄 사함을 받게 하는 회개의
세례를 전파하니
온 유대 지방과 예루살렘 사람이 다 나아가 자기 죄를
자복하고 요단 강에서 그에게 세례를 받더라

마가복음 1:1-5

예수 그리스도의 복음의 시작

마 가 복 음   1 장   1 절 ~ 8 절

　사순절 첫 주일을 맞으며 '예수 그리스도의 복음의 시작'을 선포하는 마가복음 강해를 하게 되어 특별한 의미가 있는 것 같습니다. 마가복음은 생명까지 위협받는 로마 제국의 박해에 처해 있던 긴박한 상황의 초대 교회 성도들을 위하여 쓰인 복음서입니다. 이러한 마가복음은 우리의 구속주이신 예수 그리스도의 여러 측면 중 특히 하나님의 구속의 원리에 따라 인간을 위하여 자신을 희생하여 일하시는 종, 고난받는 종으로서의 측면을 강조합니다.

　그리하여 그토록 위대한 종이 우리를 위하여 고난받으사 구속을 성취하셨으므로 우리의 구원이 확실함을 강조합니다. 또한, 그토록 위대한 종이 고난을 받으셨으나, 이를 이기셨듯이, 우리도 주님을 따라 고난을 받지만, 분명히 주안에서 승리할 수 있음을 강조합니다.

　이러한 기록 배경과 주제를 가진 마가복음은 예수님과 예수님의 사역에 대한 신학적 설명이나 평가보다는 예수님의 사역 자체를 있는 그대로 단순 명료한 문체로 제시합니다. 또 주님의 사역 중에서도 주님의 말씀보다 주님의 행동에 더욱 치중합니다. 그리하여 마가의 복음서는 사복음서 중에서도 구약이 약속한 메시아요, 구속주이신 주님의 구속 사역 자체를 가장 역동적으로 보여 줍니다. 실로 마가복음은 놀랍고도 위대한 우리 주님의 이 구원 행동에서 저 구원 행동으로 연속되는 박진감 있는 복음서입니다. 그리고 그 배후에 단순 소박하면서도 종으로서 주님을 따라 죽음을 불사할 것을 각오한 절대적인 신앙고백이 담겨 있는 복음서입니다.

이러한 마가복음의 특징은 그 첫 장인 본 장에서부터 십분 반영됩니다. 마가는 예수님의 탄생과 유년 시절, 또 그보다 선행되는 예수님의 존재와 신분에 대한 설명 즉 예수는 성육신하시기 전에 이미 역사를 초월하며 계셨던 성자 하나님이셨으며, 또한 구약 시대 내내 거듭하여 약속되었던 메시아라는 사실에 대해서는 일체 생략합니다. 다만 자신의 복음서의 서론을 단 한 절로 짧게 밝힌 후 예수의 선구자였던 세례 요한의 등장과 사역에 대해서도 단 몇 마디로 압축한 다음 곧바로 예수의 사역 개시에 대한 기사로 들어갑니다.

마가복음은"하나님의 아들 예수 그리스도의 복음의 시작이라"(1절)는 말씀으로 시작됩니다. 우리는 때때로 '복음'과 '구원'을 구분하지 못할 때가 있습니다. 복음은 구원보다 큰 개념입니다. 복음을 쉽게 설명하면 '예수님에 대한 이야기'입니다. '그리스도'라는 말은 헬라어인데 히브리어로 번역하면 '메시아', 한국어로는 '기름부음 받은 자'라는 뜻입니다. 완전한 복음은 예수님이 내 죄를 대신하여 죽으신 것을 믿어 구원을 받고 난 다음에 하나님이 우리 가운데 보내 주신 성령님을 우리 안에 거하시도록 해야 합니다.

구약시대 기름부음 받은 자는 왕, 선지자(예언자), 제사장뿐이었습니다. 앞으로 오실 메시아는 왕이시면서, 하나님의 예언자이면서, 또 하나님과 인간 사이를 중재하시는 제사장이 된다는 것입니다. 그분이 바로 메시아 예수 그리스도라는 이야기입니다. 그 예수가 바로 하나님의 아들이라는 것을 먼저 선포하고 시작합니다. 본문 1장 1절에서 마가는 마가복음을 쓰면서 우리에게 '이것이 바로 복음이다'라는 것을 먼저 전제합니다. 전제를 수용하고 난 다음에 마가복음을 읽을 때 예수가 누구인지, 복음이 왜 예수인지를 분명히 알 수 있다는 것입니다.

1장 14, 15절에 "요한이 잡힌 후 예수께서 갈릴리에 오셔서 하나님의 복음을 전파하여 이르시되 때가 찼고 하나님의 나라가 가까이 왔으니 회개하고 복음을 믿으라 하시더라"고 합니다. 이 말씀은 하나님 나라가 곧 임한다는 사실과 더불어 하나님 나라가 어떻게 임하는지를 보여 줍니다. 영원한 하나님 나라가 시작된다는 것을 우리에게 알려 주는 것이 바로 복음입니다.

그렇다면 하나님의 나라는 어떤 곳일까요? 1절과 15절을 함께 묶어서 이야기할 때, "복음이 무엇입니까?"라고 묻는다면 "복음은 예수님이 우리를 위해서 이 세상에 가져오는 하나님의 나라"라는 것입니다.

하나님의 나라는 하나님이 다스리는 나라, 하나님의 통치에 대한 이야기입니다. 이 땅에서만 하나님의 통치가 임하는 것이 아니라, 예수께서 다시 재림하셔서 이 땅에 완전한 하나님의 나라를 가져오게 될 때, 사탄은 하나님의 심판을 받아서 완전히 사라지고, 오직 예수 그리스도를 믿어서 구원받은 하나님의 백성만이 영원한 하나님 나라에 들어가게 된다는 것입니다. 이것이 복음이며 본문 1절에서 먼저 선포하고 있는 것입니다.

2~8절까지는 '복음의 시작'에 대한 이야기입니다. "선지자 이사야의 글에 보라 내가 내 사자를 네 앞에 보내노니 그가 네 길을 준비하리라"*(말 3:1)*. 복음은 구약 시대에 이미 시작되었다는 이야기입니다. 그 예언의 성취로 세례 요한이 왔다는 것입니다. 그렇다면 복음의 시작으로서, 구약 예언의 성취로서 온 세례 요한의 사명은 무엇일까요? 3, 4절을 다 함께 읽어 봅시다.

"광야에 외치는 자의 소리가 있어 이르되 너희는 주의 길을 준비하라 그의 오실 길을 곧게 하라(사 40:3) 기록된 것과 같이 세례 요한이 광야에 이르러 죄 사함을 받게 하는 회개의 세례를 전파하니."

세례 요한의 사명은 메시아가 아니라, 메시아가 오는 길을 예비하는 사람이라는 것입니다. 다시 말해 세례 요한은 메시아를 하나님의 백성에게 소개하는 일을 하는 사람으로서 메시아가 자기 백성에게 올 때 그 메시아를 맞을 준비가 될 수 있도록 하는 사람이라는 것입니다. 백성들의 마음이 먼저 준비되어야만 메시아를 만날 수 있다는 이야기가 됩니다. 그렇다면 어떻게 준비할 수 있을까요? 5절을 다 함께 읽어 봅시다.

"온 유대 지방과 예루살렘 사람이 다 나아가 자기 죄를 자복하고 요단강에서 그에게 세례를 받더라."

죄에서 회개하는 마음이 있어야 합니다. 그래서 세례 요한의 사명은 백성들의 세속적인 마음, 하나님을 떠나 있는 마음을 돌이키고 삶의 방향을 바꾸어서 세상을 향하던 마음을 하나님께로 향하게 하는 것이었습니다. 방향 전환을 하는 것이 회개입니다. 세례 요한은 이 일을 위해서 부르심을 받았고, 이 일에 충성된 종으로서 살았습니다.

본문에서 세례 요한이 자신에게 주신 하나님의 사명을 이루기 위해서 어떻게 살았는지에 대한 이야기가 나옵니다. 6절입니다. "요한은 낙타털 옷을 입고 허리에 가죽 띠를 띠고 메뚜기와 석청을 먹더라." 오늘날로 말하면 청바지 하나 입고 아주 평범한 점퍼 하나 걸친 채 살았다는 이야기입니다. 광야에서 오직 하나님과 교제하면서 부르심을 성취하기 위해, 백성들의 마음을 회개로 이끌기 위해 살았다는 것입니다.

모세도 광야에서 40년 동안 살았고, 다윗도 사울 왕에게 쫓겨 10년 이상 광야 생활을 할 때 계시의 음성을 들었습니다. 다시 말해서 광야는 하나님의 음성을 듣는 곳, 하나님의 계시를 받는 곳입니다. 그 광야에서 요한은 하나님의 말씀을 외쳤고, 백성들의 마음을 회개로 이끌어서 메시아를 맞이할 준비를 시켰던 것입니다. 그리고 하나님의 음성을 듣기를 원하는 백성들은 광야로 몰려왔다는 것입니다.

왜 하나님께서 때때로 우리의 삶을 광야로 밀어 넣습니까? 세속적인 라이프 스타일에서 벗어나 하나님과 깊은 교제에 들어가게 하기 위함입니다. 광야에는 아무것도 없기 때문에 우리를 창조하신 하나님에 대한 생각만을 할 수 있는 곳입니다. 오직 내가 어떤 존재인지, 왜 태어났는지, 뭐를 위해서 살아가야 하는지, 하나님은 왜 나를 이 땅에 보내셨는지, 인생의 근본적인 생각을 하게 하는 곳이 광야라는 것입니다.

마지막으로 세례 요한의 이야기가 나옵니다. 7, 8절을 다 함께 읽어 봅시다. "그가 전파하여 이르되 나보다 능력 많으신 이가 내 뒤에 오시나니 나는 굽혀 그의 신발끈을 풀기도 감당하지 못하겠노라. 나는 너희에게 물로 세례를 베풀었거니와 그는 너희에게 성령으로 세례를 베푸시리라." 세례 요한은 물로 세례를 베풀지만, 예수님은 성령으로 세례를 베푸신다고 말씀합니다. 성령으로 세례를 받을 때 본질적인 변화가 나타난다는 것입니다. 물로 세례받는 것은 상징의 표시이지만, 성령의 세례는 본질적인 변화를 만들어낸다는 이야기입니다. 구약 에스겔 36장 24~28절을 다 함께 읽어 봅시다.

"내가 너희를 여러 나라 가운데에서 인도하여 내고 여러 민족 가운

28

데에서 모아 데리고 고국 땅에 들어가서, 맑은 물을 **너희**에게 **뿌려서** **너희**로 정결하게 하되 곧 **너희** 모든 더러운 것에서와 모든 우상 숭배에서 **너희**를 정결하게 할 것이며, 또 새 영을 **너희** 속에 두고 새 마음을 **너희**에게 주되 **너희** 육신에서 굳은(돌 같은) 마음을 제거하고 부드러운(고기 같은) 마음을 줄 것이며, 또 내 영을 **너희** 속에 두어 **너희**로 내 율례를 행하게 하리니 **너희**가 내 규례를 지켜 행할지라. 내가 **너희** 조상들에게 준 땅에서 **너희**가 거주하면서 내 백성이 되고 나는 **너희** 하나님이 되리라."

무슨 이야기입니까? "맑은 물을 너희에게 뿌려서"에서 '물'은 회개의 상징입니다. 하나님의 말씀이라는 것입니다. 다음에는 "새 영을 너희 속에 두고"라고 합니다. 본질적인 변화를 만들어 낼 것이라는 이야기입니다. 세례 요한은 이 이야기를 이미 알고 있었습니다. 물세례는 단순히 상징에 불과한 것이지 본질적인 변화는 하나님이 에스겔에게 약속하신 그 영을 부어주실 때 가능한 것임을 알았던 것입니다.

그래서 이 말을 기억했던 세례 요한은 "성령님이 너희에게 임하실 때 그 성령이 너희 안에 새 마음을 주고 하나님의 뜻을 성취하게 만들어 줄 것이다"라는 이야기를 한 것입니다. 이것이 복음입니다. 성령이 임한다는 사실이 복음입니다. 죄사함의 물세례와 더불어 능력의 성령세례를 우리 모두 받아 예수 그리스도의 복음을 선포하며 누리며 삽시다.

예수님의 사역 준비

　본문의 말씀에는 세 가지 사건이 기록되어 있습니다. 예수님이 세례받으실 때 일어난 사건(9-11절), 예수님이 광야에서 시험받으신 사건(12, 13절), 그리고 예수님이 하나님 나라의 복음을 선포하신 사건(14, 15절)입니다. 이 본문에서 우리는 두 가지 질문을 떠올리게 됩니다. 첫 번째로 '왜 죄 없는 분이 회개를 위한 요한의 세례를 받아야 하는가?'입니다. 그리고 두 번째 질문은 "하늘로부터 소리가 나기를 너는 내 사랑하는 아들이라. 내가 너를 기뻐하노라"(11절)는 말씀의 의미입니다. 도대체 왜 마가는 이 본문을 기록하고 있을까요?

　마태복음과 누가복음에 보면, 예수님이 세례를 받으러 오실 때 세례 요한이 예수님께 질문하는 장면이 나옵니다. "당신이 나에게 세례를 베풀어야 하는데 어찌 내게 세례를 베풀라고 하십니까?" 그러자 예수님은 이렇게 말씀하십니다. "아니다. 이렇게 하여 하나님의 뜻을 이루는 것이 합당하다."

예수님이 세례를 받으신 것은 자신의 죄 때문이 아니었습니다. 모든 인간은 하나님 앞에서 다 죄인입니다. 그래서 하나님 앞에 회개하는 것이 필요하다는 것을 보여주시기 위해서, 상징적으로 혹은 죄인을 대표해서 십자가에서 죽으신 것처럼 죄인들을 대신해 회개의 세례를 받으신 것입니다. 하나님의 뜻을 이루기 위해 세례를 받으셨던 것입니다.

그런데 세례를 받으실 때 세 가지 중요한 사건이 일어납니다. 예수님이 세례를 받고 나오실 때 하늘이 갈라지고, 성령이 비둘기같이 예수님께 임하고, "너는 내 사랑하는 아들이다. 내가 너를 기뻐하노라"는 음성을 들었다는 것입니다. 마가는 왜 이 사건을 기록하고 있을까요?

이것은 하나의 확증을 의미합니다. 죄가 없음에도 불구하고 아버지의 뜻을 위해 순종한 예수님께 "내가 너를 기뻐한다"라는 확증을 보여주고 있는 것입니다. 또한 '하늘이 갈라졌다'는 것은 무엇을 의미합니까? 성경에서 '하늘이 갈라졌다'는 것은 주로 하나님의 계시가 임할 때 나오는 표현입니다. 성령이 비둘기같이 예수님께 임했다는 것 역시 하나님께서 예수님과 함께 하셨다는 증거입니다.

다시 말해 예수님께서 사역을 시작하시기 전에 하나님께서는 "너는 내 사랑하는 아들이며 내가 네가 하는 모든 일을 기뻐한다. 나의 뜻을 이루기 위해서 네가 순종하는 것을 안다"라는 확증을 보여주

31

섰다는 것입니다. 사역을 하기에 앞서 정체성을 심어주신 것입니다.

예수님께서는 세례를 받으신 후 광야로 나가셨습니다(12절). 성령님께서 강권적으로 예수님을 광야로 몰아냈기 때문입니다. 광야는 무엇을 상징합니까?

첫째로 하나님의 연단입니다. 누구든지 하나님의 사역을 하기 전에 연단을 받습니다. 광야를 지나는 동안 우리 속에 있는 나쁜 습관이나 악성, 잘못된 성격들이 드러나게 되어 있습니다. 광야를 지나기 전에는 내가 어떤 존재인지를 정확히 알지 못합니다. 그러므로 광야의 체험은 매우 중요한 것입니다.

두 번째로 광야는 계시를 받는 곳입니다. 광야에 있을 때만 계시의 음성을 들을 수 있습니다. 세속적인 삶을 살 때는 세속적인 생각으로 가득 차 있기 때문에 하나님의 음성이 들리지 않습니다. 광야에는 아무것도 없습니다. 그때 비로소 우리 속에 하나님의 음성이 들립니다. 인생이 무엇인지, 하나님 앞에 어떻게 살아야 할 것인지, 하나님은 왜 나를 창조하셨는지, 왜 하나님이 광야로 부르셨는지에 대한 생각을 하면서 비로소 자신을 깨달아 알게 된다는 것입니다.

세 번째로 광야는 영적 전쟁의 의미를 지닙니다. 광야에서 예수님이 하신 일이 무엇이었습니까? 마가복음에서는 간단하게 기록하지만, 마태복음과 누가복음에 보면 예수님이 40일 동안 금식하면서 사탄에게 시험을 받았다고 말씀합니다. "돌로 떡이 되게 하라." 물질적인 시험이었습니다. "높은 데서 뛰어내리는 것을 사람들이 보고 너를 메시아로 알 것 아니냐." 권력의 시험, 명예의 시험입니다. 예수님은 시험을 받으셨지만, 하나님의 말씀으로 이기셨습니다. 그러므로 예수님께 그 시험은 영광의 시험이었습니다.

광야를 지날 때 알아야 할 것은 광야는 외로운 곳이라는 사실입니다. 광야는 두려운 곳, 배고픈 곳입니다. 사람들이 우리를 인정하지 않는 곳입니다. 본문에 "들짐승과 함께 계시니"(13절 하)라고 합니다. 멧돼지가 있고, 하이에나가 밤중에 달려드는 무서운 곳입니다. 매우 두려운 곳입니다. 완전히 내 버려진 것 같은 곳이 광야입니다.

그러나 또 기억해야 할 것은, 광야는 비록 들짐승만 있는 곳, 외로운 곳, 두려운 곳이지만 하나님이 함께하신다는 사실입니다. 본문에도 "천사들이 수종들더라"(13절 하)고 말합니다. 아무리 위험한 곳이라도 하나님이 함께 하신다는 것을 깨달아 알라고 하나님은 천사를 붙여 예수님이 광야에 있는 40일 동안 천사들이 예수님을 섬기게 했다는 사실입니다. 히브리서 1장 14절에 "모든 천사들은 섬기는 영으로서 구원받을 상속자들을 위하여 섬기라고 보내심이 아니냐"라고 했습니다. 하나님께서 천사들을 보내셔서 지키고 있으니 염려하지 말라는 뜻입니다. 그러므로 우리는 광야를 지나더라도 강한 하나님의 군사로 일어설 수 있습니다.

14절부터 본격적으로 하나님의 복음을 증거하시는 예수님의 모습이 나타납니다. 본문에 예수님이 갈릴리에서 오셔서 드디어 중요한 이야기를 하시는데 두 가지의 선포와 두 가지의 명령을 하십니다. 선포는 "때가 찼다"는 것과 "하나님 나라가 가까웠다"는 것입니다. 카이로스 타임이 왔다는 것입니다.

요한이 붙잡힌 다음에야 비로소 하나님의 시간이 왔습니다. 예수님은 자신의 시간을 알고 계셨습니다. 그래서 요한보다 6개월 뒤에 탄생하셨고, 요한이 회개의 세례를 베풀어 백성들의 마음이 준비된 다음 당신의 사역이 시작된다는 것도 알고 계셨습니다.

아무리 좋은 일이라도 카이로스 타임이 있습니다. 우리에게는 하나님의 부르심의 시간이 있습니다. 그 시간을 알아야 합니다. 14절에 요한이 잡혔을 때 "때가 찼다"라고 합니다. 하나님 나라가 가까웠다는 의미입니다. 다시 말해서 사람들이 하나님의 복음을 들을 때가 왔다는 것입니다.

나를 향한 하나님의 시간이 언제인지를 알아야 합니다. 우리는 왕의 대로에 복음을 전하기 위하여 아랍에 부흥이 오는 것을 바라보면서 주님 앞에 기도하고 있습니다. 아랍의 나라들이 주님께 돌아올 때가 찼다는 것입니다. 그래서 아랍의 봄(*2010년 말 튀니지에서 시작되어 아랍 중동 국가 및 북아프리카로 확산된 반정부 시위의 통칭*) 아랍 스프

링 사건이 일어나고, 이라크 전쟁과 아프간 전쟁, 시리아 내전까지 일어나고 있는 것입니다. 하나님께서 아랍 지역을 뒤흔들고 있다는 것입니다. 그들의 이데올로기를 완전히 뒤흔들어서 그들 속에 하나님의 복음이 들어갈 수 있는 준비를 하고 계신다는 뜻입니다. 하나님 나라가, 아랍 민족을 향한 하나님의 때가 가까웠다는 것입니다.

또한, 성경에 기록된 대로 온 세계에 흩어진 유대인들이 이스라엘 땅으로 모여들고 있습니다. 때가 찼다는 것입니다. 바로 지금이야말로 우리는 잘 준비하고 있다가 아랍의 문이 열리고, 유대인을 향한 문이 열리는 순간 복음을 증거 할 준비를 해야 할 것입니다.

때가 찼을 때 주님이 명령하신 두 가지 내용은 무엇이었습니까? "회개하고 복음을 믿으라"는 것이었습니다. 회개하라는 것은 방향을 바꾼다는 뜻입니다. 그냥 마음만으로 뉘우치고 후회하는 것이 아니라, 그동안 살아왔던 삶의 방향이 틀렸다는 것을 인정하고 돌이키라는 것입니다.

복음은 예수님이며, 하나님 나라에 대한 이야기입니다. '하나님의 통치대로 살아가겠다', '이제는 하나님의 음성을 듣고 예수님 말씀을 따르겠다', '하나님의 영원한 나라가 임하는 그날을 향해 살아가겠다'라고 하는 것이 복음을 믿는 자의 모습입니다. 회개한 자의 태도입니다.

2부

갈릴리에서
전도하시는
예수님

갈릴리에서 전도하시는 예수님

갈릴리 해변으로 지나가시다가 시몬과 그 형제 안드레가
바다에 그물 던지는 것을 보시니 그들은 어부라
예수께서 이르시되 나를 따라오라 내가 너희로 사람을
낚는 어부가 되게 하리라 하시니
곧 그물을 버려 두고 따르니라
조금 더 가시다가 세베대의 아들 야고보와 그 형제 요한을
보시니 그들도 배에 있어 그물을 깁는데
곧 부르시니 그 아버지 세베대를 품꾼들과 함께 배에 버려
두고 예수를 따라가니라

마가복음 1:16-20

예수님의 제자삼기

마 가 복 음 1 장 1 6 절 ~ 2 0 절

마가복음 1장 16절부터 20절까지의 말씀은 예수님께서 공적인 사역을 시작하실 때 가장 먼저 하신 일입니다. 예수님의 사역에서 가장 우선순위에 두신 것은 무엇이었을까요? 본문에서는 두 개의 사건을 다루고 있습니다. 먼저 갈릴리 해변을 가시다가 시몬과 안드레를 불러서 주님을 따르게 하신 것과 두 번째로 야고보와 요한을 불러서 주님을 따르게 하신 사건입니다.

예수님께서는 사역에서 먼저 제자를 선택하시고, 그 제자들이 또다른 사람을 가르칠 수 있도록 준비시키셨습니다. 그런 사역을 일컬어 사용되는 용어가 있습니다. 티포티(*T4T : Training for Trainers*)입니다. 예수님께서는 갈릴리 해변으로 지나가시다가 시몬과 그의 형제 안드레가 바다에 그물 던지는 것을 보시고 그들을 부르셨습니다.

마가는 두 지역을 중심으로 마가복음을 기록합니다.

첫 번째는 갈릴리 지역이고, 두 번째는 예루살렘 지역입니다. 그래서 마가복음 1장부터 9장까지에는 주로 예수님이 갈릴리에서 사역하신 내용이, 10장부터 16장까지는 예수님이 예루살렘에서 사역하신 것을 볼 수 있습니다.

갈릴리에서의 중심 사역은 제자들을 한 명 한 명 선택하신 일로써 그것이 1장 16절부터 3장 12절까지 기록되어 있고, 그다음에 열두제자를 선택하신 것을 3장 13절부터 5장 마지막 절까지 기록하고 있습니다. 다음에 6장부터 9장까지 열두제자를 둘씩 사역으로 파송하는 것을 중심으로 갈릴리 사역을 설명합니다.

다시 말해서 갈릴리는 예수님의 사역 장소였고, 특별히 그 사역에서 가장 중요한 것은 제자를 부르시고, 선택하시고 사역으로 파송하신 것이었다는 사실입니다. 제자들을 통해 사역이 다음 세대에까지 지속되는 것에 주님은 관심을 가지고 계셨다는 것, 마가는 이 점에 착안해서 쓰고 있는 것입니다.

예루살렘에서의 중심 사역은 십자가에서 고난당하시는 일이었습니다. 아버지의 뜻을 이루기 위해서 인류의 죄를 대신 짊어지고 십자가에서 고난당하시는 사건을 10장부터 16장까지 아주 길게 기록하고 있습니다. 갈릴리는 예수님의 사역의 장소이고, 예루살렘은 고난의 장소였습니다.

제자의 조건

당시 예루살렘의 종교지도자들은 갈릴리 출신들을 우습게 알았습니다. "나사렛에서 무슨 선한 것이 나올 수 있겠느냐"는 말씀에서도 갈릴리 사람들을 대하는 태도를 알 수 있습니다. 나사렛은 갈릴리 지방이었습니다. 갈릴리 지방을 우습게 봤다는 것입니다.

그런데 선교의 역사를 살펴보면 놀라운 사실을 하나 발견하게 됩니다. 선교의 부흥은 주로 시골 지역에서 일어났다는 것입니다. 왜일까요? 순수한 마음이 있기 때문입니다. 어린아이와 같은 심령을 가진 자가 많기 때문입니다. 이들은 하나님의 말씀을 들으면 그대로 믿고, 행동에 옮깁니다. 그래서 주님은 그 당시 이방 땅과 같고, 버림받은 땅과 같고, 사람 취급을 받지 못해 어려움 가운데 있던, 갈릴리 지역의 어부들을 불러서 사역에 사용하셨다는 것입니다. 마음이 깨끗한 사람, 심령이 깨끗한 사람, 어린아이와 같은 심령을 가진 자들을 부르셨습니다. 고린도전서 1장 26~29절에는 앞의 말씀을 확증하는 중요한 말씀이 기록되어 있습니다.

만약에 예루살렘에 있는 제사장 중에서, 혹은 유명한 바리새인 중에서, 또는 랍비 가운데서 제자를 선택했다면 그들은 자기를 자랑할 수 있었을 것입니다. 그러나 예수님께서는 자기를 자랑하지 못하게 하려고 갈릴리에서 어부들을 선택하신 것입니다.

부르심의 목적

그렇다면 예수님께서는 왜 제자를 부르셨을까요? 첫째로 예수님을 따르게 하시려는 것이었습니다. 이 말씀은 '버려야'한다는 것입니다. 개인의 욕구, 인생의 목적, 심지어 직업까지도 다 버리고 주님을 따르게 하려는 것이었습니다. 이것이 첫 번째 목적입니다. 두 번째로 그들을 부르신 목적은 사람을 낚는 어부가 되게 하기 위해서였습니다. 다시 말해 그들도 예수님의 사역을 동일하게 하기 원하셨다는 것입니다.

요한복음 14장 12절에서 예수님은 "내가 아버지에게로 가니 너희가 나보다 더 큰 일을 행할 수 있으리라"고 말씀하십니다. 주님의 관심은 주님이 위대한 기적을 나타내 사람들이 축복받고, 치유받고, 은혜받고, 해방되는 것만이 아니었습니다. 여기에서 더 나아가 주님과 같이 일을 행하는 사역자가 나타나기를 원하셨다는 것입니다.

주님이 제자를 부르실 때 부름을 받은 자의 반응은 무엇이었나요? 즉시 그물을 버려두고 따랐다고 합니다(18절). 그들은 어부였습니다. 어린 시절부터 배를 타는 사람이었습니다. 그 외에 다른 일은 할 수 있는 일이 없었습니다. 영적 사역의 경험도 없었습니다. 어찌 보면 성경도 많이 안다고 말할 수 없을 것입니다. 그런데 예수님은 부르셨고, 그들은 곧바로 따랐다는 것입니다.

예수님의 부르심은 신적 부르심이었습니다. 하나님께서 왕께서 우리를 부르셨다는 것입니다. 그렇다면 주권자 되신 왕께서 우리를 부르실 때 우리가 해야 할 일은 무엇입니까? '순종'이라는 것입니다. 그것도 늦은 순종이 아닌, 부분적 순종이 아닌, 즉각적이고 전적인 순종으로 예수님을 따라야 한다는 것입니다.

창세기 12장에 하나님이 아브라함을 부르실 때 "너의 본토 친척

아비 집을 떠나 내가 네게 지시할 땅으로 가라"고 하셨습니다. 아직 지시해 주신 것이 아니었습니다. 미래의 삶이 축복이 될지, 가난이 될지, 사람들의 인정을 받을지, 아니면 영적 전쟁으로 가득 차게 될지 아무것도 모르는 상태에서 다만 따르라는 말씀이었습니다. 그러나 "이에 아브라함이 여호와의 말씀을 따라갔고"(창 12:4)라고 합니다. 즉시 주님을 따랐다는 말씀입니다.

오늘날 교회 안에서 사역자들이 양성되지 않고 있습니다. 세속주의의 영 때문입니다. 마태복음 6장 33절의 "그런즉 너희는 먼저 그의 나라와 그의 의를 구하라 그리하면 이 모든 것을 너희에게 더하시리라"는 말씀이 절실한 때입니다. 여러분의 우선순위는 무엇입니까? 한 명이라도 그리스도의 제자로 삼는 일을 시작하십시오. 그것이 예수님이 보이신 사역의 우선이었다는 것을 기억해야 합니다.

예수님의 권세 있는 가르침

마가복음 1장 21절~34절

영화 '가버나움'을 혹시 보셨습니까? 칸에서 15분간 기립박수를 받았다 합니다. 영화가 끝나고 나서도 한동안 자리에서 일어나지 못했다는 사람들도 많습니다. 일어나 박수치게 한 것은 예술적 감흥일 것이고, 일어나지 못하게 한 것은 삶의 무게일 것입니다. 이 둘을 하나에 담아낸 영화가 '가버나움'입니다.

영화는 소년이 법정에 앉아 있는 장면에서 시작합니다. 이 소년은 부모를 고소했습니다. "왜 고소했습니까?" 재판장의 물음에 "나를 낳았으니까요"라고 대답합니다. 관객들은 아이의 당돌하고 무례함에 당황하지만, 영화가 끝날 때쯤이면 이 아이의 편에 서 있는 자신을 발견합니다. 이 영화의 줄거리를 보면서 중도실명 가수 이용복 씨의 "어머니 왜 나를 낳으셨나요?"의 노래 가사가 생각나게 하는 그런 영화입니다.

아름다운 어촌인 가버나움은 예수님의 공생애 사역의 주 무대입니다. 베드로, 안드레 등의 제자들을 부르신 곳이며, 많은 기적을 행하신 곳입니다. 지금은 성지순례의 중요한 코스입니다. 이곳에 가면 '베드로의 집'을 볼 수 있습니다. 이 집은 오래전부터 기독교인들의 예배처로 사용됐으며, 베드로가 살던 집이었을 개연성도 있습니다.

그러나 영화의 가버나움은 아름다운 곳이 아닙니다. 저주받은 도시 가버나움의 이미지를 레바논의 베이루트에 덧씌웁니다. 주인공 '자인'은 부모가 출생신고를 하지 않아 자기가 몇 살인지도 모르는 소년입니다. 어린 여동생 사하르의 강제 결혼에 항의해 집을 나간 자인은 일할 곳을 찾아 전전하다 '라힐'이라는 여성을 만납니다. 미혼모 라힐은 아기 요나스를 가방 속에 숨겨서 출근하고, 화장실에 넣어 두고 간간이 젖을 먹이면서 일합니다. 자신의 존재 자체를 숨겨야 하는 난민이기 때문입니다.

라힐이 불법체류로 경찰에 체포되자 자인은 혼자서 아기 요나스를 돌봐야 하는 처지가 됩니다. 자인의 부모는 건강한 몸을 가진 어른이면서 자신들이 살기 힘들다고 어린 딸을 팔아넘겨 버렸습니다. 어린 소년 자인은 스스로도 살기 힘든 처지에 딸도 아니고, 동생도 아닌 요나스의 삶을 떠안습니다. 가난, 내전의 상처, 아동학대, 여성학대 등 갖가지 난맥상이 얽혀 있는 저주받은 도시 가버나움입니다.

가버나움이라는 제목은 예수가 축복을 내렸지만 여러 요인으로 인해 축복이 유지되지 않은 마을이며, 생지옥이라는 별명이 붙은 성경 속의 마을입니다. 자인이 살고 있는 저 레바논의 베이루트 도시도 가버나움이라고 할 수 있을 것 같습니다.

45

가버나움을 배경으로 하는 본문 내용은 예수님께서 행하신 여러 가지 사역 가운데 세 가지에 초점을 맞추고 있습니다. 바로 '가르침', '치유', '축사'입니다. 본문을 장소 중심으로 보면 세 단락으로, 사건 중심으로는 네 단락으로 구분할 수 있습니다. 먼저 장소에 따라 구분해보면 회당에서 일어난 일들(21~28절), 시몬의 집(가정)에서 일어난 일들(29~31절), 사회에서 일어난 일(31~34절)로 나눠볼 수 있습니다. 사건들을 중심으로 보면 권세 있는 가르침에 대한 이야기(21, 22절), 더러운 귀신을 쫓아낸 이야기(23~28절), 시몬의 장모의 집에서 열병을 치유하신 일(29~31절), 마지막으로 시몬의 집 앞에 모여든 많은 사람을 고치고 귀신을 쫓아낸 이야기(32~34절)입니다.

하나님의 나라가 임할 때

21, 22절에 보면 예수님께서 회당에 들어가 가르치실 때 사람들이 깜짝 놀랍니다. 당시 사람들은 서기관을 통해 많은 가르침을 받았습니다. 그러나 사람들의 마음에 감동이 없었다는 것입니다. 그러다가 '권위 있는 자와 같은'(22절) 예수님의 말씀에 심령이 찔렸던 것입니다.

예수님의 가르침이 한창일 때, 회당 안에 있던 더러운 귀신들린 사람이 소리를 지릅니다(23, 24절). 이 사람은 왜 평소에는 가만히 있다가 이날 소리를 질렀을까요? 어쩌면 예수님이 권세 있는 가르침을 하시기 전까지는 귀신이 숨어 있는 정상적인 사람처럼 보였으나 영적인 말씀, 하나님의 임재가 있는 말씀이 임하니까 더러운 귀신이 견디지 못해서 소리를 질렀다고 생각해 볼 수 있습니다.

23절 첫 부분에 "마침"이라는 말씀이 나오는데, 이 말은 헬라어로 '유수스'(euthus)입니다. '곧', '바로 그때', '즉시'라는 의미입니다. 예수님의 말씀을 전하는 그 즉시로 귀신이 정체를 드러냈다는 것입니다. 하나님이 임재하시는 거룩한 사역이 시작되면 더러운 귀신도 견딜 수가 없어서 자기의 정체를 드러낸다는 이야기입니다.

귀신은 24절에서 "나사렛 예수여 우리가 당신과 무슨 상관이 있나이까?"라고 말합니다. 이것을 번역하면 "나사렛 예수여, 왜 우리를 괴롭히십니까?"라는 말이 됩니다. '우리'라고 하는 것은 사람 한 명 속에 여러 귀신이 있다는 말입니다. 또 원어 성경에서는 '귀신'에 대해 '더러운 귀신', '더러운 영', 혹은 '깨끗하지 않은 영'이라는 말을 쓰고 있습니다. 하나님의 권위를 인정하지 않고, 하나님을 대적하는 악한 영들이 이 사람 속에 들어가 있고, 그 영이 지금 그 사람 안에서 예수님께 소리를 지르면서 이야기하고 있다는 것입니다.

우리는 여기에서 귀신이 영적인 존재라는 것과 인격체라는 사실을 알 수 있습니다. 귀신들 안에도 서열이 있다는 것입니다. "나는 당신이 누구인지 안다"라는 말을 한 것을 보면 그 많은 귀신 중에 한 명이 대표로 예수님께 이야기를 하는 것 같습니다. 하나님을 알고, 예수님을 알고 있다는 뜻입니다.

예수님은 권세 있는 가르침을 하실 때, 귀신을 보고 명령하지 않으셨습니다. 주님이 권세 있는 교훈을 가르치고 있는데 귀신들이 갑

자기 정체를 드러내면서 소리를 지른 것입니다. 예수님께서 귀신을 멸하려는 목적을 갖고 있지 않다고 하더라도 하나님 나라가 임하게 되면 귀신은 그냥 소리를 지르고 떠나게 되어 있다는 것입니다. 이 것이 바로 복음입니다.

25절에 하나님을 대적하는 악한 영들이 회당 안에서 역사하는 것을 보시고 예수님은 의분을 일으키십니다. 조용히 떠나라는 것입니다. 주님은 여기에서 어떤 방법도 사용하지 않으셨습니다. 다만 권세 있는 사람과 같이 그 권세자의 말로서 "잠잠하고 그 사람에게서 나오라"라고만 말씀했다는 것입니다.

이 모습을 보고 사람들은 깨닫습니다. 하나님 나라의 권세가 예수 님께 있다는 것과 예수님이 하나님 나라를 가져오고 있다는 것, 예 수님이 가는 곳마다 하나님 나라가 임한다는 것을 사람들이 느꼈다 는 것입니다. 그러자 그 소문이 온 사방에 퍼졌습니다(28절). 이 사실 은 중요합니다. 우리가 사람을 쫓아다니고 설득하는 것이 아니라 가 는 곳곳마다 하나님의 일들이 나타나야 할 것이고, 그때 하나님 나 라의 복음은 효과적으로 전파된다는 것입니다.

예수님께서는 회당에서 나와서 야고보와 요한과 함께 시몬과 안 드레의 집으로 향하셨습니다(29절). 그곳에는 시몬의 장모가 열병으 로 누워 있었습니다. 그런데 예수님이 손을 잡아 일으키니 열병이 떠났다고 이야기합니다. 하나님의 나라가 임함으로 열병이 떠났다 는 것입니다.

또 한 가지를 살펴볼 것은 32절 상반절에 "저물어 해질 때에"라고 합니다. 이는 안식일이 끝났을 때를 의미합니다. 다시 말해 안식일 밖에서도 이런 역사가 나타났다는 의미입니다. 회당이나 가정에서 만이 아닌 사회 전체에까지 하나님 나라가 임하고 있는 모습을 보여 주고 있습니다.

예수의 비밀

그런데 이상한 것이 있습니다. 34절에 "귀신이 자기를 알므로 그 말하는 것을 허락하지 아니하시니라"고 합니다. 왜 예수님은 "예수가 메시아다"라는 말을 못 하게 했을까요? 나중에 문둥병자를 고치시고 난 다음에도, 때때로 십자가의 죽으심과 부활에 대한 이야기를 제자들에게 해놓고서도 "사람들에게 아직 알리지 말라"고 말씀하십니다. 왜 예수님께 대한 모든 것을 비밀에 부치셨을까요?

우리는 이것을 '예수님의 비밀'이라고 이야기합니다. 예수님은 십자가에서 고난당하고 부활하시기 전에 사람들에게 자신을 드러내길 원하지 않으셨습니다. 메시아의 사명을 다하기 전에 사람들에게 오해받는 것을 원치 않으셨기 때문입니다. 주위에 사람들이 몰리는 것을 원치 않으셨습니다. 인간적인 동기로 예수님을 따르는 것을 원치 않았다는 것입니다. 만약 귀신들렸다가 나은 사람이, 혹은 예수님의 제자들이 "예수님이 메시아다"라고 하면서 다니면 무슨 일이 일어날까요?

첫째로 수많은 사람이 몰려들었을 것입니다. 당시 사람들은 메시아는 정치적인 왕으로 온다고 생각했기 때문에 '예수님께 가면 한 자리 얻을까'하는 계산으로 몰려들었을 것입니다. 두 번째로 예수님이 메시아, 왕으로 왔다고 하면 로마에서 가만히 두지 않았을 것입니다. 정치적인 폭동이 일어날 수도 있었습니다. 예수님은 그것을 원치 않으셨던 것입니다.

중요한 것은 예수님이 메시아로서 오실 때 사람들의 메시아에 대한 생각이 잘못되어 있었다는 것입니다. 예수님은 섬기기 위해 오신 분이었습니다. 죽기 위해 오셨고, 부활하실 예수님이셨습니다. 즉 사람들이 복음을 정확히 알지 못하고, 잘못된 목적을 가지고 오는 것을 원치 않으셨기 때문에 말하지 못하도록 한 것이 아닌가 생각됩니다.

예수님의 전도와 치유사역

마 가 복 음   1 장   3 5 절 ~ 4 5 절

우리는 가버나움에 있는 시몬 베드로의 집에 많은 사람이 모였고, 거기서 예수님께서 '권위 있는 가르침'으로 많은 환자와 귀신들린 사람들을 고쳐주신 사실을 살펴보았습니다. 본문은 두 가지 사건을 말해주고 있습니다. 예수님께서 전도하신 일(35~39절)과 나병 환자를 치유하신 사건(40~45절)입니다. 먼저 본문 35절을 표준새번역 성경으로 다 함께 읽어봅시다.

"아주 이른 새벽에, 예수께서 일어나서 외딴곳으로 나가셔서, 거기에서 기도하고 계셨다."

예수님께서는 종종 조용한 곳에서 홀로 기도하시곤 했는데, 그분은 이 같은 아버지와의 관계에서 힘을 재충전하셨습니다. 혼자만의 시간은 아버지의 마음을 구하고 힘을 공급받는 시간이었습니다. 예

51

수님은 이미 성령으로 충만하셨지만, 사역이 나아가야 할 방향을 알 필요가 있었기에, 하나님과 시간을 보내면서 받은 능력을 사용할 방법에 관한 통찰력을 얻곤 하셨습니다.

마가는 마가복음을 쓰면서 예수님의 기도 가운데 세 번의 중요한 기도에 대해 기록합니다. 첫째로 1장에서 많은 병자를 고치신 다음 기도하신 장면입니다. 두 번째로 6장에서 오병이어의 기적을 이루시고 난 다음 홀로 산 위에 올라가서 기도하신 내용입니다. 세 번째는 14장에 예수님이 겟세마네 동산에서 하나님의 부르심을 이루기 전에 하신 기도입니다. 이 세 번의 기도가 예수님이 가장 중요한 때에 하셨던 기도였습니다. 그리고 이 기도를 새벽 미명 모두가 자고 있을 때 한적한 곳에서 하셨다는 것입니다.

만약 우리가 사람의 방해를 받지 않고 하나님과만 일대일로 기도하는 장소에서 성령의 인도하심에 귀 기울이는 시간을 충분히 갖지 않으면, 자신도 모르게 성령의 능력을 차단하기 쉽습니다. 또한, 하나님이 주신 능력을 자기 자신을 위해서, 혹은 자신의 지혜로 사용할 가능성이 커집니다. 예수님은 아버지의 뜻과 목적을 알기 위해서 아버지 앞에서 시간을 보냈습니다. 우리도 그의 모범을 따라야 할 것입니다. 36, 37절을 표준새번역 성경으로 함께 읽어 봅시다.

"그 때에 시몬과 그의 일행이 예수를 찾아 나섰다. 그들은 예수를 만나자 '모두 선생님을 찾고 있습니다' 하고 말하였다."

시몬과 다른 제자들이 예수님을 찾으러 나갔습니다. 그들은 예수님을 만나자마자, 모두가 그를 기다리고 있다고 말했습니다. 제자들에게서 사람들이 기다리고 있다는 말을 듣자, 예수님은 말씀 듣기를 원하는 사람들이 있는 다른 마을로 가자고 말씀하셨습니다. 그 마을에 계속 머무르는 것은 예수님의 뜻이 아니었습니다. 본문 38, 39절을 다 함께 읽어 봅시다.

"예수께서 그들에게 말씀하셨다. 가까운 여러 고을로 가자. 거기에서도 내가 말씀을 선포해야 하겠다. 나는 이 일을 하러 왔다. 예수께서 온 갈릴리와 여러 회당을 두루 찾아가셔서 말씀을 전하고, 귀신들을 내쫓으셨다."

여기서 주목할 것은 "나는 이 일을 하러 왔다"라는 주님의 말씀입니다. 이것은 곧 "나의 부르심은 이것이다"라는 뜻입니다. 여기에 살펴볼 것은 제자들이 주님으로부터 기대하는 것과 예수님의 관심이 달랐다는 것입니다. 제자들이 요구하고 사람들이 바랐던 일은 치유 받고 귀신을 쫓고 예수님의 권세 있는 가르침을 받는 것이었습니다. 이것도 물론 필요한 일입니다. 그럼에도 불구하고 그것이 정작 예수님의 부르심의 일은 아니었다는 사실입니다. 한 지역 사람들의 필요만을 채워주는 것이 아니라, 아직 한 번도 복음을 듣지 못한 사람들에게 복음을 전하는 일이 주님이 부르심을 받은 중요한 일이었다는 것입니다.

예수님의 기도의 핵심은 부르심에 집중하기 위해서 하나님의 음성을 듣는 것이었습니다. 우리는 사역을 감당함에 있어 때때로 사람의 영향을 많이 받습니다. 그러나 욕망이 일기 시작할 때 우리는 점점 부르심에서 멀어지게 됩니다. "나는 말씀을 선포하여 전도함으로 치유하는 일을 하러 왔다."

한번은 어떤 나병 환자가 예수님께 다가와 무릎을 꿇은 적이 있었습니다. 표준새번역으로 40절을 다 함께 읽어봅시다.

"나병 환자 한 사람이 예수께로 와서, 그 앞에 무릎을 꿇고 '선생님께서 하고자 하시면, 나를 깨끗하게 해주실 수 있습니다' 하고 간청하였다."

여기서 그 나병 환자에 대한 사람들의 반응을 검토할 필요가 있습니다.

그는 부정한 사람이었기에 따로 격리되어 있어야 했습니다. 그는 어디에서나 환영받지 못하는 사람이었습니다. 그러나 이 나병 환자는 그의 유일한 소망이 주님께 있음을 알고 있었습니다. 그는 예수님께서 모든 병을 고치신다는 말을 듣고 자신도 고침받을 수 있다고 믿었습니다.

나병 환자는 예수 앞에 무릎을 꿇고서 "주님, 당신이 원하시면 저를 깨끗하게 하실 수 있나이다"라고 말했습니다 (마 8:2). 예수님은 그를 보고 불쌍히 여기셨습니다. 사람들은 그를 혐오하면서 쳐다봤지만, 예수님은 그를 긍휼히 여기시고 자비를 베푸셨습니다. 예수님께서 손을 뻗어 그 나병 환자를 만지면서, "원하노니 깨끗함을 받으라"고 말씀하시자 즉시 그 사람의 나병은 고침을 받았습니다. 표준새번역으로 41, 42절을 다 함께 읽어봅시다.

"예수께서 그를 불쌍히 여기시고, 손을 내밀어 그에게 대시고 '그렇게 해주마. 깨끗하게 되어라' 하고 말씀하시니, 곧 나병이 그에게서 떠나고, 그는 깨끗하게 되었다."

세 복음서 기자 모두 주님이 이 사람을 만지려고 손을 내미셨다는 사실을 언급합니다. 나병 환자를 만지는 것은 부정한 행동이었으므로, 이는 아무나 할 수 있는 일이 아니었습니다.

우리 사회에도 이 같은 사람들이 얼마나 많습니까? 끔찍한 죄악을 저지른 흉악범의 경우, 우리는 그들 곁에 가기조차 꺼립니다. 그러나 주님은 우리와 다르십니다. 이 사실이 얼마나 감사한지 모릅니다. 그럴만한 자격도, 가치도 없는 우리를 만지시는 주님의 손길이 얼마나 감사합니까? 주님은 꼭 그를 직접 만질 필요까지는 없었음에도, 주님은 모든 사람에게 자신이 그 나병 환자를 존귀하게 여긴다는 것을 보여 주기 위해 손을 대셨습니다. 예수님은 불결해진다거나 부정해질 것을 두려워하지 않았습니다. 우리에게도 이 같은 마음이 있었으면 좋겠습니다. 43~45절을 보십시오.

"예수께서 단단히 이르시고, 곧 그를 보내셨다. 예수께서 그에게 말씀하셨다. '아무에게도 아무 말도 하지 말아라. 가서, 제사장에게 네 몸을 보이고, 네가 깨끗하게 된 것에 대하여 모세가 명령한 것을 바쳐서, 사람들에게 증거로 삼도록 하여라.' 그러나 그는 나가서, 모든 일을 널리 알리고, 그 이야기를 퍼뜨렸다. 그러므로 예수께서는 드러나게 동네로 들어가지 못하시고, 바깥 외딴곳에 머물러 계셨다. 그래도 사람들이 사방에서 예수께로 모여들었다."

나병을 고치신 후, 주님은 이것을 아무에게도 말하지 말라고 하셨습니다. 다만 제사장에게 가서 깨끗하게 된 표시로 제물을 드려야 했습니다. 마가의 표현에 따르면 예수는 그에게 아무에게도 말하지 말라는 '엄한 경고'를 하셨다고 했습니다. 왜 그렇게 말씀하셨을까요? 이에 대한 답변은 그 나병 환자가 주님의 명령에 불순종함으로 일어난 결과에서 찾을 수 있습니다. 나병 환자는 주님의 말씀을 청종하지 않았습니다. 대신 그는 나가서 주님이 하신 일을 모든 사람에게 말하기 시작했습니다. 그는 가는 곳마다 자기가 치유받았다고 소문을 퍼뜨렸습니다. 그래서 점점 더 많은 사람이 병을 고치기 위해 예수께로 몰려왔습니다. 예수님은 더 이상 드러나게 마을로 들어가실 수 없었습니다. 그래서 사람들을 피해 마을 밖에 계셔야 했습니다.

그럼에도 불구하고 사람들이 여전히 몰려들자 예수님께서는 기도하러 한적한 곳으로 나아가셨습니다 (눅 5:16). 그것이 쉴 수 있는 유일한 방법이었습니다. 이 때문에 예수님께서 나병 환자에게 말하지 말라고 말씀하셨던 것입니다. 사람들은 자신이 원하는 것을 얻고자 계속 예수님께로 나아왔고, 그들의 필요를 채워주는 동안만 예수님을 따랐습니다. 그러나 예수님께서 십자가를 지러 가실 때에는 완전히 달랐습니다. 사람들은 더 이상 예수께 얻을 것이 없다는 것을 깨달으면 재빨리 등을 돌려 예수님을 배반할 것이었습니다.

예수님께서 나병 환자에게 손을 내미신 것을 보면서 그가 얼마나 긍휼이 풍성하신지 알 수 있습니다. 예수님께서는 사람들에게 둘러싸인다는 것이 무엇을 의미하는지 아셨습니다. 그들이 예수님 주변을 에워싼 것은 그에게서 무언가 얻어내려는 속셈 때문이었습니다. 그래서 예수님은 찾아오는 모든 이들을 다 돌보지 않으셨습니다. 때로는 사람들과 또는 그들의 욕구와 거리를 두셨습니다.

예수님은 아버지와의 고독한 시간에 제 역량을 강화하셨습니다. 우리도 바쁜 일이 생길수록 하늘 아버지와 더 많은 시간을 보낼 필요가 있습니다. 세상에 도움을 기다리는 부족한 손길이 너무나도 많고, 또 말씀이 필요한 사람들도 정말 많습니다. 하지만 인간으로서 우리의 자원은 한계가 있기 때문에, 하나님이 맡기신 사역을 감당하기 위해서는 성령의 지혜와 힘을 구해야 합니다.

이것은 하나님과 우리가 어느 정도 시간을 보내느냐에 달려 있고, 그 시간에 우리는 하나님의 자원을 공급받게 됩니다. 우리에게 주님의 모범을 따를 수 있는 은혜를 주시기를 기도합니다.

죄 사함의 은혜

마가복음 2장 1절~12절

우리는 가버나움에 있는 시몬 베드로의 집에 많은 사람이 모였고, 거기서 예수님께서 '권위 있는 가르침'으로 많은 환자와 귀신들린 사람들을 고쳐주신 사실을 살펴보았습니다. 마가복음 1장은 하나님의 나라와 사람의 나라가 충돌할 때, 예수님이 하나님의 나라를 이 땅에 가져오셔서 사탄의 통치를 쫓아내는 모습을 보여 줍니다. 2장으로 넘어가서도 역시 예수님은 메시아로 이 땅에 오셔서 우리의 모든 문제를 해결해주십니다. 그러나 단순히 병을 고치고 모든 악한 영으로부터 해방시켜주는 분으로 끝나는 것이 아니라, 우리에게 가장 근본적인 문제인 '죄의 문제'를 해결해주십니다.

본문은 사람들이 한 중풍병자를 네 사람에게 메워서 예수님께 나아온 이야기입니다. 지난 금요일 유경운 목사님께서 이 본문으로 '헌신의 결과'라는 설교를 하셨습니다. 저는 '죄 사함의 은혜'라는 제목으로 세 가지 관점에서 살펴보고자 합니다.

58

죄 사함을 받는 공동체(1-5절)

예수님께서 다시 가버나움에 들어가셨을 때 일입니다. 2절 하반절 말씀에 "예수께서 그들에게 도(道)를 말씀하시더니"라고 합니다. '도'는 헬라어 원문에 '로고스'라고 합니다. 아마도 하나님 나라에 관한 말씀을 이야기하고 있는 것 같습니다. 그때 네 사람이 한 중풍병자를 주님께 데려옵니다. 4절에 보면 많은 군중 때문에 예수님께로 갈 수 없어서 "지붕을 뜯어 구멍을 내고 중풍병자가 누운 상을 달아 내리니"라고 합니다. 그리고 5절에 보면 예수님은 그 믿음을 보시고 이렇게 말씀하십니다. "작은 자야 네 죄 사함을 받았느니라."

중풍병자와 그의 친구들은 병을 치료받기 원했습니다. 그런데 예수님은 "죄 사함을 받았느니라"라고만 말씀하셨습니다. 병의 원인이 바로 '죄'였다는 것입니다. 예수님께서는 더 근본적인 죄의 문제를 해결해야만 병에서 나을 수 있다는 것을 아시고 "작은 자야 네 죄 사함을 받았느니라"(5절 하)고 말씀하신 것입니다. 그런데 문제는 거기에 한 서기관이 앉아 있었습니다. 그는 마음으로 '자기가 뭔데 사람의 죄를 사해?'라고 생각했습니다. 사람의 생각을 다 아시는 예수님께서는 이렇게 말씀하십니다. 8~12절을 다 함께 읽어 봅시다.

"그들이 속으로 이렇게 생각하는 줄을 예수께서 곧 중심에 아시고 이르시되 어찌하여 이것을 마음에 생각하느냐? 중풍병자에게 네 죄 사함을 받았느니라 하는 말과 일어나 네 상을 가지고 걸어가라 하는 말 중에서 어느 것이 쉽겠느냐? 그러나 인자가 땅에서 죄를 사하는 권세가 있는 줄을 너희로 알게 하려 하노라 하시고 중풍병자에게 말씀하시되 내가 네게 이르노니 일어나 네 상을 가지고 집으로 가라 하시니 그가 일어나 곧 상을 가지고 모든 사람 앞에서 나가거늘 그들이 다 놀라 하나님께 영광을 돌리며 이르되 우리가 이런 일을 도무지 보지 못하였다 하더라."

먼저 9절 말씀을 보면, "네 상을 가지고 걸어가라"고 하면, 그래서 그 사람이 일어나서 걸어가면 사람들이 다 믿을 수 있으므로 그것이 더 쉬운 말이라는 것입니다. 그럼에도 예수님께서 "네 죄 사함을 받았느니라"는 어려운 말씀을 하신 것은, 인자가 땅에서 죄를 사하는 권세가 있는 것을 보여 주기 위함이라는 것이었습니다. 그러면서 중풍병자에게 "네 상을 가지고 집으로 가라"고 명하시자, 중풍병자가 상을 높이 들고 일어나서 하나님께 영광을 돌립니다. 그리고 이때 주위에 있는 모든 하나님의 사람들은 깜짝 놀라서 하나님께 영광을 돌리면서 이렇게 고백합니다. "우리가 이런 일은 도무지 보지 못하였다."

예수님은 단순히 악한 영으로부터 사람을 해방시키는 일만 하시는 분이 아님을 말씀하기 원하셨습니다. 그보다 근원적인 문제 즉 우리 삶에 질병이 오고 악령이 들어오고 저주에 빠져 있는 모든 원인을 해결하려고 오신 분이시다는 말씀입니다. 그 원인이 죄라는 사실을 본문은 말해주고 있습니다.

중풍병자는 살아있으나 움직일 수 없는 사람입니다. 죄 앞에서 무기력한 사람이 영적 중풍병자입니다. 나 자신의 무기력한 모습을 주 앞에 인정해야 합니다. 우리 가족의 무기력한 모습을 있는 그대로 인정하면서 주께 데리고 나와야 합니다.

무기력하게 누워있는 모습이 나와 우리 가족의 모습은 아닙니까? 그 모습 그대로 주께 나아갑니까, 아니면 현실을 외면한 채 원망하며 책임 전가만 하고 있지는 않습니까? *(3, 4절)*.

죄 사함을 주시는 인자(6-10절)

예수님은 중풍병자에게 "네 병이 고침을 받았다"라고 하지 않고 "네 죄 사함을 받았다"라고 선포하십니다. 육신의 병 고침은 일시적이나 주님의 죄 사함은 영원하기 때문입니다. 이 말씀에 오직 하나님 한 분만이 죄를 사하실 수 있다고 생각하는 서기관들이 발끈합니다. 예수님이 하나님의 아들이심을 모르고, 자기 죄를 보지 못하는 사람은 예수님이 주시는 죄 사함의 은혜를 멸시합니다. 스스로 옳다 여기며 죄 사함의 은혜를 거부하는 자가 마음에 악한 생각을 품은 자입니다. 인자에게 죄 사함의 권세가 있음을 알게 하시려고 주님이 중풍병자를 일으키시는 기적을 베풉니다. 내 죄를 보고 주께 죄 사함을 받는 것이 가장 큰 기적이고 권세입니다.

스스로 옳다고 여기며 죄 사함의 은혜를 멸시하는 내 마음의 악한 생각은 무엇입니까? 가장 큰 기적과 권세가 내 죄를 보고 주께 죄 사함의 은혜를 받는 것임을 믿습니까? *(8~10절)*.

죄 사함의 증인(11, 12절)

예수님이 중풍병자에게 "일어나 네 상을 가지고 집으로 가라"고 하시자, 중풍병자가 일어나 곧 상을 가지고 나갑니다. 예수님이 중풍병자에게 집으로 가라고 하신 것은 그의 중풍병으로 그동안 수고한 가족에게 가서 그들을 섬기라고 하신 것입니다. 죄 사함의 은혜를 받고 무기력한 자리에서 일어나게 되었다면, 이제 집으로 가서 그동안 못 한 섬김을 다해야 합니다. 고침받은 기쁨에 빠져 집과 교회를 멀리하지 말고 나를 위해 수고한 공동체로 돌아가야 합니다. 그리고 갈 때 나의 중풍병을 증거하는 상(牀, 침상)을 가지고 가야 합니다. 내 상처와 수치의 상을 가지고 죄 사함의 은혜를 전할 때, 사람들이 다 놀라 하나님께 영광을 돌릴 것입니다.

주께 고침을 받아 일어난 후에 집으로 돌아가 어떻게 식구들을 섬기겠습니까? 죄 사함의 은혜를 전하고자 들고 가야 할 나의 상처와 수치의 상은 무엇입니까?

나를 따르라

마 가 복 음 2 장 1 3 절 ~ 2 2 절

본문의 이야기는 예수님께서 가버나움 동리로 들어감으로 시작됩니다. 그날 가버나움 동리에서는, 입에서 입으로 이런 뉴스가 전달되고 있었습니다.

"세리 레위가 새사람이 되었대. 그래서 그는 오늘 온 동네 사람들을 모아 놓고 잔치를 한 대."
"아니 그 사람이 새사람이 되었다고?"
"응, 나사렛 예수 때문이래."
"레위가 나사렛 예수 때문에 머리가 돈 모양이야."

그러나 막상 그날 그 잔치 자리에 모여든 사람들은 그 동네 사람들이 아니라, 레위의 친구들이었던 세리들, 어둠의 그늘에 묻혀 있던 창기들, 버림받아 빌어먹는 걸인들뿐이었습니다. 그럴 수밖에 없습니다. 왜냐하면, 그 당시 세리는 자기 동족의 피와 기름을 짜듯이 세금을 거두어 로마에 상납하고 그 대가로 자기도 챙겼던 그런 사람이기 때문이었습니다.

그러나 그는 예수를 만나고 사람이 달라졌습니다. 새 이름까지 받았습니다. 본명은 '레위'였습니다. 그러나 그는 이제 마태라는 새로운 이름으로 자기를 부르기 시작했습니다. 마태는 '하나님의 선물'이라는 뜻입니다. 우리 주변에서 크게 변화된 사람이 있다면, 정직하고 겸허한 사람들은 '아니 어떻게 하면 나도 저렇게 변화하여 새사람이 될 수 있을까? 나도 저 사람처럼 신앙을 통해 내 인생이 정말 새로워졌으면 좋겠다'라고 소망할 것입니다. 그 사람의 감동의 드라마처럼 자신도 새로워지고 싶어 할 것입니다.

예수님은 그들의 모습을 지켜보면서 그들이 하나님의 아들이신 예수 그리스도, 구세주이신 예수 그리스도, 메시아이신 예수 그리스도를 받아들이지 못하고 있는 이들에게, 세리 마태처럼 예수를 만나 새로운 인생을 경험하지 못하고 있는 이유를 깨닫게 하려고, 본문을 통해서 일련의 교훈을 베풀기 시작하신 것입니다.

첫째로, 그들이 예수 그리스도를 받아들이지 못하고, 그들의 삶이 달라지지 못하고, 변화하지 못하고 있었던 이유는 이것입니다. 그 당시 많은 사람과 종교인들은 새사람이 되기 위해 그들이 모인 곳에 가고, 비슷한 행동을 하면, 정말로 새로워지는 것으로 착각하고 있었습니다. 그래서 그들이 진정한 변화를, 진정한 새로움을 추구하지 못하고 있었던 것입니다. 둘째로, 그들은 종교의식만으로 새로워지는 줄로 착각하고 있었습니다. 본문에선 이 종교의식을 금식이라고 하였습니다. 그들은 이런 일을 하고 있기 때문에 거룩해지고 새로워진다고 착각하고 있었습니다.

예수님은 그들의 마음속에 있는, 이런 허구를 꿰뚫어 보셨습니다. 금식을 한다든지, 교회에 참석한다든지, 종교행사에 참여한다든지 하는 것, 이 모든 것이 나쁜 것은 아니지만, 이것만 가지고는 인간이 진정으로 새로워질 수 없다는, 보다 깊은 인간의 새사람 됨에 대한, 보다 중요한 하나님의 의도를 알지 못하고 있었던, 그 당시의 종교 지도자들과 유대인들의 이 무서운 착각과 환상을 일깨워 주시기 위해서 이 놀라운 교훈을 시작하신 것입니다.

그러면 어떻게 하여야 인간이 참으로 새로워질 수 있습니까?

오늘 여러분이 이 예배 참석만으로 우리 자신의 삶이 달라지지 않음을 우리는 모두 알고 있습니다. 그러나 그럼에도 불구하고 무엇인가 달라져야 하겠다는 열망이 있어서 여기에 와 계신다면, 이 메시지는 참으로 당신을 위한 말씀입니다. 인간이 참으로 어떻게 새로워질 수 있습니까? 인간이 참으로 어떻게 달라질 수 있습니까?

그것은 첫째로, 본문에 의하면, 인간이 새사람 되기 위해서는 환자가 의사를 만나는 것과 같다는 것입니다. 의사를 만날 환자는 먼저 자신이 환자라는 사실을 깨달아야만 합니다. 본문 17절에서는 "건강한 자에게는 의사가 쓸데없고 병든 자에게라야 쓸 데 있느니라"고 말씀하고 있습니다. 그러므로 환자는 자신이 먼저 환자인 것을 알아야 합니다. 이 사실에 대한 깨달음이 없으면 예수님이 필요하지 않습니다. 종교의식에 참여하고 있다는 것, 찬송하고 기도할 줄 안다는 것, 이것으로 예수님을 대신할 수 없습니다.

이런 종교행위와 상관없이 살고 있던 레위는 예수님을 만나 새로운 경험을 통해 새로운 사람이 되었습니다. 모든 종교행위에 철저하면서도, 예수님을 만나지 못하였던 바리새인들의 비극이 여기에 있습니다. 묻습니다. 당신은 예수를 만나셨습니까? 당신은 내 삶이 참으로 달라지고 변화된 체험을 하셨습니까? 예수님을 만나 새로운 사람이 된 가슴 터지는 간증이 있습니까?

그러나 예수님은 한 걸음 더 나아가 이렇게 제시합니다. 사람이 자신이 환자임을 깨달은 후 새사람 되는 것은 환자가 의사를 만나는 것과 동일합니다. 이 비유 속에서 예수님이 참된 의사이십니다. 여기에 도저히 못 고칠 난치의 질병을 안고 인생을 살아가는 우리에게 복음(Good News)이 있습니다. 그는 만병의 의사이십니다. 완전한 의사로, 전능하신 의사로, 난치의, 불신의 병을 안고, 인생의 길에서 방황하고 있는, 저와 당신을 향해 뚜벅뚜벅 걸어오십니다.

그리고 요청하십니다. "네가 환자라는 것을 인정할래? 네가 입고 있는 종교적 옷에도 불구하고, 네가 하고 있는 종교적 행동에도 불구하고, 네 속에는 훨씬 더 무서운 병이 곪아가고 있다는 사실을, 너는 겸손히 그리고 솔직히 인정할 용기가 있니?" 하나님 앞에서, 나의 죄인 됨에 대한, 이 철저한 자각과 철저한 깨달음이 없이는, 인간이 결코 새롭게 될 수 없습니다.

본문에서 예수님은 의사비유 다음에 신랑비유를 하십니다. 의미가 있는 말씀 구성입니다. 한 걸음 더 나아가 두 번째로 인간이 새사람 되는 것은, 신부가 신랑을 만나는 것입니다. 예수님이 우리에게 신랑으로 다가옵니다. 신부가 자기 인생을 맡길 진정한 신랑을 만나는 것, 이것처럼 여자의 일생에 중요한 것은 없습니다. 참으로 자기를 맡길만한 남편을 만나고, 그래서 자기의 인생을 송두리째 위탁하는 그 순간, 금식을 할 수 없습니다.

왜 금식을 하나요? 감격해야죠, 잔치를 벌여야지요. 금식하면서도 신랑 되신 예수님을 못 만나는 것은 비극입니다. 이것이 바리새인들의 비극이었습니다. 신랑 되신 예수, 이 새 포도주를 만나고도 낡은 가죽부대로는 수용하지 못하여 계속 터져 자빠졌던 것, 그것이 비극 중 비극입니다. 신랑을 만나기 위해 금식하다가 신랑을 만나면 잔치를 여는 게 당연합니다.

기독교는 치료의 종교입니다. 의사와 환자의 관계에서 잘 나타나고 있습니다. 한 단계 더 나아가, 기독교는 환희의 종교입니다. 그 시대의 종교인들은 신랑을 만난 그 감격과 환희 없이, 그저 예배에만 참석하는 예배 교인이었습니다.

하나님의 음성, 하나님의 메시지를 듣습니까? 당신에게 말씀하고 계시는, 이 하나님의 음성에 대한 당신의 응답은 도대체 무엇입니까? 당신은 구원받았습니까? 당신은 회개했나요? 당신은 중생했습니까? 당신은 새로워졌나요? 무엇이 더 중요합니까? 인간이 참으로 새로워지지 못하고 있는 것, 그것은 우리가 가지고 있던 낡은 가죽부대, 낡은 사고방식 때문임을 주님은 보셨던 것입니다.

그래서 주님의 교훈은 일련의 두 개의 비유를 통해서 결론을 맺습니다. 21절에서 "생베 조각을 낡은 옷에 붙이는 자가 없나니, 만일 그렇게 하면 기운 새것이 낡은 그것을 당기어 해어짐이 더하게 되느니라." 빨면 새것이 쫄아 들 것입니다. 그리고 새것에 의해 낡은 것이 찢어질 것, 결국 둘 다 못쓰게 된다는 것입니다. 22절에서도 "새 포도주를 낡은 가죽 부대에 넣는 자가 없나니, 만일 그렇게 하면 새 포도주가 부대를 터뜨려, 포도주와 부대를 버리게 되리라."

옛날에 유대 나라에는 병이 없었으므로, 가죽부대를 병 대신에 사용하였습니다. 새 포도주는 발효하기 때문에 낡은 가죽부대는 터져 버리게 된다는 것입니다. 새 포도주는 새 가죽부대에 넣어야 합니다. 이 새 포도주와 새 가죽 부대는 무엇을 의미합니까? 새 포도주는 예수 그리스도의 말씀이요, 교훈이며, 삶 그 자체입니다.

새 가죽부대는 이 예수 그리스도를 받아들일 사람들입니다. 그런데 이 시대의 종교인들, 즉 예수 그리스도를 받아들일 사람들에게, 새로운 마음가짐이 없었습니다. 다시 말하면 새 생명의 주인인 예수 그리스도에 대한 구체적인 응답이 없었습니다. 22절 하반절을 보십시오. "오직 새 포도주는 새 부대에 넣느니라."

결론을 맺습니다. 예수님은 무슨 이야기를 하고 계십니까? 새로워지기를 원하십니다. 그렇다면, 의사 앞에 서는 환자처럼, 나의 환자 됨을 깨달으시기 바랍니다. 교회에 왔다갔다해도, 아직 살아 계신 하나님을 만나지 못하고, 중생하지 못하고, 구원의 확신이 없고, 영생을 얻지 못하고, 새로워지지 않았습니까? 이제 의사 앞에 찾아온 환자처럼 그 의사 앞에서는, 내 병을 죽을병으로 인정하십시오. 이제, 내 병을 확실히 고쳐 줄 의사를 만난 감격으로 마스크를 벗어야 합니다. 진실하고 솔직해야 합니다. 그리고 의사의 치료의 손길에 내 몸을 조건 없이 내어 맡겨야 합니다. 그것은 무조건적 항복입니다. 그러면 이제부터 치료가 시작됩니다.

예수님은 치료하시는 의사일 뿐만 아닙니다. 내가 치료된 것 같으면, 퇴원시키는 세상의 의사와 같은 것이 아닙니다. 그는 나의 의사인 동시에 한 걸음 더 나아가, 그가 나의 신랑이 되어 주십니다. 두 번째 연속되는 그가 나의 신랑이라는 이 사실은 얼마나 중요합니까? 그분은 나와 더불어 영원히 이 삶을 나누기 원합니다. 신랑 되는 그분 앞에 내 인생과 내 운명을 내어 맡기고 위탁하십시오.

사랑하는 사람들은 날마다 눈을 떠도 신혼의 아침처럼 날마다 아침이 새롭습니다. 그러나 그것은 단순한 부부관계만으로는 불가능합니다. 우리의 신랑 되신 그 예수 그리스도, 내 상처를 치료하시고, 고름을 닦아주시고, 나를 끌어안으시고, 나와 영원한 관계에 들어가시고, 나를 그의 신부로 삼으시고, 애정을 고백하시는 이 놀라우신 주님-예수 그리스도와의 관계 속에서 우리가 보는 아침은 새 아침입니다. 날마다 뜨는 태양이지만, 그 태양은 예수님 때문에 새롭게 보입니다.

14절 하반절을 보십시다. "나를 따르라 하시니 일어나 따르니라." 그는 예수님을 만나자마자, 가만있을 수가 없었습니다. 레위는 모든 것을 버리고 벌떡 일어나 주님을 좇았습니다. 예수님은 모든 것을 버릴만한 가치가 있습니다. 새 포도주(New Wine), 새 인생(New Life). 이 새 생명을 가져오신 놀라우신 예수 그리스도는 모든 것을 포기할 만한 가치가 있습니다.

바울은 말합니다. 그리스도를 더 깊이 알며, 더 깊이 사랑하며, 더 깊이 신뢰하기 위해 나는 세상의 좋던 것을 배설물로 버릴 만큼 예수 그리스도가 소중하다고 했습니다. 이 모든 것을 버릴 만큼 예수는 내 최고의 지식, 나의 사랑, 나의 생명, 나의 전부입니다.

세관에서 예수 없이 삶을 살고 종교의식을 아무리 해 보아도 새로워지지 않고 허무했던 그가, 참으로 자신이 죄인임을 깨닫고, 십자가의 의미를 깨닫고, 예수 그리스도를 그의 구주로 영접하고 구체적인 새 삶 속에 들어갔을 때 마태에게 새 아침이 열립니다. 새 하늘이 열리고 새 땅이 열립니다. 온 누리가 새롭습니다. 그날이 마태에게 있어서는 새해, 새달, 새날이었습니다.

"그런즉 누구든지 그리스도 안에 있으면, 새로운 피조물이라 이전 것은 지나갔으니, 보라 새것이 되었도다"(고후 5:17).

그리스도 안에서만 참으로 새로워질 수 있습니다.

안식일의 두 사건

마 가 복 음 2 장 2 3 절 ~ 3 장 6 절

마가복음 2장 23절부터 3장 6절까지는 두 가지의 사건을 다루고 있습니다. 첫째는 안식일에 밀 이삭을 자르는 사건(2:23~28)이고, 둘째는 안식일에 손 마른 사람을 치유하신 사건(3:1~6)입니다. 그리고 이 두 사건은 '안식일 논쟁'이라는 공통점을 가지고 있습니다.

제자들이 안식일에 예수님과 함께 길을 가다가 이삭을 잘라서 먹습니다. 마가복음에는 이삭을 잘랐다는 말만 나오지만, 마태복음과 누가복음을 살펴보면 제자들이 그 이삭을 잘라 비벼서 먹었다고 합니다. 그 모습을 보고 바리새인들이 비판합니다. 제자들이 어째서 안식일에 하지 못할 일을 했냐는 것입니다.

토라(모세오경)에는 이런 내용이 기록되어 있지 않습니다. 그들이 만든 규정이었습니다. 유대인들은 토라를 해석함에 있어 39가지 구체적인 내용을 담고 있었는데, 그중 한 가지가 "안식일에는 추수를 해서는 안 된다"입니다. 이에 예수님께서는 예를 들어 설명하셨습

71

니다. 마가복음 2장 25, 26절을 다 함께 읽어 봅시다.

"예수께서 이르시되 다윗이 자기와 및 함께 한 자들이 먹을 것이 없어 시장할 때 한 일을 읽지 못하였느냐 그가 아비아달 대제사장 때에 하나님의 전에 들어가서 제사장 외에는 먹어서는 안 되는 진설병을 먹고 함께 한 자들에게도 주지 아니하였느냐."

예수님께서 다윗의 예를 통해 바리새인들에게 하고자 하신 것은 무엇일까요? 첫째로 다윗이 배고파 죽게 되었을 때, 심지어는 성전 안에 있는 떡까지 먹지 않았느냐는 것입니다. 다시 말해 안식일이라 하더라도 사람이 배가 고파 죽게 되었을 때는 추수를 해도 괜찮고, 뭘 해도 괜찮다는 것입니다. 안식일에 가장 중요한 것은 사람이라는 말씀입니다.

둘째로 예수님께서 말씀하기 원하셨던 것은 "다윗은 율법에 먹어서는 안 되는 진설병까지 먹지 않았느냐"는 것입니다. 다윗은 하나님이 이스라엘 왕으로 세우려는 사람이요, 또 앞으로 올 메시아의 표상이라는 것입니다. 다시 말해 다윗은 메시아의 표상으로 와서 진설병까지 율법을 어기면서 먹었는데 하물며 안식일의 주인인 예수님께서 행하시는 중요한 일을 비판할 수 있느냐는 이야기였습니다. 매우 중요한 말씀입니다.

셋째로 예수님께서는 당신이 메시아이신 것과 그분이 율법보다 더 크신, 율법을 초월한 분이라는 것을 말씀하셨습니다. 바리새인들은 안식일을 자기 생명보다 더 귀하게 여겼습니다. 그것이 나쁜 것은 아닙니다. 좋은 일입니다.

그러나 문제는 무엇이었습니까? 많은 사람이 힘들고 어려울 때도 돌보지 않았다는 것입니다. 사람은 생각하지 않고 율법적으로만 계속 사람을 얽어매는 것은 아무런 도움이 안 된다는 이야기입니다. 그러나 하나님께서 안식일을 우리를 위해 창조하셨다고 해서 각자의 편의대로 사용해서는 안 될 것입니다. 안식일의 주인 되신 예수님을 생각하며, 그분의 음성을 듣고 하나님께 나아갈 때 아름다운 안식일, 예배가 될 것입니다.

본문 3장 1절부터 6절까지는 예수님께서 안식일에 손 마른 사람을 고치신 사건입니다. 안식일에 예수님이 회당에 들어가시니까 그곳에 한쪽 손 마른 사람이 있었다고 합니다. 사람들이 예수님을 가만히 쳐다봅니다. 예수님이 안식일에 일을 하는지 안 하는지 보기 위해서 주시했던 것입니다. 토라를 해석한 39가지 내용 중에 막 숨이 넘어가지 직전이 아니면 병 고치는 일은 안식일에 하지 않게 되어 있었습니다. 이때 예수님께서는 손 마른 사람을 일으켜 세워놓고는 바리새인들에게 물으십니다. 본문 3장 3, 4절을 다 함께 읽어봅시다.

"예수께서 손 마른 사람에게 이르시되 한 가운데에 일어서라 하시고, 그들에게 이르시되 안식일에 선을 행하는 것과 악을 행하는 것, 생명을 구하는 것과 죽이는 것, 어느 것이 옳으냐 하시니 그들이 잠잠하거늘."

　예수님의 질문에 바리새인들이 잠잠했습니다. 바리새인들은 '일을 해서는 안 된다'는 것에 초점을 맞추고 있었습니다. 아무 일도 해서는 안 된다는 것만 생각했지, 선한 일을 해도 되는지, 살리는 일을 해도 되는지는 몰랐다는 것입니다. 생각이 그만큼 굳어 있었다는 것입니다.

　그러나 예수님은 하나님이 안식일을 만드신 목적이 무엇인지를 물어보셨습니다. '일하지 말라'는 것이 목적이 아니라는 것입니다. 하나님을 생각하고, 하나님이 원하시는 것에 대해 아는 것이 안식일의 목적이라는 것입니다.

　바리새인들은 당황했을 것입니다. '그 일을 하지 말라'고 하면 자신들이 하나님에 대해서 잘못 생각하는 것이 되고, '하라'고 하면 안식일에 일을 해서는 안 되므로 잘못 말하는 것 같아 아무 말도 못 하고 가만히 있었습니다. 예수님은 그런 그들의 완악함을 보시고 탄식하셨습니다. 결국, 예수님께서 손 마른 자를 고치시자, 그 모습을 보고 바리새인들이 나가서 헤롯당과 함께 어떻게 하면 예수를 죽일까 의논합니다(6절).

　바리새인들은 율법을 지키면서 정치에는 관여하지 않고 오직 종교적으로 주님만을 섬기려고 하는 사람들이었습니다. 그러므로 헤롯당은 바리새인들을 싫어했습니다. 그들은 정치적으로 어떻게 하면 '내가 잘살까, 내가 권력을 잡을 수 있을까'만 생각하는 사람들이었습니다. 서로 미워하는 사람들인데 예수를 죽이는 일에는 함께했다는 것입니다. 오늘날 종교사회에서는 혹시 이런 일들이 일어나고 있지는 않습니까? 진지하게 생각해 볼 문제입니다. 어느 성도의 '아내 죽이기'라는 간증문을 소개하겠습니다.

"다른 사람들 앞에서 흠 잡히기를 극도로 조심하던 저는 결혼한 뒤 줄곧 아내의 말과 행동을 지적했습니다. 다른 사람들을 만나고 오면 아내에게 왜 그렇게 말을 하거나 행동을 했냐고 따져 물으며, '혹시라도 아내 때문에 상대방이 기분 상하지는 않았을까?' 전전긍긍했습니다. 그리고 주일 날 교회에 가기 전에는 늘 무채색 옷을 입으라고 하며 경건을 치장하게 하였으며, 교회 가는 시간이 늦어지면 짜증과 화를 내며 주일성수를 온전히 하지 못하게 하는 아내를 판단했습니다. 안식일에 손 마른 사람을 고치시는 예수님의 모습을 그르다고 판단하며 죽이려 한 바리새인들처럼, 정작 저 자신이 아내를 죽이고 있는 줄도 모르고 제 방식이 옳다고만 여겼습니다(5-6절).
예수님은 율법에 얽매여 구원에 초점을 두지 못하는 바리새인에게 안식일에 생명을 구하는 것과 죽이는 것 중 어느 것이 더 옳은지를 물으십니다(4절). 그런데 저는 도덕과 윤리적인 잣대를 들이대며 제가 원하는 대로 고치려다가 아내를 죽이고 있는 줄도 몰랐습니다. 사실 고침을 받아야 할 사람은 아내가 아닌 저였습니다.
'아내를 희생해서라도 겉으로는 착한 척, 경건한 척을 하며 살아온 내가 정말 아픈 사람이구나'라고 인정하게 되었습니다. 그렇게 말씀의 거울 앞에 제 모습을 직면하고 난 뒤, 아내에게 진심으로 용서를 구하게 되었습니다. 그 후 회개하는 마음으로 1년간 아내의 어떤 말과 행동에도 입을 다무는 적용을 하기도 했습니다. 손 마르고 병든 저를 통해 가정을 살려주시고 저처럼 자기 의로 가족을 힘들게 하는 지체들을 보며 애통해하고 기도할 수 있는 마음을 주신 주님께 감사드립니다."

결론적으로 안식일에 이삭을 잘라 먹는 문제로 바리새인들이 예수님을 고발하려 할 때, 예수님은 다시 그들의 회당에 들어가십니다. 성경을 가르치면서도 안식이 없는 그들에게 진정한 안식을 가르쳐 주시기 위해서입니다. 이렇게 안식을 보이고 전하려면 사람을 두려워하지 않아야 합니다.

또한, 예수님은 안식일에 손 마른 사람을 고치심으로 안식일에 선을 행하고 생명을 구하는 것이 옳은 일임을 보여 주십니다. 구원과 관계없이 내 의를 쌓고 내 복만 구하는 구제와 봉사는 안식일에 악을 행하는 것입니다. 안식일에 선을 행하는 것은 영육 간에 사람을 살리는 일입니다. 나의 마르고 병든 부분을 말씀묵상과 예배로 주님께 내미는 것이 옳고 아름다운 일입니다.

예수님의 갈릴리 사역

마 가 복 음 3 장 7 절 ~ 1 2 절

바리새인들이 헤롯당과 함께 '어떻게 예수를 죽일까' 의논함으로 예수님께서 회당을 떠나 제자들과 함께 갈릴리 바다로 물러가셨습니다(6, 7절). 그리고 다음부터는 회당보다는 주로 군중들을 치유하신 갈릴리 사역 이야기가 소개됩니다.

마가는 마가복음을 기록하면서 갈릴리가 바로 예수님 사역의 중심지였다는 것과 수많은 제자의 무리가 갈릴리에서 나왔다는 사실, 그리고 갈릴리는 당시 완전히 이방 땅이었다는 것을 말해주고 있습니다.

다시 말해 하나님께서 메시아를 보내주실 때 이방인과 같이 버려진 사람들에게 찾아오셔서 그들 가운데 사역을 행하시고 하나님 나라의 복음을 전파하셨다는 사실을 상당히 강조하고 있는 것 같습니다. 그래서 7절 하반절에도 "갈릴리에서 큰 무리가 따르며"라고 기록하고 있는 것입니다.

다음으로 8절에 보면 "유대와 예루살렘과 이두매와 요단 강 건너편과 또 두로와 시돈 근처에서 많은 무리가 그가 하신 큰일을 듣고 나아오는지라"라고 합니다. 예수님에 대한 소문을 듣고 많은 사람이 예수님이 계신 갈릴리로 모여들었다는 이야기입니다. 갈릴리를 중심으로 남쪽 유대와 당시 종교생활의 중심지였던 예루살렘에서도 온 이스라엘 사람들이 예수님께 나아왔다는 것입니다. 종교지도자들은 예수님을 대적했지만, 오히려 귀신마저도 예수님이 메시아인 것을 인정했습니다(11절).

"더러운 귀신들도 어느 때든지 예수를 보면 그 앞에 엎드려 부르짖어 이르되 당신은 하나님의 아들이니이다."

많은 무리가 병 고침을 받으려고 예수께 몰려들자 예수님은 배를 띄우게 하여 그들과 거리를 두십니다(9절). 병 고침을 받으려고 주님을 만지려고만 하다가 말씀을 듣지 못해 죄와 사망에서 구원받지 못할 것을 염려하셨기 때문입니다. 더러운 귀신들처럼 지식적으로 믿는 것을 모두 예수님이 금하고 경고하시는 것입니다. 내 병보다 죄를 더 애통해하고 주님의 구원사역에 따라 말하고 행동하는 것이 주님의 큰일입니다.

나의 믿음은 문제 해결을 위해 주님을 만지려고만 하는 믿음입니까? 지식적으로만 예수님을 아는 믿음입니까? 아니면 말씀으로 내 죄를 보고 구원에 초점을 두는 믿음입니까? 본문을 통해 우리는 예수님의 소문을 듣고 병 고침을 받기 위해 주께 나아가는 자들과 그들을 향하신 예수님의 열심을 보겠습니다.

1. 주님의 치유를 경험하는 방법

1) 말씀을 들어야 합니다

예수를 따르는 무리 중에는 고침을 받기 원하는 병자들이 많았습니다. 저들은 질병과 가난으로 인하여 소외당한 외롭고 고통스러운 소망을 잃은 자들이었습니다.

그러나 저들의 귀에 어느 날 복된 소식이 들려왔습니다. 들을 귀가 있는 자는 복이 있습니다. 죄인을 부르러 오신 주님의 음성, 병든 자를 고치러 오신 의원이신 주님의 음성, 죽은 자를 살리러 오신 구세주의 음성을 듣는 자는 복 있는 자입니다. 듣는 자는 믿음을 가질 수 있으며, 믿음으로 그분께 나아가는 자가 축복에 동참할 수 있기 때문입니다. 그러므로 우리는 복된 소식에 귀를 기울일 뿐만 아니라 복음을 전파하는 일에도 최선을 다해야 할 것입니다. 전파하는 자가 없으면 저들이 들을 수가 없고, 듣지 못하면 믿고 주께 나아갈 수가 없기 때문입니다.

2) 주께 나아가야 합니다(8절)

소외된 자와 가난한 병자들과 자신의 힘으로 해결할 수 없는 문제들로 인해 괴로움을 당하던 자들에게 너무도 놀랍고 귀하고 복된 소식이 전해졌습니다. 그러나 소문을 듣고 놀라 감동하는 것으로는 아무 일도 일어나지 않습니다. 결단이 필요한 것입니다. 즉 일어나 그에게로 가야 합니다. 지금도 그분에 대한 소식을 듣는 자들이 많이 있습니다. 그러나 일어나 나아오는 자는 지극히 적은 현실입니다. 진실한 마음으로 자기를 찾는 자들에게 상 주시는 예수 그리스도를 믿는 믿음으로 주께 나아갑시다.

3) 그리스도를 만져야 합니다(10절)

예수께 나아간 무리 중에는 그를 만짐으로써 고침받은 자들이 많이 있었습니다. 우리는 주님께 대한 소문을 듣는 것으로, 그분께 나아가는 것만으로, 그를 만진 자들과 함께 기뻐하는 것만으로 만족해서는 안 됩니다. 그리스도와 나와의 개인적이고 구체적인 만남만이 죄로 인한 멸망의 길로부터 구원받을 수 있는 유일한 길이기 때문입니다. 내가 만난 예수가 절대적으로 필요합니다.

우리는 자신의 죄를 똑바로 직시하고 사죄의 필요성을 절감한 후, 그리스도와의 영적인 접촉으로 인하여 죄 사함을 얻어야 합니다. 예수님의 옷자락을 만짐으로 새 사람을 얻었던 여인처럼(막 5:29) 우리도 새 생명을 얻기 위하여 주님을 만나야만 합니다.

2. 무리에 대한 예수님의 태도

1) 영혼을 사랑하셨습니다

예수님은 사랑을 베풀기 위해 이 세상에 오셨습니다. 그래서 인간을 대하실 때 늘 한 영혼을 천하보다 귀하게 여기고 사랑하며 긍휼히 여겨 주셨습니다. 주님은 인간의 질고를 담당하시고 죄악을 도말하기 위해 십자가의 대속적 죽음을 자취하셨습니다. 그러한 주님의 은혜로 우리는 모두 구원의 은총을 입게 되었습니다. 이러한 주님의 사랑을 우리 성도들은 이웃에게 베풀어야 합니다. 사랑을 전할 때 그 사람은 온전하게 됩니다. 하나님의 사랑을 가슴에 품고 행하는 자는 하나님의 온전하신 성품을 닮은 자입니다.

2) 긍휼히 여기셨습니다

주님은 괴로움과 고통 중에 있는 자들을 한 번도 외면하신 적이 없습니다. 그들을 불쌍히 여기고 도움을 주셨던 그분은 우리에게도 "아버지의 자비하심과 같이 너희도 자비하라"(눅 6:36)고 말씀하십니다. 긍휼을 베푸는 자는 주의 자비하심을 입게 되며, 자손이 복을 받고(시 37:26), 생명과 의와 영광을 얻게 될 것(잠 21:21)을 약속하셨습니다. 이제 우리는 부와 명예만을 추구하는 삯꾼과는 달리, 최선을 다하여 맡은 일에 충성함으로 주인의 즐거움에 참여하는 특권과(마 25:23) 생명의 면류관을 얻는(계 2:10) 신실한 일꾼들이 되시기를 소망합니다.

3. 주님에 대한 귀신들의 태도(11절)

나사렛의 청년 예수를 당시 아무도 하나님의 아들이라고 고백하지 않았습니다. 그러나 더러운 귀신들은 영적 존재이기에 예수님의 정체를 쉽게 알아보고 나사렛 예수가 하나님의 아들이라고 고백했습니다. 아직도 사람 중에는 귀신보다 못한 사람들이 많이 있으니 그들은 곧 예수님을 하나님의 아들로 고백하지 못하는 자들입니다. 우리 가운데 아직도 지식으로만 예수님을 알고 있는 사람들이 있다면 그가 곧 하나님의 아들이심을 믿고 그의 능력을 의지하여 죄 사함을 받을 수 있기를 소원합니다.

여러분은 과연 나사렛 청년 예수를 하나님의 아들로 믿고 있습니까? 그에게 우주의 모든 권세가 주어져 있다고 믿고 있습니까? 그가 우리의 죄를 용서하고 구원하실 것임을 믿고 있습니까? 그가 죽었다가 다시 살아나셨으며 마지막 때에 심판주로 재림하셔서 천년 동안 성도와 더불어 왕 노릇 하실 것을 믿고 있습니까? 혹시 우리의 믿음은 지식에만 머물러 있는 것은 아닙니까?

진심으로 예수를 그리스도로 믿고 하나님의 아들이심을 믿는 자는 영생을 얻게 될 것입니다. 주님의 갈릴리 사역을 통하여 우리는 사도들의 신앙고백처럼 죄를 용서받는 것과 몸의 부활과 영생을 믿고 고백하며 사시기를 간절히 축원합니다.

예수님의 열두 제자 사역

마 가 복 음 3 장 1 3 절 ~ 1 9 절

마가복음 3장 13~19절에는 예수님이 밤이 새도록 기도하시고 많은 제자 가운데 열두 명을 선택해서 부르신 이야기가 나옵니다. 마가복음 3장 13절 상반절에서는 "또 산에 오르사"라고만 나와 있지만, 누가복음 6장 12절에 보면 "이 때에 예수께서 기도하시러 산으로 가사 밤이 새도록 하나님께 기도하시고"라고 기록되어 있습니다.

밤이 새도록 기도하셨다는 것은 무엇을 의미합니까? 아버지 하나님의 뜻을 이루기 위해서 종종 홀로 있는 시간을 가지셨다는 것을 알 수 있습니다. 예수님께서는 중요한 일들을 앞두시고 조용한 시간을 가지셨습니다. 십자가에 달려 돌아가시기 전에도 그랬고, 이방 땅으로 건너가시기 전에도 제자들을 먼저 보내시고 산에 올라가서 기도하셨습니다.

13절 하반절에 "자기가 원하는 자들"을 부르셨다고 합니다. 예수님은 어떤 사람을 제자 삼기 원하셨을까요? 말씀을 통해 제자들에게서 공통적으로 발견할 수 있는'버리고 따르는' 자들이었다는 것입니다. 배를 버려두고, 아비를 버려두고, 세간을 버려두고 예수님을 따랐습니다.

산에 오르신 예수님은 열두 제자를 세우십니다. 예수님이 부르신 자들은 세상적으로 보면 다 특출 난 게 없는 사람들입니다. 베드로, 야고보, 요한, 안드레와 빌립은 어부였습니다. 함께 할 수 없을 것 같은 세리 마태와 열심당원인 시몬을 제자로 부르십니다.

야고보와 요한은 성격이 불같으며, 훗날 베드로는 예수님을 세 번 부인하고 가룟 유다는 예수님을 팝니다(14장). 예수님은 이런 미천하고 평범한 자를 부르셔서 제자로 삼으십니다. 나 같은 자를 불러 주의 제자로 세우시고 사명을 주신 것이 주께서 하시는 큰일입니다.

14절에 "이에 열둘을 세우셨으니"라고 합니다. 왜 열두 제자입니까? 당시 예수님 주위에는 수많은 바리새인이 예수님이 무슨 말을 하시는지 예의 주시하고 있었습니다. 그런데 어느 날 열두 제자를 뽑았다는 이야기를 들었을 때 그들은 어떤 느낌이었을까요? 그들은 아마도 '이스라엘이 뭔가 새롭게 변화되고 있구나'라고 생각했을 것입니다.

다윗 시대 열두 지파가 함께 어울려 통일 이스라엘 왕국을 이뤘던 것, 열둘이라는 숫자를 중심으로 한 통치구조가 생각났을 것입니다. 사라졌던 열둘이라는 이름이 예수님을 통해 나타나기 시작했던 것입니다. 계시록에서도 열둘이라는 숫자는 통치의 숫자, 이스라엘을 통치하는 하나님의 체계의 숫자를 의미합니다. 열둘이라는 숫자는 주님이 의식적으로 선택하신 것이었습니다. 우연이 아니었다는 사실입니다.

열두 제자 선택의 필요성

예수님께서는 공생애 기간 동안 곁에서 그의 사역을 돕고 그의 뜻을 이어 나갈 제자가 필요했기에 열두 제자를 선택하셨습니다. 예수님은 완전한 인간이셨습니다. 그래서 예수님은 그의 마음을 알아주고 이해해주고 곁에 있어 줄 친구가 필요하셨던 것입니다. 그러한 친구를 예수님께서는 보잘것없는 처지와 환경에 있는 사람 중에서 선택하셨습니다. 우리 성도들도 예수님에 의해 그의 친구로 선택받은 자들입니다.

예수님께서는 완전한 인간으로 이 땅에 오셨지만, 이 땅에 영원히 계시기 위해서 오신 것은 아닙니다. 그는 하나님 보좌 우편에 오르셔야 했습니다. 그러나 이 땅에서의 그의 사역은 계속되어야만 했습니다. 그래서 주님은 그의 사역을 대신할 사람이 필요했던 것입니다. 이것이 제자 선택의 필요성입니다.

제자 선택을 위한 준비

예수님께서는 바른 제자 선택과 그들의 장래를 위해서 밤을 새워 기도하셨습니다. 예수님께서는 중요한 사역의 고비마다 기도하셨습니다. 뿐만 아니라 평상시에도 많은 기도를 하셨습니다. 이처럼 주님께서 그의 공생애 사역 기간에 많은 기도를 하신 것은 하나님과 대화하고 교제하기 위해서이기도 하지만, 한편으로는 우리에게 기도의 본을 보여 주기 위함이기도 합니다.

제자 선택의 방법

본문 13, 14절을 보십시오. 첫째는 '자기가 원하는 자들'입니다. 예수님의 제자가 되기 위한 자격은 '주님의 마음에 드는 자'였습니다. 다시 말해서 '하나님의 뜻대로 하는 자'였습니다. 하나님의 뜻을 찾는 자이고 하나님의 뜻에 전적으로 순복할 자세가 되어 있는 사람이면 주님은 누구라도 좋았습니다. 어부도 좋았고, 세리도 좋았습니다. 겸손한 자만이 하나님과 동역하는 제자가 될 수 있습니다.

둘째로 '부르시니'입니다. 예수님께서는 이들이 주님의 명성을 듣고 찾아오기를 기다리지 않으시고 직접 먼저 찾아가셨습니다. 그들의 삶의 현장에 찾아가 부르셨습니다. 하늘 보좌에서 이 땅에 내려오신 주님께서는 오늘도 그의 친구들을 찾아 나서십니다.

셋째로 '나아온지라'입니다. 주님께서는 그들이 자발적으로 따라 나서게 만드셨습니다. 무엇이든지 자원하는 마음으로, 즐거운 마음으로 주님의 뜻을 따르기를 원하십니다.

넷째로 '이에 열둘을 세우셨으니'입니다. 열둘은 완전수입니다. 이스라엘은 열두 지파 공동체입니다. 따라서 열둘을 선택하셨다는 것은 이스라엘을 선택하셨다는 것을 의미함과 동시에 모든 나라, 모든 사람에게 구원의 복음이 전파됨을 의미합니다.

예수님이 제자들을 찾아간 곳은 각기 달랐으나 그들을 불러 모으신 곳은 산입니다. 산은 예부터 하나님께서 당신의 종들을 연단시키신 곳이요, 당신의 뜻을 계시하신 곳입니다. 한마디로 산은 하나님께서 인간들을 만나신 곳입니다. 그러므로 산을 가까이하는 자는 지혜로운 자입니다. 산은 기도하기에 가장 적합한 곳입니다.

제자들의 임무

예수님께서 자기가 원하는 자 열둘을 택하셨는데 그 이유는 자신과 함께 있는 특권을 주시고, 그들에게 전도하는 사명을 주시고, 귀신을 내어 쫓는 권능도 주시려는 것입니다. 주님을 인격적으로 체험하게 하기 위해서 함께 있기를 원하셨고, '내보내기 위해서', 다시 말해 사역을 위해 권능을 주셨다는 말씀입니다. 멘토링 사역과 회복 사역을 하신 것입니다. 그러면서 16~19절에 예수님이 열둘을 세우시고 그 이름을 더해주신 이야기가 소개됩니다.

"이 열둘을 세우셨으니 시몬에게는 베드로란 이름을 더하셨고, 또 세베대의 아들 야고보와 야고보의 형제 요한이니 이 둘에게는 보아너게 곧 우레의 아들이란 이름을 더하셨으며, 또 안드레와 빌립과 바돌로매와 마태와 도마와 알패오의 아들 야고보와 및 다대오와 가나나인 시몬이며, 또 가룟 유다니 이는 예수를 판 자더라."

예수님은 이 열둘을 부르셔서 제자로 삼으시고, 멘토링하고, 천국 복음을 전하게 하시고, 귀신을 쫓는 권세까지 주셨다는 이야기입니다. 주님께서는 오늘날에도 동일한 사역을 원하고 계십니다. 여러분은 그 사역을 하고 있습니까? 나는 열두 제자 중에 누구를 닮았습니까? 미천하고 평범해도 내가 말씀을 듣고 구원을 위해 살고자 할 때 주께서 나를 제자로 세워 주실 것을 믿습니까?

하나님의 뜻대로 행하는 사람

마가복음 3장 20절~35절

예수님은 일찍이 부친 요셉을 잃고 과부 어머니와 아래로 어린 동생들을 돌보며 목수 일을 하며 살았습니다. 그러다가 자신의 구세주 사역을 행해야 할 시기가 닥치자 나사렛을 떠나셨습니다. 예수님의 가족들은 이를 염려하여 예수님의 소식을 기다렸습니다. 그러던 중 이웃 가버나움에서 예수가 병을 고치고 사람들을 모아놓고 무엇인가 가르친다는 소문을 듣고 달려가 보았습니다.

그러나 그 집에는 이미 많은 무리가 모여들어 예수님은 식사할 겨를조차 없었습니다. 예수님의 친지들은 그때까지도 예수께서 무엇을 하고 다니시는 것인지를 정확히 몰랐던 것입니다. 그래서 그들은 예수님을 집으로 데려가기 위해 그곳에 왔던 것입니다(31절). 그때는 이미 예수가 미쳤다는 소문이 온 지방을 휩쓸던 때였습니다(21절).

본문은 크게 두 가지 사건을 다루고 있습니다. 그러면서 동시에 한 가지 중요한 내용을 담고 있는데, 공통점은 예수님의 사역을 이해하지 못하고 방해하는 두 부류의 사람들에 대한 이야기입니다.

첫째는 예루살렘에서 내려온 서기관들입니다. 이들은 예수님이 귀신을 쫓아내는 모습을 보고서는 "귀신의 왕을 힘입어 귀신을 쫓아낸다"(22절 하)라고 비판합니다. 하나님의 나라와 사탄의 나라가 충돌하는 모습을 보게 됩니다. 당시 예루살렘은 종교 중심지로서 종교적 기득권층인 사람들이 있는 곳이었습니다.

그런데 그들은 예수님이 기적을 행하고 권세 있는 새 교훈을 전한다는 이야기를 듣고 위기감을 느꼈습니다. 그래서 예수님을 대적하고 비판하기 위해서 서기관을 보낸 것이었습니다. 그리고 서기관들은 예수님이 귀신 쫓는 모습을 보고 많은 군중이 있는 자리에서 "귀신의 왕을 힘입어 귀신을 쫓아낸다"라고 말했습니다. 그때 예수님의 대답은 무엇이었습니까? 본문 23~27절을 다 함께 읽어봅시다.

"예수께서 그들을 불러다가 비유로 말씀하시되 사탄이 어찌 사탄을 쫓아낼 수 있느냐? 또 만일 나라가 스스로 분쟁하면 그 나라가 설 수 없고, 만일 집이 스스로 분쟁하면 그 집이 설 수 없고, 만일 사탄이 자기를 거슬러 일어나 분쟁하면 설 수 없고 망하느니라. 사람이 먼저 강한 자를 결박하지 않고는 그 강한 자의 집에 들어가 세간을 강탈하지 못하리니 결박한 후에야 그 집을 강탈하리라."

하나님의 나라가 사탄의 나라에 들어와서 사탄을 쫓아내고 있다는 말씀을 강력하게 하시면서 가장 근본적인 해답을 주고 계신 장면입니다. 그러면서 예수님을 비판하고 정죄하는 서기관들에 대해서 주님은 계속해서 말씀하십니다. 28, 29절입니다.

"내가 진실로 너희에게 이르노니 사람의 모든 죄와 모든 모독하는 일은 사하심을 얻되, 누구든지 성령을 모독하는 자는 영원히 사하심을 얻지 못하고 영원한 죄가 되느니라."

사람의 모든 죄는 사하심을 받을 수 있지만, 하나님 앞에서 성령을 모욕하고 의도적으로 사역을 방해하는 자는 영원히 사하심을 얻지 못한다는 말씀입니다. 이 말씀을 듣고 예루살렘에서 내려온 서기관들이나 바리새인들 가운데 회개하고 예수를 믿은 사람들도 있었을 것입니다. 하나님 나라의 통치는 성령에 의한 통치라는 것을 기억해야 합니다.

둘째로, 예수님의 사역을 이해하지 못하고 방해하는 사람은, 예수님의 어머니와 동생들이었습니다. 본문 31~35절은 예수님의 어머니와 동생들이 예수님을 찾아온 내용입니다. 마리아가 동정녀로 예수님을 낳고 난 이후에 아마도 요셉의 몸에서 낳은 동생들이 더 있었던 것 같습니다. 이들이 밖에 서서 사람을 보내어 예수님을 부릅니다. 이때 예수님은 뭐라고 말씀하셨습니까? 33~35절을 다 함께 읽어 봅시다.

"대답하시되 누가 내 어머니이며 동생들이냐 하시고, 둘러앉은 자들을 보시며 이르시되 내 어머니와 내 동생들을 보라. 누구든지 하나님의 뜻대로 행하는 자가 내 형제요 자매요 어머니이니라."

가족들이 예수님을 찾아온 것은 무엇 때문이었습니까? 20, 21절에서 사람들이 예수님을 미쳤다고 합니다. 그 이야기를 듣고 가만히 있기 어려웠을 것입니다. 물론 마리아는 예수님이 동정녀로 탄생할 때 메시아적 사명을 가졌다는 것을 알고 있었습니다. 그러나 그도 인간이었습니다. 그래서 예수님이 하나님의 아들이라는 생각을 하지 못하고 '어떻게 메시아의 일을 할까', '다윗과 같은 일을 할까'라고 생각했을 수도 있다는 것입니다. 그래서 자기 아들이 잘못된 길을 가고 있다고 생각해 지금 동생들을 데리고 찾아온 것입니다. 지극히 인간적인 모습입니다.

그렇다면 말씀에서 '하나님의 뜻대로 행하는 자'는 어떤 사람을 의미합니까? 마가복음의 흐름을 볼 때 '순종'하는 자를 의미하는 것 같습니다. 예수님이 부르실 때 '버리고 따른 자들'이 그의 제자가 되었던 것을 우리는 알고 있습니다. 마가는 이렇게 계속해서 하나님의 뜻 안에 있는 사람과 뜻 밖에 있는 사람을 보여 줍니다. 서기관들은 하나님의 뜻 바깥에 있는 사람들이었습니다. 예수님의 형제와 자매들도 미안하지만, 하나님의 뜻 바깥에 있는 사람들이었습니다. 그들에게는 인간적인 생각이 너무도 강했습니다.

자기 생각과 논리가 너무 강하면, 두려움과 근심이 너무 강하면 하나님의 뜻을 깨닫기가 어렵습니다. 바깥사람으로만 예수님을 볼 수 있다는 것입니다. 마가는 본문을 통해 그 차이를 이야기해주고 있습니다.

결론적으로 '하나님의 뜻대로 행하는 사람'을 세 가지로 적용할 수 있습니다. 첫째는 하나님의 결박(20~17절), 둘째는 하나님의 사하심(28~30절), 셋째는 하나님의 가족(31~35)으로 정리할 수 있습니다.

첫째, 예수님의 친척들은 예수님이 미쳤다는 소문을 듣고 예수님을 붙들러 나오고, 예루살렘에서 내려온 서기관들은 예수님이 귀신의 왕을 힘입어 귀신을 쫓아낸다고 비난합니다. 하나님의 뜻대로 행하는 사람은 오해와 비난 속에서도 눈물로 씨를 뿌리는 사람입니다(시 126:5). 예수님이 귀신을 쫓아내시는 것은 주께서 사탄에게 붙잡힌 영혼을 그에게서 강탈하고자 사탄을 결박하시는 것입니다. 내 속의 악을 내 힘으로는 결박할 수 없기에, 주님은 내가 설 수 없고 망하는 사건을 통해서라도 내 집에 들어오셔서 하나님의 사랑과 공의로 그 악을 결박해주십니다. 말씀과 성령에 결박되어 삶의 소유권을 온전히 주께 드리는 자가 하나님의 뜻대로 행하는 사람입니다.

둘째, 예수님은 서기관들에게 사하심을 얻는 죄와 사하심을 얻지 못하는 죄를 말씀하십니다. 사람의 모든 죄와 모독하는 일은 사하심을 얻을 수 있습니다. 베드로는 저주하며 맹세하면서까지 예수님을 세 번 부인하고, 사울은 하나님의 교회를 잔멸했지만 하나님의 사하심을 얻었습니다 (*막 14:71, 72. 행8:3*). 내 죄를 애통하며 회개하는 자는 주께 사하심을 받습니다. 그러나 예수님의 구원사역을 귀신의 역사라고 비아냥거리면서 그분의 구원을 방해하고 죄 사함을 받아들이지 않는 자는 용서를 얻지 못하여 영원한 심판을 받게 됩니다. 말씀으로 늘 내 죄를 보고 사죄의 은총을 받는 자가 성령으로 충만한 자이고 하나님의 뜻대로 행하는 자입니다.

셋째, 예수님의 어머니와 동생들은 예수님을 변호하기보다 밖에서 예수님을 부릅니다. 내 가족이 내가 하나님의 뜻대로 행하는 것을 지지하기는커녕 불편하게 여길 수 있습니다. 나는 예수님 안에 있는데, 우리 가족은 예수님 밖에 있어서 영적인 단절과 불통의 고통을 겪을 수 있습니다. 예수님은 자신을 둘러앉아 말씀을 듣는 자들을 보시며 그들이 바로 내 가족이라고 하십니다.

하나님의 나라의 가족이 되려면 자기 식구가 우상이 되어서는 안됩니다. 진정한 가족사랑은 가족을 예수님 안으로 인도하고 말씀을 듣게 하며 하나님의 뜻대로 행하게 하는 것입니다. 하나님의 뜻대로 행하는 공동체를 사랑하고 섬기는 자의 가족을 하나님이 책임져주실 것입니다.

결실하는 자

마 가 복 음 4 장 1 절 ~ 2 0 절

예수님은 갈릴리호숫가에 모여든 많은 무리에게 네 가지 땅에 떨어진 씨 비유를 들려주십니다. 제자들이 홀로 계신 예수께 그 뜻을 묻자, 예수님은 "하나님 나라의 비밀을 아는 것이 너희에게는 허락되었다"라고 하십니다. 뿌려진 씨가 바로 '말씀'이고, 좋은 땅에 뿌려졌다는 것은 '곧 말씀을 듣고 받아 결실하는 자'라고 알려 주십니다.

본문 4장 1절부터 20절까지의 말씀은 씨 뿌리는 자의 비유입니다. 정확히 이야기하면 씨 뿌리는 자의 비유가 아니고 씨를 받은 밭의 비유입니다. 왜냐하면, 여기에서 씨 뿌리는 자나 씨의 중요성을 말하는 것이 아니라, 씨를 받는 밭에 의해 그 열매가 달라진다는 것을 이야기하고 있기 때문입니다.

본문 내용을 살펴보면 씨 뿌리는 사람이 씨를 뿌리는데 길가에, 돌밭에, 가시떨기에, 좋은 땅에 각각 떨어졌다는 것입니다. 그러면

95

서 좋은 땅에 떨어진 씨앗만이 백배의 열매를 맺고, 나머지 씨앗들은 결국 죽었다는 결론입니다. 그러면서 이 비유를 하실 때 초점을 맞춘 것은 씨앗도 아니고, 씨 뿌리는 사람도 아니고, 밭입니다. 씨앗도 중요하고 씨 뿌리는 사람도 중요하지만, 그보다 밭이 더 중요하다는 말씀입니다. 왜 이런 이야기를 하셨을까요?

예수님이 이 땅에 오셔서 천국을 선포하셨습니다.

"이르시되 때가 찼고 하나님의 나라가 가까이 왔으니 회개하고 복음을 믿으라 하시더라"(막 1:15).

그런데 어떤 사람은 그것을 받아들이고, 또 어떤 사람은 그것을 받아들이지 않고 비판하고 있다는 것입니다. 이것을 네 종류의 밭을 비유로 말씀하고 계신 것입니다. 씨 뿌리는 사람이 씨를 뿌립니다. 여기에서 '씨'는 '천국복음'을 의미합니다. 씨 뿌리는 행위를 통해 하나님 나라에 대한 말씀이 계속 선포되고 있는 것입니다. '씨 뿌리는 자'는 '예수님'이십니다. 그런데 그 말씀을 받는 사람 중에는 네 종류의 사람이 있다는 것입니다. 본문 1~9절, 14~20절을 보십시오.

첫째로 '길가 밭'의 사람입니다. 갈릴리 지역에서 농부들은 큰 망태기를 등에 지고 씨를 넣고 한주먹 집어 던지고, 또 한 주먹 집어서 던졌다고 합니다. 조심스럽게 뿌리는 것이 아니라 막 뿌린 것입니다. 하나하나 정성스럽게 뿌리기에는 너무 넓은 땅에 씨를 뿌려야 했기 때문입니다. 그러다 보니 길가에 떨어지기도 하고, 돌밭에 떨어지기도 했을 것입니다. 더러는 가시밭에 떨어지기도 했습니다.

당시에는 밭과 길이 별 구분이 없었던 것 같습니다. 밭이라고 해도 그것을 관리하지 않으니까 씨를 뿌리자마자 새가 와서 삼켜버리곤 했던 것입니다. '새'는 '사탄'을 의미합니다. 그렇다면 길가 밭은 우리의 어떤 마음을 비유로 하고 있는 것일까요? 바로 무관심한 마음입니다. 하나님 말씀을 듣는데 한쪽 귀로 듣고 다른 귀로 흘려보내는 사람입니다. 이런 마음을 보고 사탄이 와서 빼앗아간다는 것입니다. 마음 밭이 길가인 사람은 교회공동체에 속하지 않고 혼자 교회만 왔다갔다하면서 이 사람, 저 사람의 말을 듣다가 결국 은혜를 빼앗기고 맙니다.

둘째로 '돌밭'의 마음을 가진 사람입니다. 이스라엘 지역은 땅을 조금 파보면 석회암으로 되어 있어서 딱딱합니다. 그게 이스라엘 지역 땅의 특성입니다. 석회암질은 조그만 돌 같은 것으로 파면 쉽게 파집니다. 그래서 굴이 굉장히 많습니다. 흙이 얇게 있고 밑에는 석회암층으로 이뤄져 있기 때문에 굳어 있는 땅입니다. 뿌리를 내릴 수가 없습니다. 거기에다 햇볕이 나면 말라버리기 쉽습니다. 돌밭은 뿌리 없는 믿음을 의미합니다.

뿌릴 때는 즐거움으로 은혜를 받는 것 같지만 조금 어려움이 닥치면, 핍박이 있으면 그 순간을 이기지 못하고 뿌리를 내리지 못합니다. 결국, 열매를 맺지 못한다는 것입니다. 그것이 돌밭입니다. 마음 밭이 돌밭인 사람은 말씀을 잠시는 기쁘게 받지만, 돌 같은 세상 가치관 때문에 힘든 일이 오면 믿음에서 멀어집니다. 바위 같은 가치관은 매일 촉촉이 적셔주는 말씀의 이슬비로만 깨집니다. 나에게 찾아온 환난의 사건을 말씀으로 해석하며 성령의 도우심으로 한 가지씩 적용해갈 때, 세상 가치관이 깨지고 믿음의 뿌리가 자랍니다.

셋째로 '가시밭' 같은 마음입니다. 가시는 좋은 땅에 뿌려졌는데 계속 열매가 자라는 것을 방해합니다. 가시는 세상적인 염려와 근심을 말합니다. 말씀을 들었으나 세상 염려로 말씀에 뿌리를 내리지 못하고 자라지 못한다는 것입니다. 가시떨기에 뿌려진 씨는 처음에 뿌리를 내리고 자라는 듯합니다. 그러나 세상의 염려와 재물의 유혹과 기타 욕심이 가시가 말씀의 결실을 막습니다. 솔로몬이 얻게 된 부귀영화가 그에게서 하나님의 지혜를 앗아갔듯이(*왕상 10:14~11:8*), 세상 성공과 쾌락은 우리의 영적 기운을 막고 세상 염려와 욕심은 우리의 결실을 막습니다.

마지막으로 '좋은 땅'은 씨앗이 자라날 수 있는 환경을 말합니다. 말씀을 듣자마자 기쁨으로 받아들이고, 깨닫고, 그 말씀을 따라 행하려는 사람이 좋은 땅을 가진 사람입니다. 이런 사람은 30배, 60배, 100배의 결실을 맺습니다. 좋은 땅은 말씀을 듣고 받아 순종하는 땅입니다. 인생의 목적을 행복이 아닌 거룩에 두고, 현재의 고난이 짧음을 알고 장차 나타날 영광을 바라보며 인내하는 땅입니다. 낮고 낮은 땅이 되어 온갖 쓰레기와 오물을 껴안고 썩어 죽어짐으로 열매 맺는 땅입니다. 말씀의 빛을 받아 힘든 사람을 품고 사랑함으로 구원의 결실을 맺는 땅입니다.

본문 10~13절을 보십시오. 씨 뿌리는 자의 비유를 들은 사람들은 주님께서 왜 이런 비유로 말씀하시는지 궁금했습니다. 그들의 질문에 예수님께서는 "너희에게는 주었으나 외인에게는 모든 것을 비유로 하나니"*(11절)* 라고 말씀하십니다. 여기에 중요한 포인트가 있습니다. '너희'와 '외인'의 차이입니다. 예수님과 함께 하는 사람, 예수님 말씀을 들으려고 하는 사람, 예수님의 입에서 떨어지는 말씀을 귀중히 여기는 사람, 그걸 깨달으려고 하는 사람은 좋은 밭, 다시 말해 '너희'에 해당하는 사람입니다. 그러나 길가와 같은 사람, 돌밭과 같은 사람, 가시와 같은 사람은 '외인'이라는 것입니다. 예수님께서는 '외인'과 '너희들'로 사람을 구분해내고 계신 것입니다.

이사야가 예언할 때도 외인들은 들으려고 하지 않고 비판했습니다. 그래서 이사야서에 보면 "여호와께서 이르시되 가서 이 백성에게 이르기를 너희가 듣기는 들어도 깨닫지 못할 것이요 보기는 보아도 알지 못하리라"*(사 6:9)*고 말씀하고 있는 것입니다. 마음의 완악함 때문에 들어도 못 깨달으니까, 아예 못 깨닫게 하려고 비유로 말씀하신다는 것입니다. 하나님의 말씀을 깨닫는다는 것이 이렇게 중요한 것입니다. 어두운 생각으로 가득 차 있는 사람은 아무리 말해도 깨닫지 못합니다. '좋은 밭'이란 '깨닫는 마음'입니다. 이러한 마음을 소유하고 적용하여 실천하는 사람이 '결실하는 자'입니다.

자라나는 하나님 나라

마가복음 4장 21절~34절

본문 말씀을 세 개의 사건으로 나누어 보면, 등경 위의 등불(21~25절), 자라나는 씨 비유(26~29절), 겨자씨 비유(30~34절)에 대한 말씀입니다.

등불은 등경 위에(눅 8:16~18)

21~23절에서는 비유로 말씀하신 이유와 함께 비유를 잘 들어야 하는 이유를 설명해주십니다.

"또 그들에게 이르시되 사람이 등불을 가져오는 것은 말 아래에나 평상 아래에 두려 함이냐 등경 위에 두려 함이 아니냐. 드러내려 하지 않고는 숨긴 것이 없고 나타내려 하지 않고는 감추인 것이 없느니라. 들을 귀 있는 자는 들으라"(21~23절).

100

등불은 빛을 비추기 위함인데 그걸 감출 사람이 있겠느냐는 말씀입니다. 하나님의 나라에 비밀이 있는 것은 그 비밀을 감추기 위함이 아니라 드러내기 위해서 하나님께서 주신 것이라는 이야기입니다. 다시 말해 감춘다는 것은 진리가 있다는 것이고, 언젠가 그 진리는 드러나게 되어있다는 말씀입니다.

마태복음 5장 15, 16절에 나오는 등불 비유가 성도의 착한 행실에 초점을 맞춘 것이라면, 마가복음은 등불 앞에 정관사를 붙여 '그 등불'이라고 표현함으로써 이 세상의 참 빛이신 그리스도께 초점을 둡니다. 말씀이신 그리스도를 내 삶의 등경 위에 두어 그동안 숨겨온 나의 죄가 드러나고, 감추려 한 나의 연약함이 나타나는 것이 내게 임한 하나님의 나라가 자라나는 것입니다.

그다음 말씀으로 24, 25절을 보십시오. "또 이르시되 너희가 무엇을 듣는가 스스로 삼가라 너희의 헤아리는 그 헤아림으로 너희가 헤아림을 받을 것이며 더 받으리니, 있는 자는 받을 것이요 없는 자는 그 있는 것까지도 빼앗기리라"고 합니다. 들을 때 주의하고 헤아려서 잘 들으라는 말씀입니다. 나를 드러내는 말씀을 듣고도 말씀을 외면하고 스스로 삼가지 않으면, 말씀이 아니라 사건으로 헤아림을 받게 될 것입니다. 어두운 생각으로 가득 차 있는 사람은 아무리 말해도 깨닫지 못합니다. '좋은 밭'이란 '깨닫는 마음'입니다. 이것을 기억해야 합니다.

자라나는 씨 비유 (마 13:31~32; 눅 13:18~19)

26~29절은 자라나는 씨에 대한 비유입니다. 이 비유에서 중요하게 바라봐야 할 부분은 "어떻게 그리되는지를 알지 못하느니라" (27절) 는 구절입니다. 놀라운 비밀이라는 것입니다. 그리고 그다음에 이어서 "땅이 스스로 열매를 맺되" (28절) 라고 합니다. 씨앗을 땅에 뿌렸더니 스스로 열매를 맺더라는 것입니다. 이것이 하나님의 나라와 같다는 이야기입니다.

예수님은 이 비유를 통해 자라게 하는 것은 '하나님의 섭리'라는 말씀을 하고 계신 것입니다. 혹은 다르게 해석하며 '씨가 뿌려지면 반드시 자란다'라는 말도 됩니다. 물론 여기에서 말하는 씨가 뿌려진 땅은 좋은 땅을 의미합니다. 그러므로 우리가 집중할 것은 좋은 땅을 찾아내서 씨 뿌리는 일입니다.

하나님의 나라는 사람이 씨를 땅에 뿌리는 것과 같습니다. 우리가 전하는 복음이 누군가에게는 생명의 씨가 됩니다. 복음을 전하는 자나, 듣는 자 모두 밤낮 자고 깨고 하는 중에 말씀의 씨가 나서 자랍니다. 그러므로 깨고 하는 중에 말씀을 듣고 나누는 것입니다. 어떤 힘든 일이 있어도 예배를 목숨처럼 지키고 말씀의 빛과 성령의 생명수가 있는 공동체의 땅에 속해 있으면, 그 땅이 스스로 열매를 맺습니다. 죽어진 나의 씨에서 싹이 나오고 이삭이 나오며 충실한 곡식이 나올 것입니다. 주께서 보잘것없는 나를 남들을 살리고 먹이는 알곡으로 만들어 가실 것입니다. 이것이 자라나는 하나님 나라입니다.

또한, 본문 29절을 보면 "열매가 익으면 곧 낫을 대나니 이는 추수 때가 이르렀음이라"고 합니다. 예수님은 구약을 훤히 알고 계셨기에 요엘 3장 13, 14절을 인용하신 것입니다.

"**너희는 낫을 쓰라 곡식이 익었도다. 와서 밟을지어다. 포도주 틀이 가득히 차고 포도주 독이 넘치니 그들의 악이 큼이로다. 사람이 많음이여, 심판의 골짜기에 사람이 많음이여, 심판의 골짜기에 여호와의 날이 가까움이로다.**"

성경적 세계관에서 가장 핵심 되는 한 가지는 종말 신앙입니다. 재림에 대한 신앙, 심판에 대한 신앙입니다. 다시 말해서 추수 때가 온다는 것입니다. 그때까지 하나님 나라의 복음을 듣고, 천국에 들어가지 못하는 사람은 바깥에서 이를 갈며 애통하는 때가 온다는 말씀입니다.

겨자씨 비유(마 13:31~32; 눅 13:18~19)

30~32절에서 말씀하고 있는 것은 겨자씨 비유입니다. 좋은 땅에 뿌려지면 반드시 추수할 때가 온다는 것입니다. 하나님 나라에 복음의 씨앗을 뿌릴 때가 있는 것처럼, 거둘 때도 온다는 사실입니다. 이 말씀을 통해 생각해볼 수 있는 것은 하나님 나라는 아주 작게 시작하지만 엄청나게 확산된다는 것입니다. 마치 겨자씨와 같이 작은 것이지만 나중에는 큰 영향력을 미칩니다. 그냥 영향력이 아니라 선

한 영향력이고, 그것이 바로 하나님 나라라고 본문은 이야기하고 있는 것입니다.

주님께서는 갈릴리의 조그만 바닷가에서 말씀을 전하셨습니다. 심지어 어머니도, 형제자매도 예수님을 이해하지 못하는 가운데 지극히 작게 복음 사역을 시작하셨습니다. 어쩌면 제자들은 두려웠을지도 모릅니다. '헤롯당과 바리새인들이 죽이려고 하는 예수님이 진짜 다윗의 왕국을 건설할 수 있을까?' 의심했을 수도 있습니다. 그러나 예수님께서는 그런 마음을 품고 있는 제자들을 가르치셨습니다.

말씀을 듣고 예수를 믿는 것은 겨자씨 한 알과 같습니다. 이제껏 마음대로 살았던 삶에서 돌이켜 자신을 부인하고 자기 십자가를 지고 예수를 따르는 삶은 이 땅 위의 모든 삶보다 작아 보입니다. 그러나 그리스도 안에서 죽고 썩어져 사명의 땅에 심긴 후에는, 모든 풀보다 크게 자라 수많은 사람을 그 그늘에 깃들이게 하는 큰 가지가 됩니다. 그러므로 겨자씨 한 알의 믿음으로 순종하고, 그 믿음을 가진 사람을 택하는 것이 하나님의 지혜입니다. 33, 34절은 예수님께서 비유로 말씀하신 이유에 대해서 설명하고 있습니다.

"예수께서 이러한 많은 비유로 그들이 알아들을 수 있는 대로 말씀을 가르치시되 비유가 아니면 말씀하지 아니하시고 다만 혼자 계실 때에 그 제자들에게 모든 것을 해석하시더라."

씨 뿌리는 자의 비유를 들은 사람들은 주님께서 왜 이런 비유로 말씀하시는지 궁금했습니다. 이사야서에 보면 "여호와께서 이르시되 가서 이 백성에게 이르기를 너희가 듣기는 들어도 깨닫지 못할 것이요 보기는 보아도 알지 못하리라"(사 6:9)고 말씀하고 있는 것입니다. 마음의 완악함 때문에 들어도 못 깨달으니까, 아예 못 깨닫게 하려고 비유로 말씀하신다는 것입니다. 하나님의 말씀을 깨닫는다는 것이 이렇게 중요한 것입니다. 어두운 생각으로 가득 차 있는 사람은 아무리 말해도 깨닫지 못합니다. '좋은 밭'이란 '깨닫는 마음'입니다.

예수님이 말씀을 가르치려고 사용하신 비유는 '나의 사건'이라고 할 수 있습니다. 사건을 통해 말씀을 깨닫고 회개하며 사람에서 구체적이고 실질적인 적용을 할 때, 내게 임한 하나님의 나라가 자라납니다.

어찌하여 이렇게 무서워하느냐

마 가 복 음 4 장 3 5 절 ~ 4 1 절

본문 말씀을 보면 예수님께서 제자들과 함께 배를 타고 가시다가 갈릴리 호수 위에서 큰 광풍을 만나게 되었습니다. 우리가 잘 아는 바와 같이 갈릴리 바다(호수)는 지중해 해면보다 약 200m나 낮고, 주위에는 그와 반대로 높은 산들이 에워싸고 있어서 이런 광풍이 갑자기 일어나고 또 갑자기 진정됩니다. 그런데 예수님께서는 무엇을 하셨습니까? 배 위에서 주무시고 계셨습니다. 여기서 예수님께서 주무셨다는 것은 무엇을 의미합니까? 그는 진실로 한 인간이었다는 것입니다. 제자들과 함께 배를 타고 가시면서 주무시는 예수님은 영락없이 나약한 인간의 모습이었습니다. 이때 과연 어디서 도움을 구하겠습니까?

예수께서는 제자들의 믿음을 시험하고 또 그들이 기도하도록 자극하기 위하여 주무시고 계셨습니다. 간혹 교회 안에서 광풍이 몰아칠 때, 그리스도께서는 마치 주무시는 것처럼 자기 백성들의 문제에

106

무관심하며, 그들의 기도에 주의를 기울이지 않는 것처럼 보입니다. 그는 주무시더라도 그의 마음은 깨어 있는 것입니다. 그리스도께서는 광풍 속에서도 주무시고 있는 것처럼 보이지만 자기 백성들의 기도를 듣고 깨어 계십니다.

제자들은 처음에는 이런 위기 가운데서도 주님을 깨우지 않았습니다. 그것은 피곤한 주님을 좀 더 주무시게 하기 위해서가 아니었습니다. 그들은 주님이 이 풍랑에 아무 도움이 되지 않는다고 생각해서 깨우지 않았던 것입니다. 그러나 아무리 애를 써도 도무지 살 수 없겠다고 생각되었을 때 예수님께 부탁해 보았습니다. 38~40절을 다 함께 읽어봅시다.

"예수께서는 고물에서 베개를 베고 주무시더니 제자들이 깨우며 이르되 선생님이여 우리가 죽게 된 것을 돌보지 아니하시나이까 하니, 예수께서 깨어 바람을 꾸짖으시며 바다더러 이르시되 잠잠하라 고요하라 하시니 바람이 그치고 아주 잔잔하여지더라. 이에 제자들에게 이르시되 어찌하여 이렇게 무서워하느냐 너희가 어찌 믿음이 없느냐 하시니."

이 책망이 마태복음보다 마가복음에서 더 자세하게 표현되어 있습니다. 마태복음에선 "어찌하여 무서워하느냐"(마 8:26)라고만 표현되어 있지만, 마가복음에선 "어찌하여 이렇게 무서워하느냐"(막 4:40)로 표현되었습니다. 또한, 마태복음에선 "믿음이 적은 자들아"

라고 했지만, 마가복음에선 "너희가 어찌 믿음이 없느냐"(40절) 라고 하였습니다. 물론 제자들이 믿음이 없었던 것은 아닙니다. 그러나 이때 두려움이 그들을 사로잡았으므로 그들은 믿음이 전혀 없는 것처럼 보였던 것입니다.

여기서 우리가 생각해야 할 것은 왜 제자들이 이런 두려움에 빠지게 되었느냐는 것입니다. 바로 이것이 오늘 대부분의 그리스도인이 겪고 있는 어려움이기도 합니다. 제자들이 이 무서운 풍랑을 겪으면서 가졌던 두려움은 그들의 믿음을 전부 삼켜버리는 그런 두려움이었습니다. 이런 두려움을 '공황'(panic)이라고 합니다. 완전히 두려움에 빠져 아무것도 할 수 없는 상태를 말합니다. 예수님께서는 그것을 두고서 책망하신 것입니다.

제자들이 예수님을 따라나설 때는 어느 정도의 고생을 감당하겠다는 각오를 했을 것입니다. 그런데 주님을 믿고 따르는데 자신이 생각했던 것보다 훨씬 더 큰 어려움과 고난이 닥쳐올 때 우리의 믿음은 사라져버리고 무서운 불신앙에 빠지게 됩니다. 이것이 '믿음이 없는 것'입니다. 그때 우리는 전혀 믿음이 없는 사람보다 더 심한 침체에 빠져서 아무것도 하려고 하지 않습니다. 기도도 하지 않습니다. 또한, 가장 가까운 사람에게 불평을 쏟아 놓습니다. 그리고 자기 자신을 학대함으로써 사실은 하나님께 불평을 퍼붓습니다. 예수님께서 지적하신 것은 바로 이 불신앙입니다.

본문 38절 하반절에서 우리는 제자들이 주님을 깨우면서 "선생님이시여, 우리가 죽게 된 것을 돌보지 아니하시나이까"라고 말하는

108

것을 보게 됩니다. 이것이 무엇입니까? 불신앙적 항의입니다. 우리는 우리의 믿음을 사용해야 합니다. 언제 사용해야 합니까? 도저히 이해할 수 없는 극단적인 어려움에 빠졌고, 하나님은 주무시는 것처럼 우리를 어려움에 방치해 두실 때 불신앙이 우리를 삼키지 못하도록 속에 있는 두려움과 싸워야 합니다. 우리 속에 있는 주님이 기뻐하시지 않는 생각이나 감정과 싸우는 것이, 살아 있는 믿음이요, 큰 믿음입니다. 39절과 41절을 보십시오.

"예수께서 깨어 바람을 꾸짖으시며 바다더러 이르시되 잠잠하라 고요하라 하시니 바람이 그치고 아주 잔잔하여지더라... 그들이 심히 두려워하여 서로 말하되 그가 누구이기에 바람과 바다도 순종하는가 하였더라."

본문을 보면 예수님께서 일어나셔서 바람과 바다를 꾸짖으시니까 그 즉시 바람과 바다가 순종하면서 잔잔하게 되었다고 했습니다. 그때 제자들은 어떤 반응을 나타냈습니까? '심히 두려워하는 것'이었습니다. 그리고 "그가 누구이기에 바람과 바다도 순종하는가"라고 말했습니다. 이 말을 통해 제자들은 지금까지 많은 기적을 베푸시는 예수님을 보면서도 그분이 누구신지 정확하게 몰랐다는 사실을 알게 됩니다. 그분은 우주의 모든 것을 지배하시는 주재자이시며 모든 만물을 주권적으로 통치하시는 분입니다.

이 기적이 제자들에게 준 인상은 마태복음에선 "그 사람들이 놀랍게(기이히) 여겨"로 표현되어 있으나, 마가복음에선 "저희가 심히 두려워하여"(41절)로 표현되었습니다. 그러나 이제 그들은 그들에게 베푼 그리스도의 능력을 보았기 때문에 바람과 바다는 별로 두려워하지 않았으나, 그리스도를 심히 두려워하게 되었습니다.

그들은 폭풍 가운데 나타난 창조주의 능력과 진노를 두려워했으며, 그 두려움은 고뇌와 놀라움이 내포된 두려움이었습니다. 그러나 이제 그들은 평온한 구속자의 권능과 은혜를 두려워했으며, 그 두려움은 기쁨과 만족을 내포하고 있었습니다.

그리스도께서 광풍을 꾸짖던 "잠잠하라 고요하라"는 명령의 말씀은, 첫째로 우리에 대한 명령의 말씀입니다. 복잡하게 생각하지도 말고 경솔하게 말하지도 말고 오직 "잠잠하고 고요하라"는 명령의 말씀입니다. 둘째로 우리에 대한 위로의 말씀입니다. 고난의 광풍이 아무리 요란하고 아무리 강하다 해도 예수 그리스도는 이 고난의 광풍을 말씀 한마디로 잠잠케 하실 수 있습니다. 바다를 만드신 분은 바다를 조용하게 하실 수도 있는 것이다.

주님은 우리가 어떻게 살기를 원하십니까? 어떻게 해야 우리가 큰 믿음의 소유자가 될 수 있습니까? '성경을 통하여 하나님과 예수 그리스도를 바로 알아야' 합니다. 그래야 우리 마음대로 하나님을 만들어서 믿지 않게 됩니다. 오직 '좋으신 하나님'만 믿었던 사람들은 어려움이 닥쳐오면 신앙이 뿌리째 흔들리게 되어 있습니다.

우리는 어떤 어려움도 하나님의 손아래 있다는 것을 굳게 믿고 불신앙과 두려움을 이겨내야 합니다. 이런 어려움을 통하여 다시 한번 우리의 믿음 없음과 연약함을 고백합시다. 그리고 어떠한 어려움 가운데서도 하나님을 신뢰하고 하나님을 높여 드립시다. 그러면 그 어려움을 통하여 일하시는 하나님을 느낄 수 있을 것입니다.

주께서 내게 행하신 큰일

마 가 복 음 5 장 1 절 ~ 2 0 절

마가복음 5장 1~20절은 귀신들린 사람을 고치신 이야기입니다. 원문 성경에 보면 '귀신 들린 사람'에 대해 '더러운 영에 사로잡힌 사람들'이라는 표현을 쓰고 있습니다. 다시 말해 더러운 영이 사람 속에 들어가 그 사람을 괴롭히고 있을 때, 예수님께서 더러운 영들을 쫓아내 주셨다는 이야기입니다. 본문을 구분해 보면 크게 세 단락으로 나눌 수 있습니다.

1. 더러운 귀신 들린 사람(1~7절)

바다를 건너 이방 땅에 가신 예수님은 귀신 들린 사람을 만납니다. 지리적으로 당시 이스라엘과 이방 나라는 구분되어 있었습니다. 요단강을 중심으로 왼쪽은 이스라엘 땅이고, 오른쪽은 헬라 땅, 즉 이방 땅에 속해 있었습니다. 지금의 요르단과 시리아 땅 일부를 말합니다.

그 지역을 당시에는 데가볼리라고 했는데, 데가볼리는 헬라어로 '데카폴리스 10개 도시'란 뜻입니다. 그중 몇 곳만 대표적으로 살펴보면, 다메섹은 지금 시리아의 수도입니다. 거라사는 지금 요르단의 '제라시'라는 고대 유적의 도시로 남아 있습니다. 그러므로 예수님이 데가볼리 지역으로 가셔서 복음을 전했다는 것은 오늘날 시리아 땅과 요르단 땅에서 예수님께서 복음을 전하셨다는 사실을 말해 줍니다.

본문에 보면 귀신들린 사람은 자신을 '군대'라고 이야기합니다. 군대라는 뜻의 어원은 '레기온'으로서, 한국으로 말하자면 사단입니다. 그러니까 이 귀신 들린 사람 속에 3~5천의 더러운 영이 들어 있었다는 것입니다. 이전에 예수님께서 쫓아내신 귀신들이 더러운 귀신, 귀먹은 귀신, 눈먼 귀신 정도였다면, 이 귀신은 아무도 제어할 수 없을 정도의 파워를 지니고 있었습니다(3~5절).

그것은 무엇을 의미합니까? 예수님께서 들어가신 지역은 귀신의 역사가 강한 지역, 귀신이 완전히 지배하는 지역이었던 것입니다. 그 가운데 살아가고 있는 세상의 모습이 어떠한지, 또 그 안에 살아가고 있는 인간들의 모습이 어떠한지를 말씀해 주고 있습니다. 이 귀신은 예수님의 정체를 알고 있었습니다. 귀신 들린 초월적인 존재도 예수님의 권능 앞에서는 힘을 발휘하지 못했습니다. 이것은 무엇을 의미합니까? 어떤 악한 세력이 있는 지역에서도, 어떤 악한 세력이 역사하는 현장 속에서도 예수의 권세 앞에서는 다 굴복하고 만다는 것을 말해주고 있습니다.

귀신들린 자의 특징은 죽고 싶은 외로움에 제 자리를 떠나는 것입니다. 하나님이 주신 질서의 고랑, 경계의 쇠사슬을 끊고 집에 있기를 싫어하여 밤낮 산과 들로 돌아다닙니다. 귀신 들린 자는 예수님을 보고 달려와 "나를 괴롭히지 마옵소서"라고 합니다.

예수님은 귀신이 들려 영혼의 집을 떠나 상처와 중독으로 자기 몸을 해치고 사는 나를 위해 이 땅에 오셨습니다. 나를 괴롭히려고 오시지 않고 고치려고 오신 것입니다. 고침을 받는 과정이 어렵고 고달파도 그것은 괴로움이 아닌 회복의 역사입니다. 내 죄와 더러움을 보며 괴로워하고 부르짖는 자에게 소망이 있습니다.

사랑하는 성도 여러분! 질서를 깨뜨리고 제 자리를 벗어나 상처와 중독으로 자기 몸을 해치고 있지는 않습니까? 주님이 나를 고치려고 찾아오셨음을 믿습니까?(4~7절).

2. 돼지 이천 마리(8~13절)

우리가 사는 세상은 영적 전쟁의 현장과도 같습니다. 겉으로 드러나기도 하고 드러나지 않기도 하지만 귀신 들린 역사 속에 살고 있음을 부정할 수 없습니다. 여기에서 생각해 볼 문제는, 이런 영적 전쟁 상황에서 우리는 말씀 앞에 어떻게 반응하는 사람인가 하는 것입니다.

거라사 사람들은 귀신들린 사람을 쇠사슬에 매어 놓거나 피하기만 할 뿐, 아무도 그의 비참한 처지를 함께 아파하거나 그의 치유와 구원에 갈급하지 않았습니다. 그러나 예수님은 그를 만나자마자 "더러운 귀신아, 그 사람에게서 나오라!"고 하십니다.

모두가 멸시하고 피하는 그 사람을 예수님은 불쌍히 여기십니다. 예수님의 허락으로 더러운 귀신들이 돼지에게로 들어가자 2천 마리나 되는 돼지 떼가 바다를 향해 내리달아 몰사합니다. 내 속의 더러운 귀신들을 물러가게 하시고자 돼지 떼가 몰사하는 것과 같은 사건을 허락하십니다.

예수님이 귀신 들린 사람들 가운데 있던 악한 영을 돼지 떼 속에 들어가게 하시고, 돼지 떼가 물속에 몰사하자, 그 지방 사람들의 반응은 예수께서 떠나기를 간구하는 것이었습니다(17절). 제대로 된 사람이라면 "예수님, 이런 귀신 들린 사람이 너무 많습니다. 어서 오셔서 고쳐주세요"라고 했어야 맞는 거 아니겠습니까? 그러나 그들은 예수님이 떠나시기를 간구했다는 것입니다.

귀신이 들어간 돼지 떼가 몰사했습니다. 다시 말해 엄청난 경제적 손해를 봤다는 의미입니다. 그들은 귀중한 한 영혼이 죽어가는 것보다, 돼지 떼 2천 마리의 경제적 손해를 보는 것이 더 큰 어려움이었다는 것입니다. 사람들의 심령 속에는 물질을 숭배하는 마음, 세속적인 마음이 강했다는 것입니다. 명성과 재물을 잃더라도 나와 우

115

리 가족이 구원을 받는다면, 그것은 주님이 나를 사랑하여 고쳐주시는 사건입니다.

마가는 본문의 축사 장면을 통해 이방 사회는 마치 돼지 떼와 같이 부정한 사회라는 것을 말해주기 원했습니다. 귀신 들린 사람이 고통당한 것처럼 악한 영에 시달리는 삶, 예수님께 떠나 달라고 말한 거라사 지방의 사람들처럼 세속적인 더러운 영에 붙잡혀 있는 사회라는 것입니다. 이 모든 더러운 영을 사회 속에서 몰아내고 개인의 심령 속에서 몰아낼 수 있는 분은 오직 예수님 한 분밖에 없음을 마가는 말하고 있는 것입니다.

사랑하는 성도 여러분! 힘들고 아픈 사람을 무시하고 피합니까? 아니면 치유와 구원을 바라며 불쌍히 여깁니까? 내 재물과 명성을 잃게 되더라도 나와 우리 가족이 구원받기를 기도합니까? *(8, 13절).*

3. 고침 받은 그 한 사람(14~20절)

마을 사람들은 군대 귀신 들렸던 자가 고침 받은 것을 보고 감사하는 대신 두려워합니다. 이렇게 우리는 예수님의 치유 역사를 보고도 두려워하며 주께 떠나 달라고 합니다. 재산상에 손해가 날까 두렵고, 무엇보다 '나는 귀신 들린 사람이 아니야'라고 생각하기 때문입니다. 그러나 예수께 떠나 달라고 하는 자야말로 가장 더러운 귀신이 들린 자이고, 가장 불쌍한 자입니다. 군대 귀신이 들렸어도 자기 죄를 깨닫고 주께 불쌍히 여김을 받는 사람이 예수께서 행하신 큰일을 전파하는 제자가 됩니다. 예수께 고침을 받은 그 한 사람이 가장 온전한 사람입니다. 18~20절을 다 함께 읽어봅시다.

"예수께서 배에 오르실 때에 귀신 들렸던 사람이 함께 있기를 간구하였으나, 허락하지 아니하시고 그에게 이르시되 집으로 돌아가 주께서 네게 어떻게 큰일을 행하사 너를 불쌍히 여기신 것을 네 가족에게 알리라 하시니, 그가 가서 예수께서 자기에게 어떻게 큰 일 행하셨는지를 데가볼리에 전파하니 모든 사람이 놀랍게 여기더라."

데가볼리는 로마의 군대가 지배하는 사회, 이방의 권세가 다스리는 지역이었습니다. 다시 말해 마가는 이방 권세가 자랑하는 부(富)가 한순간에 무너질 것을, 귀신과 함께 언젠가는 무너질 때가 온다는 것을 암시해 주고 있습니다.

이러할 때 우리는 하나님 앞에서 어떤 삶을 추구해야 할까요? 본문 말씀은 예수 그리스도가 우리 개인 가운데 들어오실 때, 교회와 민족과 사회 안으로 들어오실 때, 어떤 변화가 일어나야 할 것인지를 우리에게 보여주고 있는 것입니다.

귀신 들렸던 사람이 예수님께 함께 해 주시기를 부탁합니다. 그러나 예수님의 대답은 "집으로 돌아가 주께서 네게 어떻게 큰일을 행하사 너를 불쌍히 여기신 것을 네 가족에게 알리라"(19절) 는 것이었습니다.

사랑하는 성도 여러분! 내 재산과 명예에 손해가 날까 봐 주께 떠나 달라고 간구한 적이 있습니까? 귀신이 들렸어도 주님이 불쌍히 여겨 고쳐주시면 가장 온전한 제자가 될 줄 믿습니까? *(17, 20절)*. 기독교 사회의 출발점은 영적 전쟁의 사역이 되어야 합니다. 먼저 개인과 가정과 교회와 민족과 사회 속에 있는 악한 영들의 역사를 분별하고 쫓아내는 일을 해야만 하나님의 나라가 임할 수 있다는 것입니다.

믿음의 열망과 치유 구원

마가복음 5장 21절~34절

본문은 두 가지 사건을 다루고 있습니다. 열두 해 동안 혈루증으로 고통받다가 나은 여인(24~34절)과 회당장 야이로의 딸에 대한 이야기(21~23, 35~43절)입니다. 후자는 다음에 살펴보기로 하고, 본문 21~34절을 다시 세 단락으로 나누어 보면, 회당장의 간구(21~24절), 혈루증 앓던 여인의 믿음(25~29절), 예수님의 치유 구원(30~34절)으로 구분할 수 있습니다.

1. 회당장의 간구(21~24절)

예수님은 이방 땅에서 귀신 들린 사람을 고치시고 다시 바다를 건너 갈릴리로 돌아오셨습니다. 군중들에게 둘러싸여 바닷가에 계시는데 예수님 앞에 회당장 야이로가 나타났습니다. 예수님의 발아래 엎드린 회당장 야이로가 "내 어린 딸이 죽게 되었사오니 오셔서 그

위에 손을 얹으사 그로 구원을 받아 살게 하소서"(23절)라고 자신의 죽어가는 어린 딸을 살려달라고 간구하자, 예수님이 그와 함께 회당장의 집으로 가십니다. 여기서 '회당장'이란 회당의 책임자로 공공예배를 주관했습니다. 성경 봉독자와 설교자를 지명하였고, 회당 건물 관리자들을 감독했습니다(눅 4:16~20, 행 13:15).

회당장 야이로가 이런 믿음의 간구를 할 수 있었던 것은 열두 살 된 외동딸이 죽어가는 고난이 왔기 때문입니다(눅 8:42). 절대치의 고난 속에서 예수님의 발아래 엎드린 회당장은 주님의 구원을 간구합니다. 그래서 고난이 축복입니다. 이 절박한 기도에 예수님은 그와 함께 가십니다. 고난 가운데 주의 말씀이 들리고 주님과 함께 가게 되는 것이 이미 기도 응답을 받은 것입니다. 성도는 주님을 믿고 따라가기만 하면 됩니다.

나를 주님 발아래 엎드리게 하는 아픈 자녀, 힘든 가족이 있습니까? 고난 가운데 말씀이 들려, 주께 엎드리고 주님과 동행하게 되는 것이 구원의 시작임을 믿습니까?(23, 24절).

2. 혈루증 앓던 여인의 믿음(25~29절)

'혈루증'이란 만성 출혈증으로 여자의 자궁벽에 종기가 생겨 피가 흐르는 병을 의미하는 것으로 보입니다. 유대인들은 전통적으로 이 병을 죄에 대한 하나님의 징계로 이해했습니다. 또한 의식적(儀式的)으로도 부정한 것으로 여겨, 이 병에 걸린 자를 멸시 천대했고 완쾌

될 때까지 사회로부터 격리했습니다 *(레 15:1-27)*.

예수님께서 야이로 회당장을 따라 그의 집으로 가시던 도중에, 열두 해를 혈루증으로 앓아온 여자가 이들 일행의 뒤로 와서 예수님의 옷에 손을 대니 혈루 근원이 곧 마르게 되었다는 이야기입니다. 열두 해 동안 피가 그치지 않고 계속 흐르는 병을 가진 여인은 자기 재산을 다 팔아서 이 병원 저 병원에 다녔습니다. 그러나 어디에서도 병을 고칠 수 없었습니다.

그러다가 예수님에 대한 소문을 들었습니다. 여인은 '내가 예수님의 옷자락에만 손을 대어도 나을 것 같다'라는 마음의 감동을 느꼈습니다. 예수님의 주위에는 항상 수많은 군중이 있었지만, 여인은 그 군중을 뚫고 무리 가운데 끼어 예수님의 옷자락을 만졌습니다.

이 여인은 12년 동안 의사를 쫓아다닌 여인이었습니다. 여인에게는 낫고자 하는 간절한 열망이 있었습니다. 그렇기 때문에 수많은 군중이 예수님을 따라 다녔지만, 그 군중을 뚫고 스스로 부정한 여인임을 알면서도 예수님의 옷자락을 만졌습니다. 하나님이 자신을 치유하시고 삶을 바꿔주실 것이라는 믿음의 열망이 있었기 때문입니다. 결국, 예수님의 옷자락을 만지는 순간 무슨 일이 일어났습니까? 그 혈류의 근원이 없어져 병이 나은 것을 여인이 느꼈다고 성경은 기록합니다.

그런데 그녀가 처음부터 이런 믿음을 가졌던 것은 아닙니다. 12년 동안 많은 의사를 찾아다니며 많은 재산을 탕진하고도 오히려 병이 더 심해졌기에, 예수의 소문이 들리고 구원을 바라는 믿음도 생긴 것입니다. 때로는 길이 없는 것이 축복입니다. 많은 사람에게 많은 괴로움을 받고 가진 것을 다 허비한 것이 저주처럼 보이지만, 그 때문에 말씀이 들려 예수의 옷 가에 손을 대기에 오히려 축복입니다. 내가 바라는 것이 오직 예수만 되어 처절하게 주의 말씀과 예배와 공동체에 손을 댈 때, 주께서 나의 혈루 근원을 마르게 하실 것입니다.

이 여인은 혼자였습니다. 중풍병자의 친구들 같은 주변인들도 없었습니다. 그러나 이 여인에게는 '주님을 만나야 한다'는 열망, '그분만이 나를 치유할 수 있다'는 믿음이 있었습니다. 믿음으로 군중을 뚫고 들어갔다는 것은 중요한 믿음의 행위라는 것입니다. 성경은 '만지는 순간 나았다'는 사실을 강하게 이야기하고 있습니다. 예수님을 믿는 믿음이 병을 낫게 했다는 것입니다. 그러나 예수님이 여인에게 손을 얹어서 낫게 한 것이 아니라, 여인의 믿음이 병을 낫게 했던 것입니다.

우리도 인생에서 하나님의 기적을 맛보기 위해서는 믿음이 필요합니다. 환경이 아무리 안 좋고, 모든 상황이 캄캄하고, 사방으로 벽이 막혀 있다 할지라도 우리의 믿음은 삶을 바꿀 수 있습니다. 이 사실을 본문은 우리에게 말해주고 있는 것입니다. 내 죄와 상처의 혈루증을 사람이나 돈으로 해결하려고 하지는 않습니까? 오직 예수의 구원을 바라며 말씀과 예배와 공동체에 내 손을 대고 있습니까? (26~28절).

3. 예수님의 치유 구원(30~34절)

예수님은 자신의 몸에서 능력이 나간 것을 느끼셨습니다. 이에 예수님은 돌아서서 "누가 내 옷에 손을 대었느냐"(30절 하)라고 물으셨으나, 제자들은 사람이 많으므로 밀리고 부딪히면서 닿은 것뿐이라고 이야기했습니다. 제자들의 답변에도 예수님은 이 일을 행한 여자를 보려고 둘러보십니다. 이때 여인은 감출 수 없는 것을 알고 자기에게 일어난 일을 사람들 앞에서 떨면서 예수님 앞에 엎드려 모든 사실을 말했습니다.

여기에서 한 가지 생각해 볼 것은 왜 예수님께서 고개를 돌려 그 여인을 보려고 했느냐는 것입니다. 이것은 바로 그 여인의 믿음을 더 명확하게 만들어 주기 위한 것이었습니다. 그래서 예수님이 마지막에 선포하십니다. 예수님은 그녀에게 "딸아 네 믿음이 너를 구원하였으니 평안히 가라 네 병에서 놓여 건강할지어다"(34절)라고 하십니다.

예수님은 이 여인이 병 고침만 받고 조용히 떠나가는 것이 아니라, 그녀의 수치와 고난을 나누며 예수님을 향한 믿음을 고백함으로 구원받기를 원하십니다. 병 고침은 일시적이지만 구원은 영원합니다. 비참한 수치 가운데 있던 나를 구원하신 그리스도의 은혜를 믿음으로 간증할 때, 주님은 나를 "딸아, 아들아"라고 불러주시며 평안과 강건함을 주십니다.

병 고침만 받고 떠나기를 원합니까, 믿음으로 구원받기를 원합니까? 오늘 하루 어떻게 믿음으로 내 수치를 다른 사람에게 나누며 그리스도의 구원을 증거하겠습니까?

　본문을 통해 마가는 무엇을 말해주고 있습니까? 첫째로 주님 없이 고통당하는 세대, 질병으로 고통당하고, 악령으로 고통당하고, 죽음으로 고통당하고, 돈을 아무리 많이 가져도 소용없는 그런 사람들을 고치셨다는 것입니다. 둘째로 주님은 부정한 사람, 사람들이 가까이하기 싫어하는 사람들까지도 치유하셨습니다. 자격 없는 사람들을 찾아가 구원해주신다는 사실입니다. 셋째로 환경이 아무리 어려워도 주님에 대한 열정을 가지고 나아가는 사람을 주님은 치유하셨습니다. 여인은 옷자락만 만져도 나음을 얻으리라는 믿음을 가졌습니다.

　본문 말씀을 통하여 깨닫게 되는 것은 하나님은 믿음의 수준대로 역사하신다는 것입니다. 회당장의 믿음은 어떤 믿음이었습니까? '예수님이 오셔서 내 딸에게 손을 얹으면 나을 것 같다'는 믿음이 있었습니다. 이보다 더 큰 믿음은 백부장의 믿음입니다. "주님이 오실 필요가 없습니다. 말씀만 하셔도 나을 것입니다"하는 그런 믿음도 있다는 것입니다. 본문의 혈루증 앓은 여인은 어땠습니까? 옷자락만 만져도 나음을 얻을 것이라고 믿었습니다. 여러분은 어떤 믿음을 가지고 있습니까?

달리다굼

마 가 복 음   5 장   3 5 절 ~ 4 3 절

예수님은 마가복음 5장에서 군대 귀신들린 광인을 축사함으로 고쳐주셔서 "주께서 내게 행하신 큰일"을 선포하게 하셨습니다. 그리고 회당장 야이로의 딸을 고치러 가다가 열두 해 동안 혈루증으로 고통받던 여인을 고쳐 주셨습니다. 본문 35~43절은 다시 회당장 야이로의 딸에게로 관심을 모아 죽은 자를 살리신 예수님의 이적을 최초로 기록하고 있습니다.

이 기사는 예수님 안에서는 인간의 눈으로 볼 때 아무리 오래되고 불가능해 보이는 질고(疾苦)도, 심지어는 인간의 궁극적 문제인 죽음도 마침내 극복될 수 있음을 보여 줍니다.

1. 두려워 말고 믿기만 하라(35, 36절)

당시에는 명망 있는 사람, 돈이 많을 뿐만 아니라 인격적으로도

125

홀륭한, 사람들의 존경을 받는 사람이 회당장이 되었습니다. 왜냐하면, 회당이란 장소는 예배만 드리는 곳이 아니고 학교 교육도 담당하고, 또 그 공동체 안에서 벌어지는 모든 문제까지 해결하는 장소였기 때문입니다.

이런 상당한 지위의 사람이 예수님을 찾아와 무릎까지 꿇었다는 것은 쉬운 일이 아니었습니다. 딸을 살리기 위해 자기의 모든 체면, 위험을 뒤로했다는 이야기입니다.

아직 예수님이 혈루병 여인과 이야기하고 계실 때 회당장 집의 사람들이 달려와 "당신 딸이 이미 죽었으니 선생님을 괴롭히지 말라"(35절 하)고 이야기합니다. 회당장은 예수님이 길을 가는 도중에 혈루증 앓던 여인을 고쳐주시는 바람에 자기 딸이 고침 받을 기회를 놓쳤다고 생각할 수 있습니다. 그러나 사람들의 말을 들으신 예수님께서는 회당장이 믿음을 지킬 수 있도록 도와주기 위해서 무엇이라고 말씀하십니까? "두려워하지 말고 믿기만 하라"(36절)고 하십니다.

예수님은 남을 구원하느라 나를 구원하지 못하시는 분이 아닙니다. 나의 지체를 구원하신 주님은 나의 가족도 구원해주실 것입니다. 이런 때일수록 성도는 인간적인 생각을 버리고 정확한 때에 구원을 이루실 주님을 신뢰해야 합니다. 구원의 때가 늦어져서 괴로운 마음이 들어도 지체의 구원에 감사하며 끝까지 주님과 동행해야 합니다.

성도 여러분! 예수님이 나의 기도는 안 들어주시고 남의 기도만

들어주신다고 생각하십니까? 나와 우리 가족의 구원의 때를 정하신 주님을 신뢰하면서 지체의 구원을 감사합니까?

2. 죽은 것이 아니라 잔다(37~40절)

회당장에게 말씀하신 예수님은 세 제자와 함께 그의 집으로 가십니다. 예수님께서 왜 베드로와 야고보와 요한만을 데리고 들어가셨을까요? 성경 전체에 보면 주님께서 특별한 일을 행하실 때 수제자인 베드로와 야고보와 요한만 데리고 가시는 모습을 봅니다. 변화산상에서 모세와 엘리야와 예수님만 나타나서 대화하는 모습을 볼 때, 이 엄청난 계시의 사건에 베드로와 야고보와 요한만 데리고 갑니다.

본문의 죽은 사람을 살리는 첫 부활의 사건에도 주님이 세 명의 수제자만 데리고 갑니다. 겟세마네 동산에는 열두 제자와 다 함께 들어갔지만, 이 세 수제자만 같이 내려와서 또 기도를 하십니다. 십자가 구속의 엄청난 사건을 행하기 전에도 또 세 사람만 데리고 간 것입니다. 이 사건은 우리에게 무엇을 말하고 있을까요?

사역자가 중요한 일을 행할 때, 주님의 사역에 마음을 쏟고 순종하며 따라오는 사람들에게 그 현장을 보여 주고 싶어 한다는 사실입니다. 그렇지 않은 사람에게 보여줘 봐야 이해하지 못하기 때문입니다. 지도자는 그걸 다 알고 있다는 것입니다. 바로 이런 사실 때문에 주님은 중요한 사역을 행하실 때 항상 수제자 세 명을 데리고 가셨던 것입니다.

수제자 세 명은 주님이 부활 승천하시고 난 다음 가장 중요한 역할을 하는 사람들이 됩니다. 베드로의 경우도 그렇고 사도 요한의 경우에도 마지막까지 남아 주님의 계시를 요한계시록 책에 남깁니다. 야고보도 역시 마찬가지로 초대교회의 수장의 역할을 했던 것을 보게 되면서 결국 주님이 이 세 사람을 데리고 다니셨던 것들을 이해하게 됩니다.

죽음의 사건에서도 주의 말씀을 믿으면 주님이 우리 집에 들어오십니다. 그곳에서 사람들이 떠들며 우는 모습을 보신 예수님은 "이 아이가 죽은 것이 아니라 잔다"(39절)라고 하십니다. 그러나 사람들은 예수님이 누구신지 모르기에 비웃습니다. 예수님이 우리 집에 들어오시면 죽음의 사건은 구원의 사건이 됩니다. 나를 예수님 발아래 엎드리게 하려고 죽음의 고통을 안겨준 내 가족은 죽은 것이 아니라 자는 것입니다(22절). 이를 믿고, 주님의 구원 사역을 방해하는, 인간적인 생각과 감정을 다 내보내야 합니다. 말씀으로 하나 된 지체들과 함께 기도하며 죽음의 현장으로 들어가야 합니다.

성도 여러분! 예수님이 우리 집에 들어오시면 죽음의 사건이 구원의 사건이 될 줄 믿습니까? 주님의 구원 사역을 방해하는 나의 인간적인 생각과 감정은 무엇입니까?

3. 달리다굼(41~43절)

예수님은 죽은 아이의 손을 잡으십니다. 사람의 시체를 만지면 부정하게 된다고 믿은 유대인들에게 예수님의 행동은 놀라움으로 다가왔을 것입니다 (민 9:6-10). 사람이 부정한 것을 만지면 그 부정에 오염되지만, 주님이 만지시면 모든 것이 깨끗해집니다. 예수님이 "달리다굼" 하시자 소녀가 곧 일어나서 걷습니다. 주님이 죽은 자의 손을 잡아 말씀을 선포해주시면 죽었던 그가 살아납니다. 그리스도의 사랑으로 손잡아주는 믿음의 공동체에 속해서, 성경말씀이 내게 말씀하시는 그리스도의 음성으로 들릴 때 죽었던 자는 살아날 것입니다. 죽음에서 살아나는 기적을 맛본 사람은 사명으로 나아가고자 영육을 강건하게 하는 데 힘써야 합니다.

성도 여러분! 내가 그리스도의 사랑으로 손잡아주어야 할 사람은 누구입니까? 죽음에서 일어나 걷고자 믿음의 공동체에 속해서 주의 말씀을 듣고 있습니까?

예수님은 소녀를 살리신 다음 이 일을 아무도 알지 못하게 하라고 경계하셨습니다. 마가복음 앞부분에서도 마가는 자주 이런 표현을 쓰고 있습니다. 왜일까요? 예수님의 십자가 수난, 부활 사건, 예수님의 메시아성 같은 것을 사람들에게 드러냈을 경우에 불순한 사람들, 잘못된 동기를 가진 사람들이 오히려 예수님 주위에 몰려들 수 있기 때문에 그것을 경계하신 것입니다.

그리고 예수님은 "소녀에게 먹을 것을 주라"고 하십니다. 사실 의학적으로 보면 죽을 정도의 병에 걸렸다가 살아난 사람에게 금방 먹을 것을 주는 경우는 없습니다. 수액을 놓아주고, 몸을 회복한 다음에 죽을 먹고 조금씩 음식을 주는 법인데, 예수님은 먹을 것을 주라고 말씀하고 계신 것입니다. 이 말은 무엇을 의미합니까? 완전한 치유가 일어났다는 것입니다. 정상적인 인간이 되었다는 뜻입니다. 단순히 어떤 사람의 예언처럼 의학적으로 조금 기절했다가 살아난 수준이 아니라, 완전히 회복되었다는 것을 보이시기 위해서 이런 말씀을 하신 것이 아닌가 생각됩니다.

본문 말씀을 통해 깨닫게 되는 것은 하나님은 믿음의 수준대로 역사하신다는 것입니다. 회당장의 믿음은 어떤 믿음이었습니까? '예수님이 오셔서 내 딸에게 손을 얹으면 나을 것 같다'는 믿음이 있었습니다. 이보다 더 큰 믿음은 백부장의 믿음입니다. "주님이 오실 필요가 없습니다. 말씀만 하셔도 나을 것입니다"하는 그런 믿음도 있다는 것입니다. 열두 해 동안 혈루증 앓은 여인은 어땠습니까? 옷자락만 만져도 나음을 얻을 것이라고 믿었습니다. 여러분은 어떤 믿음을 가지고 있습니까? 우리의 믿음의 수준을 높여서 '달리다굼'의 역사가 가정과 교회와 이 사회에 일어나기를 간절히 소원합니다.

예수님을 따르는 길

마 가 복 음   6 장   1 절 ~ 1 3 절

1. 고향에 간 예언자(1~6절)

본문은 예수님이 가버나움을 떠나 고향으로 가셨을 때 이야기입니다. 안식일이 되어 예수님이 회당에서 가르치십니다. 많은 사람이 듣고 놀라서 자기들끼리 이런 이야기를 합니다. "이 사람이 도대체 어디서 이런 것을 얻었는가!" 사람들은 예수님이 행하시는 권능의 이야기를 많이 들었을 것입니다. 가나 혼인잔치 사건도 들었을 것이고, 물 위를 걸으신 이야기도 들었을 것입니다. 오병이어의 기적도, 야이로의 딸을 살리신 이야기도 들었을 것입니다. 그래서 그들은 "그는 대체 누구인가, 이런 권능이 어디서 나왔는가?" 하며 서로 이야기했던 것입니다.

바로 그것 때문에 예수님께서 그들에게 직접 말씀하시기를 "선지자가 자기 고향과 자기 친척과 자기 집 외에서는 존경을 받지 못함이 없느니라"(4절)라고 말씀하신 것입니다. 이런 일은 오늘날에도 똑같이 일어납니다. 그런데 3절에 보면 예수를 배척했다고 이야기합니다. 왜 이 사람들이 예수님을 배척했을까요? 예수님을 너무 잘 안다고 생각했습니다. 어린 시절부터 눈으로 보면서 같이 살았기 때문입니다. 그들이 알고 있는 예수는 목수의 아들이었다는 것입니다. 목수의 아들이 이럴 수는 없다는 예단(豫斷)과 편견(偏見)이 앞서 있었습니다. 고향 사람들만 그런 것은 아닙니다. 나를 너무나 잘 알고 있다고 생각하는 사람들에 대한 이야기입니다. 교회에서도 마찬가지입니다. 그래서 같은 교회 안에 일가친척들이 많으면 사역자가 힘을 잃게 됩니다. 성도들이 인간적으로 자꾸 사역자를 생각합니다. 어릴 때부터 같이 자라난 사람이 장로가 되고 목사가 되었을 경우 그들을 잘 존경하지 못합니다. 이전의 생각과 행동을 다 안다는 그 마음들 때문에 은혜를 받지 못한다는 것입니다.

그래서 예수님은 고향을 떠나셨습니다. 아무것도 행할 수가 없었습니다. 여기서 배울 수 있는 중요한 것은 무엇입니까? 고향 사람들에게 너무 인정받으려고 하지 말라는 것입니다. 그들로부터 인정받지 못한다고 슬퍼할 이유도 없습니다. 예수님 시대에도 똑같이 일어난 문제였습니다. 그래서 주님이 아브라함에게 말씀하시기를 "네 본토 친척 아비 집을 떠나서 내가 너에게 지시할 땅으로 가라"고 하신 것입니다.

그렇다면 고향 사람들은 왜 인정하지 못했을까요? 예수님을 너무 잘 알고 있다고 생각하며, 그분의 신적 권위를 인정하지 않았기 때문에 믿지 못했고, 믿지 못함으로 하나님의 권능의 역사를 맛볼 수 없었습니다. 그 말씀이 5절과 6절 앞부분에 나와 있습니다.

"거기서는 아무 권능도 행하실 수 없어 다만 소수의 병자에게 안수하여 고치실뿐이었고 그들이 믿지 않음을 이상히 여기셨더라."

하나님이라도 행할 수 없었던 이유는 그들이 믿지 않았기 때문이었습니다. 그래서 주님도 그들이 믿지 않음을 이상히 여기셨다는 내용입니다. 기억하시기 바랍니다. 주님의 권능의 역사는 믿음이 있는 곳에 나타납니다. 그러므로 주의 종들의 권위를 인정하는 것은 굉장히 중요합니다. 주의 종의 영적 권위를 깎아내리는 말과 행동은 매우 조심해야 합니다. 하나님이 일하실 수 있는 환경을 없애버리는 행위이기 때문입니다. 물론 사역자들에게도 인간적인 흠이 있을 수 있습니다. 그러나 하나님이 일하실 수 있는 환경을 위해서라도 우리는 하나님의 권위 질서를 지켜야 합니다. 그것이 없으면 하나님도 권능을 행할 수가 없습니다.

또한, 본문에서 볼 수 있는 중요한 가르침은, 주님은 그들로부터 인정받기 위한 그 어떤 말씀도 하지 않고 그 자리를 떠나셨다는 것입니다. 주님의 우선순위는 모든 사람이 하나님 나라의 복음을 듣게 하는 것이었습니다. 그래서 주님은 한곳에 머물러 있지 않으시고, 인간적인 정(情)으로 '저 사람들이 왜 안 믿을까?'라는 생각으로 붙들고 늘어지지 않으셨다는 것입니다. 주님의 목적은 치유도, 귀신을 쫓는 것도 아닌 하나님 나라의 복음을 모든 사람에게 듣게 하는 것이었습니다. 이것이 바로 사역자들의 삶의 목적이 되어야 합니다.

2. 제자를 파송하시다(7~13절)

본문은 예수님께서 제자들을 파송하신 내용입니다. 이 말씀을 세 부분으로 나누어 보면 예수님이 제자들을 파송하신 이야기(7절), 파송할 때 사역자가 준비해야 할 것들(8~11절), 그리고 제자들이 나가서 사역한 내용(12, 13절)입니다.

7절 말씀에 보면 "둘씩 둘씩" 보내셨다고 이야기합니다. 여기에는 여러 가지의 해석이 가능합니다. 사람이기 때문에 혼자는 외롭습니다. 힘들 때도 있고 병들 수도 있습니다. 이때 누군가 도와줘야 합니다. 혹은 나도 모르게 잘못된 말이나 행동이나 인간적인 방향으로 사역이 흐를 수도 있습니다. 그때 옆에 있는 동역자가 그것을 멈출 수 있도록 제어하는 역할을 해야 한다는 것입니다.

또 7절 하반절에 보면 "더러운 귀신을 제어하는 권능을 주셨다"라고 합니다. 이것은 아마 동거하시면서 그 모든 사역을 보여 주시고 때로는 지켜보시면서 권능이 그들에게 흘러가도록 하신 과정을 표현한 것입니다.

8~11절의 말씀을 한마디로 요약하면 '사역에 집중하라'는 것입니다. 사역에 방해되는 것을 다 없애고, 전적으로 하나님을 의지하고, 부르심에 집중하라는 말씀입니다. 하나님 앞에 훈련을 받을 때는 이런 자세가 필요합니다. 그러나 나중에 누가복음에 넘어가면 주

님이 부활 승천하시기 전에 어떻게 말씀하십니까? 전대도 가지고 배낭도 가지라고 말씀합니다. 이제는 그들이 사역의 준비가 되어 있기 때문에, 그런 인간적인 것 때문에 염려하는 정도가 아니므로, 필요한 것만 딱 가지고 갈 준비가 되었기 때문에 필요한 것을 챙겨서 가져가라는 말씀입니다.

사역의 초기 훈련자에게 중요한 것은 주님이 나를 먹이시고 인도하시고 채우신다는 확신입니다. 이것을 처음부터 끝까지 지녀야 합니다. 이것이 믿음입니다. 또한, 이 말씀에서 생각해 볼 것은 11절의 "어느 곳에서든지 너희를 영접하지 아니하고 너희 말을 듣지도 아니하거든 거기서 나갈 때에 발아래 먼지를 떨어버려 그들에게 증거를 삼으라"는 말씀입니다. 우리는 이 말씀에서 두 가지를 생각해볼 수 있습니다.

첫째는 한곳에 머무르지 말라는 것입니다. 영접하지 않는 사람을 억지로 영접시키려고 인간적으로 애쓰지 말고 떠나라는 것입니다. 둘째로는 먼지를 떨어서 그들에게 증거를 삼으라는 것입니다. 그것이 심판날에 증거가 될 것이라는 말씀입니다.

그 말을 달리 표현하면 "너는 하나님의 사역자다. 하나님의 대리자다. 자긍심을 가져라. 너의 정체성을 지녀라"는 말씀으로 풀이됩니다. 그냥 복음과 심판 메시지를 증거하는 자라는 것입니다. 이것이 사역자의 정체성이 되어야 합니다.

예수님은 제자들에게 세 가지 사역을 위임하셨습니다. 천국복음 전파와 귀신을 쫓는 축사와 병을 치유하는 일입니다 (12, 13절). 사역의 모범을 보이셨고, 그 사역을 할 수 있도록 권능도 주셨습니다. 마가복음 3장에 예수님이 그들을 선택한 이유는 무엇이었습니까? "함께 있게 하시려고" 선택하여 동거했다는 것입니다. 그래서 예수님은 실제로 열두 제자와 함께 3년 동안 함께 하셨습니다.

여기서 잠시 '동거'의 의미를 살펴볼 필요가 있습니다. 동거는 많은 시간을 함께 보냈다는 것을 의미합니다. 그냥 시간을 보내는 것이 아니라, 함께하면서 삶을 보여 주고, 사역을 보여 주고, 권능을 보여 주고 그것을 행할 수 있도록 해 주셨다는 것입니다. 예수님께서는 염려하고 근심하는 제자들에게 "하늘을 나는 공중의 새를 보라! 들에 피는 백합화를 보라! 너희 길쌈하지 않고 먹여주지 않지만 하나님이 다 먹이신다. 하물며 너희들일까 보냐"라며 믿음이 없는 자들을 책망하며 훈련시키셨습니다.

이렇게 제자를 선택하시고 동거하시고 생명을 나누어 주신 것입니다. 예수님은 사역에 대하여 먼저 솔선하여 시범을 보여 주신 후 사역을 위임해 주셨습니다. 위임을 통해 제자들이 스승과 같은 사역을 하기 원하셨던 것입니다. 이것이 바로 제자화입니다. 그리고 6장 뒷부분에 가면 예수님은 감독도 하십니다. 한적한 곳에 가서 조금 쉬라고 하심으로 쉼의 철학에 대해서도 말씀하고 계십니다. 마지막에 주님은 가시고 완전 파송을 하십니다. 그것은 다시 말해 재생산입니다. 예수님의 제자화의 길입니다. 이것이 '예수님을 따르는 길'입니다. 교회는 이 길을 따라야 합니다. 단순한 목회, 단순한 교회가 되어서는 안 됩니다.

헤롯의 번민과 세례자 요한의 죽음

마 가 복 음 6 장 1 4 절 ~ 2 9 절

마가복음 6장 14절부터 29절까지는 헤롯 왕이 세례 요한의 목을 잘라 죽인 사건의 기록입니다. 왜 이 사건을 여기에 기록했을까요? 앞의 말씀을 살펴보면 제자들이 나가서 하나님 나라의 복음을 증거합니다. 제자들을 파송한 사건이 앞에 기록되어 있고, 본문의 세례 요한이 죽은 사건 뒤에는 그 파송한 제자들이 돌아와서 예수님께 보고한 이야기와 예수님이 제자들에게 쉬라고 하신 이야기가 기록되어 있습니다. 다시 말해 천국복음을 증거 하는 중간에 이 사건을 기록한 것입니다. 여기에는 어떠한 의도가 담겨 있을까요?

마가는 본문 내용을 통해 복음 사역을 감당할 때는 이런 죽음까지도 각오해야 한다는 메시지를 전달하고 있는 것입니다. 세례 요한은 하나님의 위대한 종이었습니다. 그런 그가 하나님 앞에 회개해야 한다고 말함으로 죽은 것입니다. 하나님의 사역자는 공의를 선포하는 사역을 감당할 때 죽음까지도 각오해야 한다는 말씀입니다.

137

1. 헤롯이 들은 예수의 소문(14~16절)

제자들이 귀신을 쫓고 병을 고치니 예수의 이름이 드러납니다. 예수님은 사람들에게 자신이 드러나지 않도록 여러 차례 경고하셨지만(*1:34, 44, 3:12, 5:43*), 예수님의 소문은 당시 유대 지역의 왕인 헤롯에게까지 전해집니다. 그 소식에 어떤 사람들은 예수님이 옛 선지자 중 하나와 같다고 말합니다. 하지만 헤롯은 자신이 죽인 요한이 살아난 줄로 여겨 걱정하고 두려워합니다.

아무리 대단한 권력을 가진 사람이라도 죄의 문제를 해결하지는 못합니다. 예수의 소문을 들은 헤롯은 걱정하고 괴로워하기만 할 뿐 회개의 자리로까지 나아가 돌이키지 않습니다. 죄 때문에 걱정하는 것과 회개하는 것은 전혀 다른 모습입니다.

예수의 이름이 들릴 때 나는 내 죄 때문에 걱정합니까? 아니면 회개합니까? 회개했다면 죄에서 돌이킨 구체적 증거는 무엇입니까?(*16절*).

2. 헤롯의 번민(17~20절)

17, 18절에서는 어떻게 요한이 죽게 되었는지에 대한 이야기를 하고 있습니다. 그에 앞서 염두에 두어야 할 것은 헤롯 왕은 헤롯 대왕이 아니라는 것입니다. 성경에 보면 예수님 시대 이전에 살았던 헤롯 대왕이란 사람이 있었습니다. 팔레스티나(*오늘날의 이스라엘로 로마가 이 지역을 점령하고 이름을 바꿔 팔레스티나라고 정함*)를 다스린 왕이 헤

롯 대왕이고, 이 헤롯 대왕이 바로 40년 동안 예루살렘 성전을 개축한 왕입니다. 그 왕이 죽고 난 다음에 팔레스티나 땅을 네 지역으로 나눠 헤롯 대왕의 네 아들에게 나누어 주었습니다. 본문에 나오는 헤롯 왕은 그 아들 가운데 한 명인 헤롯 '안디바'라는 왕입니다.

헤롯 안디바가 동생인 헤롯 빌립의 부인인 헤로디아라는 여자를 빼앗아버렸습니다. 그의 부인은 당시 나바티안 왕국의 아레다 왕의 딸이었는데 얼굴이 못생겼다는 이유로 쫓아내 버리고, 자신의 마음에 드는 헤로디아를 동생으로부터 빼앗은 것이었습니다. 그 이야기를 듣고 세례 요한이 헤롯의 옳지 못한 행동을 지적했습니다. 하나님 앞에서 행하지 말아야 할 일을 행했다는 것이었습니다.

헤롯은 두 가지의 잘못을 했습니다. 먼저 헤로디아는 헤롯 대왕의 손녀였습니다. 다른 아들 아리스토블루스라는 아들의 딸이었습니다. 그러므로 헤롯 빌립이 헤로디아를 아내로 삼은 것도 율법적으로 어긋나는 일이었습니다. 이런 헤롯 왕을 향해 세례 요한은 타협하지 않고 하나님 나라의 복음을 전했습니다. 회개해야 한다고 말했습니다.

본문에 나오는 헤롯 왕은 겁이 많은 사람이었습니다. 그래서 세례 요한의 소리를 듣고 마음으로는 옳은 소리를 한다고 여겼지만, 체면 때문에 회개를 못하고 고민하는 사람이었습니다. 그런데 헤롯 안디바가 데리고 온 헤로디아는 겁이 없는 여자였습니다. 헤로디아는 세례 요한을 언젠가는 잡아 죽여야겠다는 생각을 했던 것입니다.

비록 헤로디아가 요한을 죽이려 할 때 헤롯은 요한을 보호하고 그의 말에 번민하면서도 달갑게 들었습니다. 하지만 그것이 회개는 아니었습니다. 힘과 권력이 있는 헤롯은 양심에 찔려 괴로워하면서도 자기 죄를 합리화하는 욕심을 내려놓지 못합니다. 요한이 죽음을 각오하고 왕을 비판한 것과 매우 대조적입니다. 진정한 사랑은 자기 욕심에 사로잡히지 않고 생명을 살리고자 기꺼이 위험을 감수하는 것입니다.

나를 살리려고 잘못을 지적해주는 사람을 옥에 가두듯 무시했던 일이 있습니까? 내려놓아야 할 나의 욕심은 무엇입니까?(17, 18절).

3. 세례 요한의 죽음(21~29절)

그러던 어느 날, 헤롯 왕이 자기 생일날 로마의 천부장들과 갈릴리 지역의 부자들, 유력한 사람들을 다 불러서 잔치를 베풀었습니다. 헤롯 왕은 헤로디아의 딸인 살로메의 춤추는 모습을 보고 마음에 들어 무슨 소원이든 들어주겠다는 약속을 해버립니다. 나라의 절반이라도 떼어주겠다고 했습니다. 로마 황제의 지시를 받아서 나라를 다스리고 있기 때문에 나라의 절반을 줄 수 없는데도 이렇게 말했다는 것은 그가 경솔하고, 함부로 말하는 왕이었다는 것을 알 수 있습니다.

기회를 얻은 살로메는 당장 자기 어머니 헤로디아에게 달려가서 무엇을 구해야 할지 묻습니다. 그때 헤로디아가 세례 요한의 목을 구할 것을 지시하자 헤롯 왕은 그에 응하게 됩니다. 자기가 내뱉은 말 때문에 피할 수가 없었습니다. 이날이 헤로디아에게는 '절호의 기회'가 되었고, 요한에게는 '순교의 날'이었고, 헤롯에게는 '심판의 날'이었습니다. 하나님 나라의 도래를 외치던 요한은 비참한 모습으로 죽음을 맞이합니다. 헤롯의 터무니없는 맹세로 요한은 악하고 음란한 헤로디아의 노리개가 되어 목이 베여 죽습니다.

헤롯은 어떻게 이런 악한 짓을 저지를 수 있었을까요? 첫째로 그에게는 성적 욕망이 있었습니다. 그것 때문에 결국은 동생의 아내를 빼앗아버렸고, 근친상간을 했고, 헤로디아의 딸에게 춤까지 추게 했다는 것입니다. 둘째로 헤롯 왕에게는 리더십이 없었습니다. 우유부단하여 바른 결정을 내리지 못하는 사람이었다는 것입니다. 리더십의 가장 중요한 요소는 바른말을 하며 바른 행동을 하는 것입니다. 리더로 서기 위해서는 자신을 훈련해야 합니다.

마지막으로 헤롯 왕은 사람을 기쁘게 하려고 비정상적인 결단을 내린 사람이었습니다. 사실 마음에는 세례 요한을 죽여서는 안 된다는 것을 알고 있음에도 불구하고 사람을 기쁘게 하기 위해서 죽였다는 것입니다. 핍박을 받을지라도, 왕따를 당할지라도, 하나님 앞에 바로 행동해야 합니다. 이것은 의인이 받는 핍박입니다.

하나님은 이런 요한의 죽음을 통해 성도의 삶과 죽음은 외적인 모습으로만 평가될 수 없음을 나타내십니다. 끝까지 믿음을 지키고 복음을 전한 성도의 삶의 참된 보상은 이 땅이 아닌 하나님 나라입니다. 시편에 의인이 핍박으로 죽임을 당할지라도 하나님은 귀중히 여기신다고 했습니다. 이 말씀을 기억하며 확신과 믿음과 담대함 있는 그리스도의 삶을 살아가야 할 것입니다.

　내가 인내하며 감당해야 하는 나의 고난과 수치, 죽음의 자리는 어디입니까? 믿지 않는 사람들에게 천국을 증거 하는 죽음이 되기를 기도로 준비합니까?

광야에서의 쉼과 양식

마가복음 6장 30절~44절

전도여행에서 돌아와 사역 보고를 한 사도들에게 예수님은 "한적한 곳에 가서 쉬라"고 하십니다. 사도들을 알아보고 무리가 찾아오자, 예수님은 그들을 불쌍히 여겨 많은 것을 가르치십니다. 주린 사람들을 위해 예수님은 떡과 물고기를 들어 축사하신 후 제자들에게 나눠 주도록 하십니다.

이에 모든 사람이 배불리 먹습니다. 본문을 흔히 '오병이어의 기적'이라고 합니다. 본문 말씀을 크게 세 단락으로 살펴볼 수 있습니다. 광야에서의 쉼(30~32절), 불쌍히 여기시는 예수님(33~34절), 광야에서의 양식(35~44절)입니다. 그래서 강해 제목을 '광야에서의 쉼과 양식'으로 정하여 보았습니다.

1. 광야에서의 쉼(30~32절)

30절을 다 함께 읽어봅시다. "사도들이 예수께 모여 자기들이 행한 것과 가르친 것을 낱낱이 고하니"라고 기록하고 있습니다.

이 부분은 마가복음 전체에서 열두 제자를 사도라고 칭한 유일한 부분입니다. 사도라는 말은 헬라어로 '아포스톨로스'라고 합니다. '보내심을 받은 자'라는 뜻입니다. 부르심과 보내심을 받은 제자들이 예수께 돌아와 행하고 가르친 일을 보고하자, 예수님은 그것을 다 들으시고 점검하셨습니다. 예수님은 제자화 과정에서 부르심, 선택, 동거, 분여, 시범, 위임, 감독, 재생산이라는 8단계를 통해 코칭하셨습니다.

그 후에 예수님은 그들을 먹고 쉴 수 있는 '한적한 곳'으로 이끄십니다. 왜냐하면, 오가는 사람이 많아 제자들이 음식을 먹으며 쉴 수 있는 겨를조차 없었기 때문입니다. 31, 32절을 다 함께 읽어봅시다.

"이르시되 너희는 따로 한적한 곳에 가서 잠깐 쉬어라 하시니 이는 오고 가는 사람이 많아 음식 먹을 겨를도 없음이라."

예수님은 복음 전하는 사명을 감당하는 제자들의 육적인 필요를 잘 알고 계셨습니다. 이런 예수님의 인도하심은 이스라엘 백성을 광야에서 먹이고 보호하신 하나님, 양들을 '푸른 풀밭'에 누이며 쉴 만한 물가로 인도하는 목자의 모습을 떠오르게 합니다(시 23:2). 그리스도인은 분주한 일상 속에서도 나를 사랑하셔서 안식으로 이끄시는 주님을 믿고 그분의 명령에 순종해야 합니다. 여기에 예수님의 '쉼의 철학'이 나타납니다. 우리는 이것을 배워야 합니다.

사역에 너무 빠져들기 시작하면 사역이 아닌 일에 빠져들 수도 있습니다. 사역자들은 이것을 경계해야 합니다. 그래서 사역자들은 자신의 사역이 무엇을 우선하고 있는지 점검해 볼 수 있어야 합니다. 사역중심(task oriented)인지, 인간중심(people oriented)의 사역으로 흘러가고 있지는 않은지 살펴봐야 합니다. 자칫 잘못하면 사역이 목적을 성취하기 위한 열심이 될 수도 있다는 것입니다.

또한, 예수님께서 한적한 곳에 가서 쉬라고 말씀하신 것은 우리가 육체를 가진 존재라는 것을 아셨기 때문입니다. 육체를 가진 존재는 몸을 가졌기 때문에 반드시 쉬어야 합니다. 휴식이 없는 사람은 주변은 물론 나 자신도 돌아보기가 어렵습니다. 나를 모르면 큰 실수를 하게 된다는 것입니다.

주님은 무작정 밤낮으로 일하라고 말씀하지 않으셨습니다. 우리 육체의 연약함을 알고 계시는 주님께서는 "사람에게 방해받지 않는 곳에서 하나님과 교제하라. 사람들에게 방해받지 않는 곳에서 자신을 돌아보는 눈을 가지라"고 말씀하셨습니다. 사역을 점검할 수 있는 시간은 반드시 필요합니다.

복음을 전한 후에 잠깐 쉬라고 명하시는 예수께 순종합니까? 바쁜 일상 속에서도 예배와 말씀묵상으로 참된 안식을 누리고 있습니까?

2. 불쌍히 여기시는 예수님(33~34절)

32, 33절을 다 함께 읽어봅시다. "이에 배를 타고 따로 한적한 곳에 갈 새, 그들이 가는 것을 보고 많은 사람이 그들인 줄 안지라. 모든 고을로부터 도보로 그 곳에 달려와 그들보다 먼저 갔더라." 예수님은 제자들을 한적한 곳으로 이끌어 먹을 시간과 쉴 자리를 마련하십니다. 그런데 제자들이 행한 권능을 본 사람들은 그들보다 먼저 그곳에 찾아옵니다. 영적 갈급함과 회복이 간절했던 그들은 '걸어서' 먼 거리를 이동하는 수고도 마다하지 않습니다.

예수님은 이렇게 간절한 마음으로 찾아온 사람들을 '목자 없는 양'같이 여기시고 많은 것을 가르치십니다. 당시 이스라엘 백성의 길을 안내한다고 자부하던 제사장과 서기관, 바리새인 같은 종교지도자들은 이처럼 갈급한 백성의 목자가 되지 못했습니다. 예수님이 가르치시고 나타내시는 하나님 나라를 모르면 제아무리 지식이 넘치고 유능해도 진정한 지도자가 될 수 없습니다.

사람들에게는 갈급함이 있었습니다. 그렇기 때문에 모든 고을로부터 도보로 그곳까지 달려온 것이었습니다. 34절을 다 함께 읽어봅시다.

"예수께서 나오사 큰 무리를 보시고 그 목자 없는 양 같음으로 인하여 불쌍히 여기사 이에 여러 가지로 가르치시더라."

예수님께서는 그 무리를 보시고 불쌍히 여기사 가르치셨습니다.

여기에서 우리는 예수님의 사역 동기를 살펴볼 수 있습니다. 예수님께서는 불쌍히 여기는 마음이 있었습니다. 그 마음 때문에 여러 가지로 가르치시더란 말씀입니다. 예수님께서는 그들 한 사람 한 사람을 불쌍히 여기셨습니다. 사역에서 한적한 곳에 있어야 하는 근본적인 이유는 하나님과의 관계 형성과 나 자신을 돌아보기 위함입니다. 그래서 결국은 사람을 치유하는 것이 목적이 되어야 합니다.

예수님이 나를 불쌍히 여겨 가르쳐주신 하나님 나라를 믿음으로 보고 깨닫습니까? 내가 가서 이 기쁜 소식을 전해야 할 사람은 누구입니까?

3. 광야에서의 양식(35~44절)

35, 36절을 다 함께 읽어봅시다. "때가 저물어 가매 제자들이 예수께 나아와 여짜오되 이 곳은 빈들이요 날도 저물어가니, 무리를 보내어 두루 촌과 마을로 가서 무엇을 사 먹게 하옵소서." 예수님의 가르침은 날이 저물도록 계속됩니다. 그러자 제자들은 '빈들'까지 자신들을 찾아온 무리에게 책임감을 느끼면서 예수께 주변 마을로 사람들을 보내 스스로 배고픔을 해결하게 하자고 제안합니다. 하지만 예수님은 "너희가 먹을 것을 주라"(37절)고 대답하십니다.

이 말씀을 이해하지 못한 제자들은 양식을 살 돈이 없다며 불평합니다. 하지만 예수님은 그들 중에 있는 오병이어로 남자만 5천 명이 되는 무리를 먹이십니다. 하나님이 광야에서 생활하던 이스라엘 백성을 만나로 먹이셨듯이, 예수님은 목자 없는 양 같은 무리를 배불리 먹이십니다. 이렇게 나의 참된 목자이신 예수님을 따르는 인생은 광야에 있어도 부족함이 없습니다(시 23:1).

우리는 오병이어 사건에 대해 이야기할 때 하나님의 기적에 대해 많이 생각합니다. 필요를 채우셨다는 이야기입니다. 물론 이것도 중요한 메시지입니다. 그러나 그것보다 더 중요한 메시지는 주님이 그들을 불쌍히 여기셨다는 것입니다. 영적으로 방황하고 있으므로 배고픔도 잊어버리고 예수님의 말씀에 귀를 기울이면서 따라다니는 그들을 불쌍히 여기셨습니다.

결국, 저물어 가니까 제자들이 예수님께와서 "사람들로 하여금 가서 무엇을 사먹게 하소서"라고 부탁합니다. 그런데 예수님께서는 그 이야기를 듣자마자 "너희가 먹을 것을 주라"고 말씀하십니다. 이것은 무슨 말씀일까요? 양떼는 리더가 책임져야 한다는 말씀입니다. 바로 믿음을 발휘하라는 것입니다. 물 위를 걷고, 풍랑을 잠잠케 했던 예수님을 믿으라는 '눈에 보이지 않는 암시'가 들어 있다는 사실입니다.

빈 들 같은 환경에서 "너희가 먹을 것을 주라"고 하시는 주님의 음성에 순종하십니까? 내가 가진 것 중에서 힘든 지체들에게 나누어 줄 수 있는 것은 무엇입니까?

만물을 다스리시는 예수님

마 가 복 음 6 장 4 5 절 ~ 5 6 절

지난 9월 28일, 서초동 검찰청 앞에서의 검찰개혁과 조국 장관 수호 집회가 발단이 되어, 10월 3일 개천절에는 조국 장관 사퇴를 외치는 수백만 명의 광화문 집회가 있었고, 어제는 다시 서초동 검찰청 앞에서 집회를 열고 세 싸움을 하였습니다.

온 세상이 혼란과 대결과 거짓이 난무하고 있습니다. 문재인 대통령이 이끄는 청와대와 윤석열 검찰총장이 이끄는 검찰 간에 갈등이 깊어지고 있습니다. 문제가 발생하던 초기에 현명한 대처를 하였더라면 갈등이 커질 이유가 없었는데 이제는 심상치 않은 단계로 번지게 되었습니다.

이 광풍과 혼돈의 세상을 어떻게 통치해야 합니까? 본문 말씀에서 '만물을 다스리시는 예수님'을 마가는 말하고 있습니다. 그래서 우리 교회는 이 혼돈 속에서 주님께 묻고 듣고 순종하고자 내일부터 세이레 특별새벽기도회를 개최합니다. 제가 부임한 후 계속되던 40일 가을 새벽기도회를 더 많은 사람이 완주할 수 있도록 세이레 특별새벽기도회로 진행하게 되었습니다. 이번에는 교회설립 60주년을 맞으며 특별히 천안아산노회의 목사님들을 초청강사로 모시고 다양한 말씀을 듣게 되었습니다. 성령께서 우리 교회와 사회와 민족을 향한 말씀을 주실 줄 믿습니다. 기대하시고 기도하시며 온 가족이 홍해를 건너듯이 참석하시기를 강청합니다.

본문에서는 세 가지의 사건을 다루고 있습니다. 기도하시는 예수님(45, 46절), 바다 위를 걸으시는 예수님(47~52절), 병자를 고치시는 예수님(53~56절)으로 나누어 볼 수 있습니다.

1. 기도하시는 예수님(45, 46절)

예수님께서는 오병이어의 기적을 일으키시고 난 다음 제자들을 재촉해서 건너편으로 건너가게 하십니다. 제자들은 기적이 일어난 장소에 머물고 싶었을 것입니다. 군중들도 예수님의 말씀을 더 듣고, 기적을 더 보기 원했을 것입니다. 그러나 주님은 또 다른 곳에서 하나님 나라를 전파해야 할 사명이 있으셨습니다. 우선순위에 집중하셨습니다. 그래서 제자들을 재촉해서 먼저 보내시고 예수님께서는 그 사역에 집중하기 위해서 한적한 곳에 가서 기도하셨습니다.

예수님은 자신을 열광하는 무리와 제자들을 분리하신 뒤 기도하러 산으로 가십니다. 이런 기도의 자리는 예수님이 한결같이 시간을 들여 찾으시는 장소입니다. 열광하는 무리를 떠나 홀로 기도하러 산으로 가시는 예수님의 발걸음은 성부 하나님의 뜻에 순종하시는 성자 예수님에 대한 증거입니다. 이처럼 그리스도인이 머물러야 할 자리는 사람들이 열광하는 자리가 아니라 기도와 순종의 자리입니다.

이것은 굉장히 중요한 요소입니다. 기적이 일어난 현장, 사람들이 나를 존경하고 은혜받았다고 말하고, 또 하나님의 역사가 나타나서 너무 좋다고 하는 그 장소에 머물러 있는 순간, 우리는 본질적인 부르심을 잃어버릴 수 있다는 것입니다. 우리의 가장 본질적인 부르심은 하나님 나라의 복음을 모든 사람이 들을 수 있도록 끊임없이 움직여나가는 것입니다. 그 일을 위해서 주님은 열두 제자를 불러서 사도로 칭하셨습니다. 성도 여러분! 예수님이 나를 재촉하여 떠나게 하시는 영광의 자리는 어디입니까? 나는 언제 어디서 기도하며 하나님과 그분의 뜻에 순종합니까?

2. 바다 위를 걸으시는 예수님(47~52절)

예수님은 밤 깊은 시각까지 계속 기도하십니다. 그동안 제자들이 탄 배는 바다 가운데 도달하고 배를 거스르는 바람이 일어나서 제자들은 위험한 상황에 놓이게 됩니다. 예수님은 이런 제자들을 '보시고' 바다 위로 걸어오십니다. 하지만 제자들은 자신들에게 다가오시는 예수님을 유령으로 여겨 두려워서 소리를 지릅니다. 예수님이 "안심하라 내니 두려워 말라"며 배에 오르시자 바람이 그칩니다.

예수님을 알아보지 못하던 제자들과 예수께 순종하는 자연이 대조를 이룹니다. 제자들이 이적을 보고도 예수님을 믿지 못하는 것은 마음이 둔해진 까닭입니다. 믿음이 없으면 풍랑 가운데 나에게 찾아와 바람을 잠잠케 하시는 주님을 깨닫지 못합니다.

가버나움에서 벳세다까지는 그리 멀지 않은 거리입니다. 그러나 풍랑이 일어나 제자들은 목적지까지 가지 못하고 헤매고 있었던 것 같습니다. 주님은 산 위에서 기도하시다가 제자들이 힘겹게 노 젓고 있는 모습과 풍랑이 세차게 부는 모습을 보셨습니다. 그리고 바다 위를 걸어 그들에게로 가셨다는 내용입니다.

주님은 다 보고 계셨습니다. 이것은 무엇을 의미할까요? 우리가 사역하는 동안 힘들어하는 모습, 헤매는 모습 모두를 주님께서는 보고 계신다는 것입니다. 예수님은 다 알고 계시지만 우리가 어떻게 믿음으로 반응하는지를 알기 위해서 지켜보고 계신다는 사실입니다. 그래서 본문에서도 예수님은 당장 내려가셔서 얼른 "풍랑아 잠잠하라"하고 기적을 베풀지 않으시고 일부러 가만히 보고 계셨던 것입니다.

제자들을 위한다면 산 위에서 보시고 "풍랑아 잠잠하라"고 명하셔도 될 일이었습니다. 그러나 예수님께서는 제자들의 믿음이 더욱 자라게 하려고 풍랑을 겪게 하시고, 혼비백산이 일어나게 하시고, 그다음 일부러 물 위를 걸어서 가셨다는 사실입니다. 오병이어의 기적과 중풍병자를 고치신 일과 회당장의 딸을 살리신 일을 본 제자들이 어떻게 반응하는지를 살피셨습니다.

그러나 제자들은 마음이 둔해져서 물 위를 걸으시는 주님을 주님으로 보지 못했습니다. 상식으로만 주님을 생각했던 것입니다. 그래서 마가는 52절에 "그들이 그 떡 떼시던 일을 깨닫지 못하고 도리어 그 마음이 둔하여졌음이러라"라고 기록하고 있는 것입니다.

이 이야기를 통해 마가가 전달하고자 하는 핵심은 '나에게 주님은 누구인가'하는 문제인 것 같습니다. 여러분은 주님을 누구로 알고 있습니까? 그는 오병이어의 기적으로 나를 먹여주실 뿐만 아니라 물 위를 걸어서 올 수도 있는 분임을 믿으십니까? 풍랑 가운데 다가와 바람을 잠잠케 하시는 예수님과 그분의 권위를 알지 못하고 두려워하지는 않습니까? 내 마음을 둔하게 하는 생각은 무엇입니까?

3. 병자를 고치시는 예수님(53~56절)

풍랑을 잠잠하게 하신 예수님을 태운 배는 원래의 목적지인 벳세다가 아닌 게네사렛에 먼저 이릅니다(45절). 한편 예수의 소문을 들은 사람들이 병든 자들을 데려와 그분의 옷 가에라도 손을 댈 수 있기를 간절히 원합니다. 예수님은 그들의 연약함과 아픔을 외면하지 않으십니다. 그들 가운데 '예수님의 옷자락만 만져도 나음을 얻는다'는 믿음을 가졌을 때 나음을 얻을 수 있었던 것입니다. 그러므로 믿음으로 나아오는 자는 다 나음을 얻었다는 것을 복음서는 강조하고 있는 것입니다.

다시 말해서 그들은 대가를 치렀습니다. 믿음의 행동을 보였습니다. 이 사실을 본문은 이야기하고 있는 것입니다. 주님은 우리의 삶을 온전하게 하시기를 원하십니다. 그 일을 위해서라면 기적도 행하시는 예수님이십니다. 다만 우리는 상식을 넘어, 경험을 뛰어넘어 기적의 하나님을 바라볼 수 있어야 합니다. 그때 하나님은 우리에게 기적을 베풀어 주십니다. 예수님의 옷 가를 만져 병이 나은 성도는 이제 같은 고난에 있는 사람들을 위해 간구하고 수고해야 합니다. 혼돈 속에 있는 세상에 만물을 다스리시는 예수님을 증거 해야 합니다.

하나님의 계명과 사람의 전통

마 가 복 음 7 장 1 절 ~ 2 3 절

　본문의 말씀은 하나님의 계명과 사람의 전통에 관한 논쟁입니다. 바리새인들과 서기관 중에 몇 명이 예루살렘에서 와서는 예수님을 계속해서 주시합니다. 흠잡을 곳을 찾다 결국 찾지 못한 그들은 제자 중에 몇 사람이 씻지 않은 손으로 떡 먹는 것을 보고는 그것을 비판합니다.

　왜 장로들의 전통을 준행하지 않고 부정한 손으로 음식을 먹느냐는 것이었습니다. 그렇게 먹으면 위생적으로 안 좋다는 것이 아니라 '부정해진다'는 경고였습니다. 그리고 그 부정이라는 개념은 '장로들의 전통'에서 나왔다는 사실입니다.

　첫 번째로 생각해야 할 것은"장로들의 전통"이라는 말입니다. 장로들의 전통이란 쉽게 말해 랍비들의 전통을 이야기합니다. 당시 유대교는 바벨론에 포로로 잡혀간 에스라에 의해서 시작되었습니다.

율법을 잘 지켜서 하나님을 기쁘시게 하려는 것이 목적이었습니다. 이스라엘 백성들이 포로가 된 것은 하나님의 율법을 어겼기 때문이었습니다.

하나님이 모세를 통해 이스라엘 백성에게 준 것은 크게 두 가지입니다. 하나는 율법이고 하나는 성전입니다. 성전 제사를 통해 하나님께 가까이 나아가고 예배할 수 있었는데 그것이 무너져버렸습니다. 그래서 이제는 성전이 없는 포로 생활을 하는 가운데 율법을 잘 지키기 위해서 율법을 연구하는 모임을 가지게 되었고, 거기에서 또 회당이라는 것이 만들어졌던 것입니다.

그런데 여기에는 문제가 있었습니다. 율법을 잘 지키려고 하다 보니 성경 가운데 애매한 구절들도 많이 있고, 또 이것의 의미가 무엇인지 고민하게 되었습니다. 성경에서 말씀한 내용 말고도 하나님을 기쁘시게 하기 위해 '어떻게 이것을 더 잘 지킬까'를 고민하면서 자기들 나름의 좋은 전통을 생각하고 만들어내기 시작했다는 것입니다. 안식일 날 몇 보 이상 걸음을 걸어서도 안 되고, 밥을 하기 위해서 불을 켜는 것도 문제이며, 안식일 밤에 불을 켜면 그것도 안 된다는 것이었습니다.

그렇게 해서 마침내 613개의 안식일에 해서는 안 되는 규율들을 만들어냈습니다. 그리고 이것을 지키면 정한 것이고, 안 지키면 부정한 것으로 간주했습니다. 또 이렇게 하면 하나님이 기뻐하시고, 안 하면 하나님이 기뻐하지 않는다는 하나의 전통이 만들어집니다. 그 전통이 사람들 속에 뿌리를 내립니다. 어떻게 보면 좋은 전통이

기도 합니다. 그러나 중요한 사실은 그것들 가운데 성경에 있는 것도 있지만, 없는 것도 있다는 것입니다. 대부분 장로의 전통이라는 것은 성경에 없는 이야기였습니다.

그렇다면 본문의 손 씻는 전통은 어디에서 시작된 것일까요? 제사장들이 하나님의 성소에 들어가기 전에 그 성소 앞에 있는 물두멍에 몸을 씻으라고 한 것을 가지고 변형한 내용인 듯합니다. 그 말씀을 나중에 랍비들이 해석하기 시작할 때 모든 사람이 이렇게 해야 한다는 것으로 확장했고, 성전에 들어갈 때뿐만 아니라 매일 밥 먹을 때도 씻어야 하고, 밖에 나갔다 들어올 때도 씻어야 되는 것으로 바꿔버렸다는 것입니다.

그들은 이야기하기를 하나님이 모세에게 글로 써서 모세오경을 주셨지만, 말로 주신 구전율법도 있다고 주장합니다. 그러나 어떻게 증명할 수 있습니까? 문제는 오늘날까지도 유대인들은 그렇게 생각하고 있다는 것입니다.

더 큰 문제는 사람들이 그렇게 정결예식을 지키기만 하면 하나님을 기쁘시게 하는 것이고, 자신은 문제가 없고, 부정하지 않다고 생각하는 것입니다. 그래서 그런 상태에 있는 바리새인들을 예수님은 비판하셨습니다. 예수님이 그들을 비판한 첫 번째 내용은 "입술로는 나를 공경하되 마음은 내게서 멀도다"(6절)라는 것이었습니다. 마음 없이도 종교행위를 할 수는 있습니다. 하나님을 사랑하지 않고도 십일조를 할 수 있습니다. 종교적 행위로서 사람들에게 보이기 위해서 모습을 꾸밀 수 있습니다.

두 번째로는 "사람의 계명으로 교훈을 삼아 가르치니 나를 헛되이 경배하는도다"*(7절)*라는 것이었습니다. 마음으로 경배하는 것이 아니라 사람의 계명을 만들어 지킴으로써 마치 주님을 예배하고 기쁘게 한 것처럼 착각한다는 것입니다. 즉 장로들의 전통은 사람의 계명일 뿐 하나님의 계명이 아니라는 해석입니다.

세 번째로 "너희가 하나님의 계명은 버리고 사람의 전통을 지키느니라"*(8절)*고 했습니다. 성전에서 하나님께 예배하러 들어가는 제사장들이 자기의 마음을 바로잡기 위해서 온몸을 씻는 예식을 행한 것인데, 이것을 모든 사람에게 적용시켜 몸만 씻으면 다 깨끗해지는 것으로 착각하게 만들었다는 것입니다. 그렇게 함으로써 사람의 계명이 되었고, 그래서 마음은 전혀 주님을 안 섬기면서도 겉으로만 하면 하나님을 기쁘시게 하는 것처럼 착각하게 만들었다는 내용입니다.

네 번째로 "너희가 너희 전통을 지키려고 하나님의 계명을 잘 저버리는도다"*(9절)*라고 비판합니다. 전통을 지키기 위해서 계명을 버렸다는 말씀입니다. 그 구체적인 예를 11~13절에서 '고르반'이라는 맹세를 통해 이야기하고 있습니다.

"너희는 이르되 사람이 아버지에게나 어머니에게나 말하기를 내가 드려 유익하게 할 것이 고르반 곧 하나님께 드림이 되었다고 하기만 하면 그만이라 하고, 자기 아버지나 어머니에게 다시 아무 것도 하여 드리기를 허락하지 아니하여 너희가 전한 전통으로 하나님의 말씀을 폐하며 또 이같은 일을 많이 행하느니라."

예를 들면 어떤 사람이 큰 집이 있습니다. 사람들이 볼 때 이 사람은 마땅히 부모님을 섬겨야 합니다. 그런데 자식 된 그는 부모님을 위해 집을 팔 마음이 없었습니다. 자신이 가진 집의 일부를 임대하면 돈을 많이 벌 수 있는데도 그렇게 하기가 싫었습니다. 그래서 이 사람이 제사장에게 가서 '고르반'이라고 해버립니다. 이 말은 이 집은 하나님의 것이라는 뜻입니다. 그러므로 스스로 부모도 섬기지 못하게 하고 자기 소유를 계속 유지하는 것입니다.

이렇게 교묘하게 하나님 말씀을 가지고 자기 안에 있는 죄성을 욕심대로 사랑하는 것입니다. 마치 하나님을 기쁘시게 하려고 고르반이란 제도를 만들어낸 것처럼 말하나 사람들은 그 전통을 이용해서 하나님의 계명을 지키는 게 아니라 오히려 어기고 있다는 말씀입니다. 본문 14절을 보십시오.

"무리를 다시 불러 이르시되 너희는 다 내 말을 듣고 깨달으라."

이제 예수님은 무리를 다시 불러 외적 이야기에서 내적 이야기로 옮겨가십니다.

"무엇이든지 밖에서 사람에게로 들어가는 것은 능히 사람을 더럽히지 못하되 사람 안에서 나오는 것이 사람을 더럽게 하는 것이니라"(15, 16절).

본질을 다루고 계신 것입니다. 그러자 제자들이 그 비유를 묻습니다. 다음은 제자들의 물음에 대한 예수님의 대답입니다. 18~23절을 다 함께 읽어봅시다.

"예수께서 이르시되 너희도 이렇게 깨달음이 없느냐 무엇이든지 밖에서 들어가는 것이 능히 사람을 더럽게 하지 못함을 알지 못하느냐? 이는 마음으로 들어가지 아니하고 배로 들어가 뒤로 나감이라 이러므로 모든 음식물을 깨끗하다 하시니라. 또 이르시되 사람에게서 나오는 그것이 사람을 더럽게 하느니라. 속에서 곧 사람의 마음에서 나오는 것은 악한 생각 곧 음란과 도둑질과 살인과 간음과 탐욕과 악독과 속임과 음탕과 질투와 비방과 교만과 우매함이니 이 모든 악한 것이 다 속에서 나와서 사람을 더럽게 하느니라."

예수님께서는 이 말씀을 통해 사실상 정한 음식(코셔, 유대교 율법에 의해 식재료를 선정하고 조리 등의 과정에서 엄격한 절차를 거친 음식)과 부정한 음식의 구분을 없애셨습니다. 구약성경에서 이것을 구별했던 것은 우리가 구별된 백성으로서 삶을 살게 하기 위함이었습니다. 더나아가 건강을 위해 그 율법들이 지켜졌을 것으로 생각됩니다. 그러나 이제 신약시대의 예수님은 정결 예식의 이야기, 외적인 종교 의식을 지키는 이야기에서 내적인 본질의 이야기로 넘어가고 계신 것입니다.

여러분의 신앙생활은 어떻습니까? 신앙생활 가운데 전통이 하나님의 말씀을 폐하고 있지는 않은지 살펴봐야 합니다. 성경 안의 기록되지 않은 많은 인간적인 전통이 교회 안에 있다는 것을 기억해야 합니다. 그리고 그 전통이 때로는 하나님의 말씀을 대신한다는 경고입니다.

확장되는 복음

마 가 복 음 7 장 2 4 절 ~ 3 7 절

본문은 두 개의 큰 사건을 다루고 있습니다. 두로 지방에 이르신 예수님은 자신의 거절에도 불구하고 간청하는 이방 수로보니게 여인의 딸에게서 귀신을 쫓아내신 사건(24~30절)과 데가볼리 지역인 갈릴리 땅에서 사람들이 데려온 힘없고 말 못 하는 사람을 치유하신 사건(31~37절)입니다.

그리고 두 가지 이야기는 이방 땅에서 일어난 사건이라는 공통점을 가지고 있습니다. 수로보니게 여인은 두로 페니키아에 사는 이방인이었습니다. 수로보니게는 시리아의 페니키아 땅이라는 뜻입니다. 당시에는 로마가 점령했지만 헬라 문화의 영향을 많이 받은 곳입니다. 그래서 성경에서 헬라인은 이방인을 뜻합니다.

여기에서 중요한 사실은 이방 땅에서 주님이 치유의 기적을 행하셨다는 것입니다. 이 내용은 사복음서에 동일하게 기록되어 있습니다. 메시아는 이스라엘만을, 유대인만을 위한 메시아가 아니라는 이야기입니다. 그분은 이방인을 위한 메시아도 되신다는 사실입니다.

그렇다면 그 메시아가 가져오는 하나님 나라와 통치, 회복, 완전함을 가져오기 위한 조건은 무엇일까요? 중요한 것은 31절 "예수께서 다시 두로 지방에서 나와 시돈을 지나고 데가볼리 지방을 통과하여 갈릴리 호수에 이르시매"라는 말씀과 24절을 살펴볼 때 예수님께서는 의도적으로 이방 땅으로 들어가셨다는 사실입니다. 이방 땅으로 들어가시자 더러운 귀신 들린 어린 딸을 둔 여자가 예수의 소문을 듣고 와서 그 발 앞에 엎드려 귀신을 쫓아내 주시기를 간구합니다(25, 26절).

갈릴리에서 일어났던 예수님의 기적이 이방에까지 전해졌고, 예수의 소문을 들은 수로보니게 여인이 지금 예수님께 와서 무릎을 꿇고 자기 딸에게 들어간 귀신을 쫓아내 달라고 부탁하는 장면입니다. 그러자 예수님께서는 어떻게 말씀하셨나요? 무시하는 말을 해 버립니다. 27절을 보십시오.

"예수께서 이르시되 자녀로 먼저 배불리 먹게 할지니 자녀의 떡을 취하여 개들에게 던짐이 마땅치 아니하니라."

긍휼이 많으신 예수님께서 왜 이런 말을 하셨을까요? 자녀는 누구이고, 개는 누구를 상징하는 것일까요?

주님은 "이스라엘의 잃어버린 양을 위해서 왔다"라는 말씀을 종종 하셨습니다. 예수님의 첫 번째 사명은 하나님을 떠난 자기 백성을 구원하는 것이고, 그다음 그 이스라엘 백성들이 메시아의 복음을 이방인에게 전달하는 것이 복음의 순서였다는 것입니다. 결국, 자녀들은 이스라엘 백성인 유대인을 의미하고, 개는 이방인들을 의미하는 것입니다. 실제로 당시의 유대인들은 이방인들을 개 취급해서 같이 앉아 식사도 하지 않았습니다. 그래서 예수님이 무시하듯이 "너는 개고 나는 개에게 내 자녀인 이스라엘 백성에게 줄 떡을 줄 수가 없다"라고 말씀하신 것입니다.

그렇다면 그 떡은 무엇을 의미할까요? 구원과 치유와 축사입니다. 하나님의 은혜입니다. 하나님 나라의 통치입니다. 하나님 나라의 임재입니다. 이것을 너희들에게는 줄 수 없다는 것입니다. 이 말씀을 들은 여인의 대답은 무엇이었습니까? 28절을 다 함께 읽어봅시다.

"여자가 대답하여 이르되 주여 옳소이다마는 상 아래 개들도 아이들이 먹던 부스러기를 먹나이다."

참으로 겸손한 태도입니다. 예수님의 말씀이 옳지만, 상 아래의 개도 아이들이 먹던 부스러기를 먹지 않느냐는 말입니다. 다시 말해 이방인들도 유대인을 통해서 하나님의 은혜와 축복을 누리는 것이 당연하지 않으냐고 말한 것이었습니다.

여인은 아마도 유대교에 대해서 들은 바가 있었던 것 같습니다. 혹은 만약 하나님이 진짜 하나님이라면 모든 사람을 사랑할 것이라는 생각이 있었는지도 모릅니다. 어쨌든 이 여인에게는 메시아가 모든 열방을 위한 분이라는 믿음이 있었습니다. 주님은 수로보니게 여인의 믿음을 보시고 감탄하셨습니다.

사랑하는 성도 여러분, 나의 비천함과 죄인 됨을 시인하며 주께 더욱 은혜를 구합니까? 나의 체면과 교양을 지키느라 은혜받을 기회를 놓치고 있지는 않습니까?*(28절)*. 그리고 29, 30절을 보십시오.

"예수께서 이르시되 이 말을 하였으니 돌아가라 귀신이 네 딸에게서 나갔느니라 하시매, 여자가 집에 돌아가 본즉 아이가 침상에 누웠고 귀신이 나갔더라."

예수님이 우리 인생에서 누구신가에 대한 믿음이 확실하면 기적은 일어납니다. 그 사실을 말해주기 위해 마가는 이 본문을 우리에게 들려주고 있는 것 같습니다. 이 여인은 예수님이 모욕하는 이야기를 듣고도 자존심 상해하지 않았습니다. 딸의 치유가 먼저였고, 메시아에게 그런 소리를 들어도 마땅하다는 겸손한 태도를 가진 사람이었습니다. 하나님 앞에서는 자존심도 버릴 수 있어야 합니다. 완전히 자신을 부인해야 합니다.

본문 31~37절의 말씀은 예수님이 귀먹고 말 더듬는 사람을 고치신 사건입니다. 31절에 보면 예수님께서 데가볼리 지역을 지나 갈릴리 호수에 이르셨다고 합니다. 역시 이방지역입니다. 사람들이 귀먹고 말 못 하는 사람을 데리고 와서 예수님께 안수하여 주기를 간구합니다. 그러자 예수께서 그 사람을 따로 데리고 무리에서 떠나

손가락을 양 귀에 넣고 침을 뱉어 그 혀에 손을 대시고 하늘을 우러러 기도하셨다는 내용입니다. 재미있는 이야기입니다. 예수님께서는 그냥 말씀만으로도 충분히 고치실 수 있었습니다. 그런데 왜 이러한 행위를 하셨을까요?

예수님의 치유사역을 살펴보면 다양한 방법으로 치유하셨다는 것을 알 수 있습니다. 일정한 치유방법이 있었던 것은 아니었습니다. 상황에 따라 달리 하신 것을 볼 수 있습니다. 아마 귀머거리는 예수님이 명령하셔도 들을 수 없으므로 터치가 필요했던 것 같습니다. 당시의 사료에 의하면 많은 사람이 침에 치유의 능력이 있다는 것을 믿었습니다. 예수님은 일반적인 사고와 문화 속에서 사역하셨다는 것을 기억할 필요가 있습니다.

그렇다면 왜 따로 데리고 가셨을까요? 예수님이 고치시는 것을 사람들이 보고 흉내 내지 않게 하기 위해서였습니다. 유대인 대제사장들이 바울을 흉내 내 귀신을 쫓아내려다 귀신 들린 이야기도 있듯이, 흉내 내는 것을 막기 위해서 아마 따로 데려가신 것이 아니었을까 해석됩니다.

예수님이 나를 만나 나의 귀와 입을 열어 주시고 확신을 얻게 하신 사건이 있습니까? 나는 마음 문이 닫힌 자에게 복음을 전하고자 어떻게 배려합니까?(33절).

그다음에 예수님께서는 하늘을 보시고 우러러 탄식하셨습니다(34절). 수많은 사람이 이런 상태에 있는 것을 보시고 긍휼히 여기는 마음 때문에 탄식하셨을 수도 있고, 이 사람의 일평생의 삶을 알고 계신 주님께서 이렇게 되기 이전의 삶과 지금의 삶을 보시면서 불쌍해서 탄식하셨을 수도 있습니다. 혹은 이 세상에 이렇게 많은 사람이 병들어 있는데 고치는 사람이 한 사람도 없다는 사실에 탄식하셨을 수도 있습니다. 아마 이런 모든 감정이 복합되어서 하늘을 우러러 탄식하신 후 "에바다"라고 외치신 것이 아닌가 싶습니다.

앞에서도 예수님께서는 기적을 행하시고 난 뒤 사람들에게 알리기를 원치 않으신 것을 볼 수가 있습니다. 메시아의 비밀입니다. 그런데 경고할수록 그들이 더욱 널리 전파합니다. 이 일을 듣고 사람들은 심히 놀라 이야기합니다. 37절을 다 함께 읽어봅시다.

"사람들이 심히 놀라 이르되 그가 모든 것을 잘하였도다 못 듣는 사람도 듣게 하고 말 못 하는 사람도 말하게 한다 하니라."

여기에서 못 듣는 사람은 육신의 귀가 잘못된 사람을 뜻하는 것은 아닌 것 같습니다. 예수님께서는 영적으로 듣지 못하는 사람도 듣게 하시고, 영적으로 말 못 하는 사람도 바른말을 하도록 하기 위해서 오신 분이라는 사실입니다. 예수님을 만날 때 영적인 귀, 영적인 눈, 영적인 입을 가질 수 있습니다.

사랑하는 성도 여러분! 주께서 손으로 나의 귀와 혀를 만져주심으로 온전한 소통과 교제가 이루어지기를 간구합니까? 내가 주께 데려가야 할 귀먹고 말 더듬는 자는 누구입니까?*(37절)*.

칠병이어(七餅二魚)와 표적

마 가 복 음   8 장   1 절 ~ 1 3 절

마가복음 8장 1~13절까지의 말씀은 크게 두 단락으로 구분되어 있습니다. 칠병이어의 기적을 행하신 사건(1~10절)과 바리새인이 예수님께 표적을 구한 것에 대한 답변(11~13절)입니다. 요약하면 먹을 것이 없는 큰 무리를 불쌍히 여기신 예수님은 그들을 집으로 돌려보낼 것을 염려하십니다.

제자들이 먹일 방법이 없다고 반문하자, 예수님은 제자들에게 있던 떡 일곱 개와 생선 두 마리로 약 사천 명을 먹이십니다. 그리고 표적을 구하며 힐난하는 바리새인들에게 탄식하신 예수님은 그들을 떠나 배를 타고 건너편으로 가신다는 이야기입니다.

먼저 칠병이어의 기적을 보면서 떠오르는 의문은 '이미 오병이어의 기적을 통해 주님께서 기적으로 사람들을 먹이신 사건을 기록했는데, 왜 또 이런 기적을 기록했는가'라는 것입니다. 그러나 이런 똑같은 기적의 사건을 놓고 제자들이 어떻게 반응했는가에 대해 살펴봄으로써 우리는 또 다른 교훈을 얻을 수 있습니다.

7장에 보면 예수님께서 수로보니게 여인의 딸을 고치시고 난 다음에 두로에서 시돈을 거쳐서 데가볼리 지방의 마지막 끝인 갈릴리의 북동쪽 해변 이방 땅에 머무르십니다. 칠병이어의 기적은 바로 이 이방 땅에서 이방 사람들을 먹이신 사건입니다. 오병이어의 기적이 유대인들을 먹인 사건이라면, 칠병이어는 이방인들을 먹이신 사건이라는 차이가 있습니다.

예수님께서는 기적을 행하실 때나 사람들을 치유하실 때나 그렇게 행하신 동기가 '불쌍히 여기는 마음' 때문이었습니다. 그 사실 때문에 본문 2, 3절에 보면 주님은 먼저 제자들에게 말씀하십니다.

"내가 무리를 불쌍히 여기노라. 그들이 나와 함께 있은 지 이미 사흘이 지났으나 먹을 것이 없도다. 만일 내가 그들을 굶겨 집으로 보내면 길에서 기진하리라. 그 중에는 멀리서 온 사람들도 있느니라."

예수님의 이야기를 들은 제자들은 무엇이라 말합니까? 4절을 보십시오.

"이 광야 어디서 떡을 얻어 이 사람들로 배부르게 할 수 있으리이까?"라고 말합니다. 이미 오병이어의 기적을 눈으로 보고 체험한 제자들이 이렇게 말했다는 것입니다. 어떻게 이렇게 말할 수 있었을까요? '믿음은 내가 가진 것으로, 능력을 나타내실 주님을 기대하고 신뢰하는 마음이자 실천입니다.' 제자들은 가르치고 또 가르쳐도 깨닫지 못하고, 보여 주고 또 보여줘도 깨닫는 마음이 없었습니다. 기적 불감증이 있었던 것입니다. 매일 기적이 일어나니까 당연히 그래야 되는 걸로 알고, 안 일어나면 불평했던 것입니다. 그러나 주님께서는 일단 그들을 먹이기를 원하시는 마음에 제자들을 꾸짖기보다 그들이 가지고 있는 것을 물으셨습니다. 5~9절을 다 함께 읽어봅시다.

"예수께서 물으시되 너희에게 떡 몇 개나 있느냐 이르되 일곱이로소이다 하거늘, 예수께서 무리를 명하여 땅에 앉게(기대어 누워, 유대인이 음식 먹을 때에 가지는 자세) 하시고 떡 일곱 개를 가지사 축사하시고 떼어 제자들에게 주어 나누어 주게 하시니 제자들이 무리에게 나누어 주더라. 또 작은 생선 두어 마리가 있는지라 이에 축복하시고 명하사 이것도 나누어 주게 하시니, 배불리 먹고 남은 조각 일곱 광주리를 거두었으며, 사람은 약 사천 명이었더라 예수께서 그들을 흩어 보내시고."

예수님께서는 제자들도 이 사역에 동참시키심으로써 제자들이 평생 기억할 수 있도록 하셨습니다. 내 안에 있는 작은 것을 통해 주님이 사천 명이 넘는 사람을 먹이신 사건에 참여하게 하신 것입니다. 이처럼 '성도는 이미 가진 것을 나누며, 사람의 칭송과 인기가 아닌 사명에 주목하여 따르는 삶을 살아야 합니다.' 모두를 먹이신 후에 일곱 광주리가 남았다고 합니다. 오병이어 때는 열두 광주리가 남았는데, 칠병이어 때는 일곱 광주리가 남았다는 것입니다. 그럼 적게 남았다는 것일까요?

오병이어의 열두 광주리에서 '광주리'라는 말은 '코피노스', 즉 큰 바구니를 뜻합니다. 시장바구니 같은 바구니로 열두 개가 남았다는 말입니다. 그런데 칠병이어 때 사용되는 '광주리'라는 말은 '스프리스'라는 말을 사용했습니다. 히브리어로 스프리스라는 말은 사람이 들어갈 수 있을 정도의 큰 광주리입니다.

고린도후서에 보면 사도바울이 다메섹에서 핍박을 받자 광주리에 태워서 탈출시켰다고 합니다. 그 광주리가 스프리스입니다. 큰 광주리로 일곱 광주리가 남았으니까 일곱 광주리가 더 많이 남은 것입니다.

11~13절까지는 바리새인들이 나와서 예수님을 시험하면서 하늘로 오는 표적을 구하는 내용입니다. 무슨 이야기입니까? "모세는 광야에서 하늘에서 만나를 내렸다. 모세는 홍해를 갈라서 기적을 행했다. 모세는 반석을 명해서 물을 내었다. 너도 한번 해봐라. 그러면 우리가 너를 따르겠다"라는 이야기를 하는 것입니다.

그때 예수님은 그들에게 믿음이 없는 것을 탄식하셨습니다. 믿는 마음이 있는 사람은 더 많은 것을 깨닫게 됩니다. 믿는 자는 받아서 더 많아지고 믿음이 없는 자는 있는 것까지도 빼앗겨 버린다는 것이 영적인 법칙입니다. 믿음이 없으니까 이야기를 해도 한 쪽 귀로 듣고 한 쪽 귀로 흘려버린다는 것입니다. 그래서 주님이 말씀하십니다. 12, 13절을 다 함께 읽어보십시다.

"예수께서 마음속으로 깊이 탄식하시며 이르시되 어찌하여 이 세대가 표적을 구하느냐 내가 진실로 너희에게 이르노니 이 세대에 표적을 주지 아니하리라 하시고, 그들을 떠나 다시 배에 올라 건너편으로 가시니라."

주님은 많은 이적을 통해서 자신이 메시아라는 것을 보여 주셨습니다. 표적을 보여 주신 것입니다. 그러나 그들의 문제는 무엇이었습니까? 주님이 표적을 안 보여 주셔서 믿지 않는 것이 아니라, 믿지 않기 때문에 보지 못한 것입니다. 열린 마음으로 나아왔으면 예수님이 메시아라는 것을 알게 되었을 것입니다. 옳다는 마음으로 들으면 표적을 구하지 않습니다. 그저 듣는 것마다 배움이 일어난다는 것입니다. 그런데 그 믿는 마음과 신뢰하는 마음과 배우려는 마음이 없으니까, 뻔뻔스러운 말을 했던 것입니다. 그러자 주님은 말씀하십니다. "이 세대에 표적을 주지 아니하리라."

믿지 않는 사람에게는 주어도 소용없으므로, 아무리 기적을 보여 줘도 온갖 핑계를 다 대서 믿지 않을 것이므로, 아예 보여 주지 않으시겠다는 말씀입니다. 그러므로 성경말씀을 듣고 배울 때는 마음으로 보아야 합니다. 경험은 내려놓아야 합니다. 나를 부인하고 십자가를 지고 주님을 따를 때 진짜 제자가 될 수 있습니다.

이제 말씀을 정리하며 여러분에게 묻습니다. 지금 나에게 있는 것 중에서 예수께 내어 드릴 것이 무엇입니까? 그것으로 주님이 수많은 사람을 먹이실 수 있음을 믿습니까? 내가 이미 가진 것에 감사하며 나눌 때, 하나님이 그것으로 큰 무리를 먹이실 수 있음을 믿습니까? 그렇게 드릴 나의 고난과 회개 간증은 무엇입니까? 나의 불신을 회개하기보다 예수님을 시험할 목적으로 주께 요구하는 증거는 무엇입니까?

눈을 밝히시는 예수님

마 가 복 음 8 장 1 4 절 ~ 2 6 절

본문 말씀은 크게 두 단락으로 구분할 수 있습니다. 첫째는 누룩에 대한 이야기(14~21절)이고, 둘째는 소경의 눈을 뜨게 하신 사건(22~26절)입니다. 먼저 누룩에 대한 이야기를 보면, 떡을 걱정하는 제자들(14~16절)과 예수님의 꾸짖음(17~21절)으로 나누어 볼 수 있습니다.

1. 떡을 걱정하는 제자들(14~16절)

예수님께서 이방 땅에서 칠병이어의 기적을 베푸셨습니다. 예수님은 표적을 구하며 자신을 힐난하던 바리새인들을 떠나 배에 오르십니다. 그런데 본문 14절을 보니까 "제자들이 떡 가져오기를 잊었으매 배에 떡 한 개밖에 그들에게 없더라"라고 합니다. 당시 제자들의 임무는 예수님과 함께 다니면서 먹을 것을 준비하고 사람들을 관리하는 것이었습니다. 그런데 떡을 하나밖에 안 가져왔으니 마음이 불안해진 것입니다. 그때 예수님께서 이스라엘의 영적 상태를 보시고, 또 제자들의 상태를 보시면서 근심하신 말씀이 15절에 기록되어 있습니다.

"예수께서 경고하여 이르시되 삼가 바리새인들의 누룩과 헤롯의 누룩을 주의하라 하시니."

이 이야기를 듣고 제자들은 수군거렸습니다(16절). 자신들이 떡을 챙겨오지 않은 것을 두고 주님이 말씀하시는 것으로 생각했습니다. 그러나 예수님의 관심은 떡이 아닌 바리새인들과 헤롯의 누룩에 관한 것입니다. 이처럼 나의 육적인 필요만 집중할 때, 정작 영적인 가르침은 깨닫지 못합니다.

사랑하는 성도 여러분! 예수님이 나에게 주의하라고 명하시는 누룩은 무엇입니까? 나의 육적인 필요에만 집중하느라 주님의 의도를 잘못 파악하고 있지는 않습니까?

2. 예수님의 꾸짖음(17~21절)

본문 17, 18절을 다 함께 읽어봅시다. "예수께서 아시고 이르시되 너희가 어찌 떡이 없음으로 수군거리느냐 아직도 알지 못하며 깨닫지 못하느냐 너희 마음이 둔하냐, 너희가 눈이 있어도 보지 못하며 귀가 있어도 듣지 못하느냐 또 기억하지 못하느냐?"

이 이야기에서 핵심은 무엇입니까? 제자들은 아직 깨닫지 못하고 있다는 것입니다. 제자들은 아직도 육적 상태에 머물러 있었습니다. 그렇기 때문에 눈에 보이는 것만 가지고 계산하고 생각하고 그 수준을 벗어나지 못했다는 것입니다. 예수님은 제자들의 영적인 상태를 염려하셨습니다. 그래서 바리새인의 누룩과 헤롯의 누룩을 조심하라고 말씀하고 계신 것입니다.

그렇다면 '누룩'은 무엇을 말할까요? 누룩은 빵을 부풀게 하는 것입니다. 다시 말해 이것은 조그마한 가르침, 행동들의 영향력에 대해 말해주고 있는 것 같습니다. 바리새인과 헤롯이 악한 영향력을 미치고 있다는 말씀입니다.

바리새인의 악한 영향력은 종교적 형식주의였습니다. 즉 겉으로만 하나님을 섬기는 것처럼 했을 뿐 영혼을 구원하고자 하는 진실함이 하나도 없었습니다. 그러면서 그들은 다른 사람들에게도 그렇게 해야 한다고 가르쳤습니다. 악한 영향력입니다. 그리고 사람들이 그들이 행하는 모습을 보면서 따라갔다는 것입니다. 이것이 바로 누룩입니다.

헤롯의 누룩은 무엇이었을까요? 헤롯은 정치적 기회주의자로서 자기 이익을 위해서라면 무슨 악이라도 행하는 사람이었습니다. 아내의 마음을 사기 위해서라면 다른 사람들의 시선 때문에 세례 요한의 목도 자를 수 있는 사람이었습니다. 그래서 예수님께서 제자들에게 "너희들도 잘못하면 바리새인처럼 될 수 있다. 너희도 잘못하면 헤롯처럼 될 수 있다. 조심해라!"는 메시지를 주신 것입니다. 한 마디로 요약하면 세속주의의 영향에 빠져들지 않게 조심하라는 말씀입니다.

예수님의 경고가 무슨 뜻인지 깨닫지 못하고, 두고 온 떡만 걱정하는 제자들은 예수님의 꾸짖음을 듣습니다. 예수님은 보지 못하고 듣지 못하는 제자들의 둔한 마음을 탄식하시며 오병이어와 칠병이어의 이적을 말씀하십니다. 그때 남은 음식의 양이 얼마나 되었는지를 제자들에게 상기시키십니다. 이것은 그들과 함께 배를 타고 있는 예수님 자신이 어떤 분인지를 일깨우시려는 질문입니다.

제자들은 자신들의 육적인 필요에만 마음을 빼앗기다가 영적인 가르침을 깨닫지 못합니다. 이적을 직접 목격하는 특권을 누려도 현재 주님이 주시는 말씀을 깨닫지 못하면 마음이 둔해집니다. 내가 알아듣지 못한 것을 아시고 꾸짖어주시는 것이 주님의 사랑입니다.

사랑하는 성도 여러분! 눈이 있어도 보지 못하고 귀가 있어도 듣지 못하는 말씀은 무엇입니까? 주께서 말씀을 깨닫지 못하는 나를 꾸짖어주시는 것이 사랑임을 믿습니까?

3. 눈이 밝아진 맹인(22~26절)

예수님께서 이방 땅에서 벳세다로 오셨습니다. 벳세다에 도착하신 예수님께 사람들이 맹인 한 사람을 데려와 손을 대주시기를 구합니다. 그러자 예수님께서 손을 대기는커녕 맹인 된 사람의 손을 붙들고 오히려 마을 밖으로 나가십니다. 이런 치료법은 많은 사람 앞에서 병자들을 고치신 전례에 비추어 이례적인 모습입니다. 왜 그러셨을까요? 이것은 예수님의 치료를 본 사람들로 하여금 잘못된 숭배를 하지 않도록 하시려는 것입니다. 눈이 밝아진 사람에게 마을이 아닌 집으로 가도록 명하신 것도 같은 이유에서입니다. 아마도 예수님은 맹인의 인격적인 부분을 생각하신 것 같습니다. 당시의 맹인은 다 거지였습니다. 그러므로 그가 눈을 뜨고 자신의 비참한 모습을 보며 많은 사람 앞에서 부끄러움을 느낄 것을 염려하신 것입니다.

주님은 그의 인격을 생각하셔서 그를 마을 밖으로 데려가 당시의 관습에 따라 그의 눈에 침을 뱉어 조용히 치유하셨습니다. 마찬가지로 예수님은 오늘날도 우리의 인격을 존중하셔서 사람들 앞에 부끄러움을 당하지 않게 하기 위해 조용히 그 일을 행하고 계시다는 사실입니다.

그를 고치신 다음 예수님이 "무엇이 보이느냐"고 물으셨습니다. 그러자 그가 대답하기를 "사람들이 보이나이다 나무 같은 것들이 걸어가는 것을 보나이다"라고 말했습니다. 맹인은 치유의 과정을 거치면서 마음에 감동을 느꼈을 것입니다. 그러므로 그는 예수님께서 "뭐가 보이느냐"라고 물으실 때 눈을 떠서 봤던 것입니다.

눈을 뜨고도 못 보는 게 맹인입니다. 그런데 믿음의 눈을 뜬 상태에서 보니까 보이더란 것이었습니다. 그는 솔직하게 예수님께 자신의 상태를 이야기했습니다. 즉 보이기는 보이나 완전히는 안 보인다는 이야기였습니다. 중요한 이야기입니다. 그는 자신의 상태를 정확히 알고 있었습니다.

왜 마가가 이 사건을 기록했을까요? 육신적인 치유가 이렇게 일어나는 것처럼 영적인 눈의 치유도 이렇게 일어날 수 있다는 것을 말해주고 있는 것입니다. 여러분은 예수님에 대해 얼마나 알고 있습니까? 혹시 다 알지 못하면서 확신이 없으면서 아는 척 살아가고 있지는 않습니까? 그렇다면 우리는 반쯤은 맹인의 상태에서 살아가고 있는 것입니다. 예수님이 다시 안수하시니까 "그가 주목하여 보았다"라고 합니다. 예수님을 똑바로 쳐다봤다는 말씀입니다. 그제야 완전한 치유가 일어났습니다.

영적 상태를 아는 것은 너무나도 중요합니다. 21절에 "너희가 아직도 깨닫지 못하느냐"는 말씀은 제자들도 두 번째 안수가 필요한 사람들이었다는 의미인 것 같습니다. 완전히 보지를 못했습니다. 우리의 영적 상태도 그럴 수 있습니다. 사실은 절반쯤 치유 받았으면서 마치 다 치유 받은 것처럼 착각하며 살아가고 있지는 않습니까? 예수님의 두 번째 안수를 구해야 합니다. 성도는 하나님 나라를 위해 사명을 감당하고 그것을 완수하고자 날마다 말씀으로 분별하는 지혜를 가져야 합니다.

십자가의 제자도(弟子道)

마 가 복 음 8 장 2 7 절 ~ 9 장 1 절

성탄절이란 구원의 사역을 완성하기 위해 인간의 몸을 입고 가장 낮고 천한 곳으로 오신, 임마누엘 아기 예수의 탄생을 축하하고 경배하는 절기입니다. 성탄절 전야부터 주현절 직전까지 12일간을 성탄절기로 지키고 성탄목을 계속 두면서 성탄의 참된 의미를 되새기며 축하합니다.

성탄절의 색깔은 주님의 사역에 초점을 맞춘 위대한 기쁨과 즐거움을 나타내는 흰색과 황금색을 사용합니다. 대림절 첫 주일인 오늘, 우리는 이 대림절에 어떻게 성탄을 준비할 것인지, 우리가 무엇을 먼저 생각해야 할 것인지를 돌아보는 계기로 삼을 수 있기를 바랍니다.

대림절(대강절, Advent)이란 예수 그리스도의 오심을 기다리는 절기입니다. 대림절은 '옴', '도착'을 의미하는 라틴어 'adventus'에서 유래된 말입니다. 교회력의 시작은 대림절로 부터 시작됩니다. 그러므

로 대림절은 교회력으로는 신년이 되며, 따라서 대림절 첫째 주일이 신년 정월 초하루가 되는 것과 같습니다.

대림절은 12월 25일 전 네 주일에 걸쳐서 지켜집니다. 이때에는 전통적으로 대림절 촛불(*Advent Candles*)이 사용됩니다. 푸른 화환(*wreath*)에 5개의 초가 있어서, 매 주일 하나씩 켜져서 성탄일에는 가운데 있는 마지막 초에까지 불이 밝혀지게 됩니다. 각 초의 색깔과 의미는 다음과 같습니다.

1. 대림절 첫째 주일의 초는 보라색(*purple*)으로서 소망의 촛불(*Candle of Hope*)입니다. 구약성서에 기록된 오실 메시야에 대한 예언의 말씀을 낭독하며 이 촛불을 밝힙니다. 하나님의 약속대로 오시는 예수 그리스도는 고난과 어두움에 처한 온 인류의 소망의 빛이 되심을 알리는 것입니다.

2. 둘째 주일에 또 하나의 보라색 초를 밝힙니다. 이것은 준비의 촛불(*Candle of Preparation*)입니다. 또한, 회개의 촛불이라 합니다. "너희는 주의 길을 예비하라 그의 첩경을 평탄케하라"고 외친 세례 요한의 말씀을 따라 우리들의 교만과 죄를 회개하며 예수 그리스도를 맞이할 마음의 준비를 하며 회개하는 것을 의미합니다.

3. 셋째 주일에는 분홍색(*pink*)으로 이것은 기쁨의 촛불 (*Candle of Joy*)입니다. 예수 그리스도의 탄생을 목자들에게 전한 천사들의 메

시지는 기쁨의 소식이었습니다. "무서워 말라 보라 내가 온 백성에게 미칠 큰 기쁨의 좋은 소식을 너희에게 전하노라"(눅 2:10). 예수 그리스도의 오심은 고통과 슬픔에 쌓인 인류에게 구세주를 만나는 큰 기쁨이 되는 것입니다.

4. 넷째 주일의 초는 또다시 보라색 초를 밝히는데 사랑의 촛불(Candle of Love)입니다. 예수 그리스도는 하나님이 우리를 사랑하셔서 보내주신 가장 큰 사랑의 선물이기 때문입니다. "하나님이 세상을 이처럼 사랑하사 독생자를 주셨으니"(요 3:16). 그의 오심은 죄인 된 우리가 하나님과 화목하고, 서로 화평을 이루도록 자신을 대속의 제물로 바치기 위한 사랑의 행위임을 알리는 것입니다.

5. 다섯째 초는 흰색(white)으로서 그리스도의 촛불(Christ Candle)입니다. 우리는 12월 25일, 성탄일에 이 마지막 촛불을 밝히면서 어두운 세상에 생명의 빛으로 오신 예수, 우리의 죄를 씻으시고 구원하시는 흠 없는 하나님의 어린 양으로 탄생하신 예수 그리스도를 경배하며 온 세상에 알리는 것입니다.

이렇게 귀한 의미를 담고 있는 대림절의 촛불이 12월 한 달 동안 계속 밝혀집니다. 매 주일 촛불을 밝히면서 우리 삶에 찾아와 주신 예수 그리스도를 깊이 묵상할 수 있기를 바랍니다. 이것이 성탄절의 영성입니다.

"내가 이것을 너희에게 이름은 내 기쁨이 너희 안에 있어 너희 기쁨을 충만하게 하려 함이니라"(요 15:11).

예수 그리스도 안에서 우리가 누리게 된 구원의 소망, 회개의 열매, 영생의 기쁨, 사랑의 충만으로 인하여 하나님께 감사하기를 바랍니다. 뿐만 아니라, 가족과 이웃, 가난한 자와 갇힌 자, 슬픔과 고통 가운데 있는 사람들에게 성탄의 기쁨을 선사하기 위해 카드와 선물, 행사와 음식을 준비하고 나눔으로써 예수님의 촛불이 꺼지지 않고 계속 내 가슴과 우리 가운데 타오르기를 기도합니다.

본문 말씀은 가이사랴 빌립보에서의 예수님과 제자들의 대화 내용을 다루고 있습니다. 대화 내용은 크게 세 단락으로 구분해 볼 수 있습니다.

첫째, 예수님의 질문과 베드로의 고백*(27~30절)*, 두 번째, 예수님의 비밀과 베드로를 꾸짖으신 이야기*(31~33절)*, 마지막으로 십자가의 제자도*(34~9:1절)*에 대한 말씀입니다.

1. 주는 그리스도시니이다*(27~30절)*

빌립보 가이사랴 여러 마을로 향하는 길에서 예수님은 제자들에게 예수님에 대한 사람들의 생각을 물으십니다. 사람들은 예수님을 세례 요한, 엘리야, 선지자 중의 하나로 생각하는데, 이것은 그들이 하나님의 말씀보다 자신들의 고정 관념에 얽매여 있었기 때문입니다. 이어서 예수님이 제자들의 생각을 물으시자, 16장으로 이루어진 마가복음의 중심에 베드로의 신앙고백이 등장합니다. 사람들에게는 감춰진 예수님의 실체가 하나님으로 말미암아 베드로의 입을 통하여 밝혀진 것입니다(마 16:17). 베드로의 고백을 들으신 예수님은 "아무에게도 말하지 말라"고 경고하십니다. 오직 정치적 메시아만을 바라는 사람들 때문에 십자가의 사명을 그르칠 수 있기 때문입니다.

사랑하는 성도 여러분! 나는 예수님을 누구라고 고백합니까? 아직도 예수님을 그리스도가 아닌 4대 성인 중 한 사람으로만 생각하고 있지는 않습니까?

2. 사람의 일을 생각하는도다(31~33절)

베드로의 신앙고백을 들으신 예수님은 공생애 중에 처음으로 제자들에게 자신이 받을 고난과 죽음, 부활을 가르치십니다. 이는 당시 유대인들이 기대하고 바라던 메시아의 모습과 전혀 다른 것이었습니다. 그래서 예수님이 이 일을 드러내놓고 말씀하실 때, 베드로가 예수님을 붙들고 항변합니다. 여기서 '항변하다'는 말은 '꾸짖다'라는 뜻을 내포합니다. 예수님은 "돌이켜 제자들을 보시며" 베드로를 더 호되게 꾸짖고 "사탄아, 내 뒤로 물러가라"고 하십니다. 이것은 다른 제자들도 베드로와 같이 '사람의 일'을 생각하고 있음을 짐작하게 합니다. 고난받는 십자가의 길이 하나님의 뜻임을 알지 못하면 사람의 일만 생각하다가 시험에 빠지게 됩니다.

사랑하는 성도 여러분! 예수님이 십자가를 향해 나아가시는 것을 가로막는 나의 악은 무엇입니까? 하나님의 일과 사람의 일을 어떻게 분별할 수 있겠습니까?

3. 잃으면 구원하리라 (34~9:1)

예수님은 자신의 수난과 부활의 예고를 듣고도 받아들이지 못하고 깨닫지 못하는 제자들에게 '제자도'(弟子道)를 가르치십니다. 그 길은 예수님을 따라 '자기를 부인하고, 자기 십자가를 지고, 예수님을 따르는 것'입니다. 그런데 여기서 자기 부인은 예수님과 복음을 위하여 목숨을 내어놓기까지 사명을 감당하는 것입니다. 이것은 성도의 생명이 갖는 양면성을 보여줍니다. 인간은 이 땅에 잠시 존재하면서 자기 목숨에 연연하지만, 성도는 그 너머에 있는 영원한 생명을 믿음으로 바라보며 소망합니다. 내 목숨만 살리고자 하면 영육간에 모두 목숨을 잃게 될 테지만, 주님 때문에 목숨을 잃고자 하면 영원히 살고 종말에 육체까지 부활할 것입니다.

사랑하는 성도 여러분! 예수님을 따르고자 구체적으로 어떻게 나 자신을 부인하겠습니까? 내가 회피하지 말고 직면함으로 십자가를 져야 할 일은 무엇입니까?

누가 제자입니까?

마 가 복 음 8 장 2 7 절 ~ 9 장 1 절

마가복음 8장 26절까지는 치유자, 권세자, 통치자, 공급자로서의 예수님에 대한 기록이었습니다. 그런데 9장과 10장으로 넘어가면서 내용이 완전히 달라집니다.

9장에서 변화산 밑에서 간질병에 걸린 아들을 고쳐주신 사건, 10장에서 소경 바디매오를 고치신 사건 이외에는 치유에 대한 기록이 없습니다. 8장 27절부터 9장 마지막 절까지는 갈릴리에서 예루살렘으로 넘어가는 과정의 이야기입니다. 그 넘어가는 과정에서 가장 중요한 장소가 가이사랴 빌립보라는 장소입니다.

1. '영광의 주님'에서 '고난의 주님'으로

예수님께서는 왜 빌립보 가이사랴에서 "사람들이 나를 누구라고 하느냐"라고 물으셨을까요? 8장 26절까지는 사람들도, 베드로도,

제자들도 예수님을 영광의 주님, 다윗과 솔로몬의 영광을 이 땅에 가져오실 분, 지상에서의 메시아 왕국을 건설하실 분으로만 알고 있었습니다. 그래서 예수님께서는 그들의 잘못된 생각을 바꿔주실 필요가 있었던 것입니다. 다시 말해서 예수님은 대학에 잘 들어가고, 좋은 아파트에 살고, 승진하고 출세하며 평안하게 사는 것을 위해 기적을 일으키시는 분이 아님을 알기 원하셨습니다.

그것들은 예수님이 재림하실 때 가져올 영원한 하나님의 나라에서 있을 일이라는 것입니다. 예수님은 영원한 하나님 나라가 오기 전에 해야 할 일이 있음을 말씀하기 원하셨습니다. 그것은 바로 우리의 죄를 사해주시는 일인데, 예수님이 우리의 죄를 대신 짊어지는 대속의 고난과 죽임을 당하셔야 한다는 것입니다.

구약성경에 보면 메시아에 대한 상(像)이 두 가지가 나옵니다. 하나는 영광의 메시아, 또 다른 하나는 고난받는 메시아입니다. 대부분이 영광의 메시아입니다. 요셉과 다윗의 모습에서도 우리는 영광의 메시아의 모습을 보게 됩니다. 그런데 시편 22편, 이사야 53장에서는 고난받는 메시아에 대한 이야기를 계속하고 있는 것입니다.

본문 8장 27절부터 9장 1절까지는 마가복음 전체에 있어 하나의 터닝 포인트가 됩니다. 영광의 주님에서 고난의 주님으로 바꾸어가는 모습을 볼 수 있습니다. 마가가 마가복음을 쓸 당시에는 로마에서 핍박을 받는 상황이었다고 여겨집니다. 당시 로마에 있는 성도들은 사자의 입에 찢겨 죽고, 원형경기장 안에서 모든 사람이 보는 앞에서 벌벌 떨면서 죽임을 당하는 그런 상황이었습니다. 마가는 그런 상황 속에서 마가복음을 쓰면서 제자의 삶이란 예수님의 길을 따라가는 것인데, 버리고 따라가는 것이라는 사실을 말하고 싶었던 것입니다. 다시 말해 제자의 삶이란 십자가를 짊어지고 가는 것이라는 메시지입니다.

2. 제자란 누구인가?

예수님께서는 27절에 가이사랴 빌립보 여러 마을로 나가실 때 길에서 제자들에게 물으셨습니다. "나를 누구라 하느냐?" 첫 번째로 '세례 요한'이라고 대답합니다. 죽은 요한이 살아났다고 한 것입니다. 그러면서 또 어떤 사람들은 예수님을 '엘리야'라고 한다고 이야기합니다. 구약에 보면 메시아가 오기 전에 선지자 엘리야를 보내주겠다고 말씀합니다 (말 4:5). 그래서 메시아가 오는 길을 준비하는 엘리야일 것이라고 생각한 사람들도 있었다는 것입니다.

또 어떤 사람들은 그냥 선지자라고 했습니다. 예수님이 하는 일들을 보니까 구약에 있는 엘리야나 엘리사와 같이 기적을 행하는 선지자일 것이라고 생각한 것입니다. 그러자 29절에서 예수님은 다시 물으십니다. "너희들은 나를 누구라 하느냐?"

핵심적인 물음입니다. 사실 예수님께서는 지금까지 자신이 메시아라는 사실을 숨기고 있었습니다. 그런데 8장 27절을 넘어가면서 예수님은 자신이 메시아라는 사실을 드러내기 시작합니다. 그래서 제자들이 예수님이 누구신지를 알기를 원하시고 물어보신 것입니다. 그러자 성격 급하고 드러내기 좋아하는 베드로가 당장에 대답합니다. "주는 그리스도시니이다." 이 고백은 매우 중요한 것입니다. 이러한 신앙고백이 있는 사람만이 구원을 받을 수 있기 때문입니다. 그러나 마가는 여기에서 한 걸음 더 나아갑니다. "그러면 제자는 누구냐?"

지금까지 제자는 '버리고 따르는 자'라고 했습니다. 그러나 그냥 입술로 고백함으로 구원받는 믿음도 중요하지만, 그것만 가지고는 벌거벗은 구원이 될 수 있다는 이야기입니다. 그래서 마가는 이야기할 때 구원받는 것이 아닌 제자가 누구인가에 대해 이야기하는 것입니다. 34절을 보십시오.

"무리와 제자들을 불러 이르시되 누구든지 나를 따라오려거든 자기를 부인하고 자기 십자가를 지고 나를 따를 것이니라."

다시 말해서 제자는 자기를 부인하고, 십자가를 짊어지고, 주님과 복음을 위해서 핍박을 받으면서 따르는 자라는 사실을 마가는 이야기하고 있는 것입니다. 결국은 십자가에 거꾸로 매달려 죽은 베드로처럼 정말 십자가를 지고 따를 때 제자라는 말을 할 수 있다는 것입니다.

3. 예수님의 가르침

예수님께서 비로소 드러내놓고 가르치기 시작하십니다. 31~34절을 다 함께 읽어봅시다.

"인자가 많은 고난을 받고 장로들과 대제사장들과 서기관들에게 버린 바 되어 죽임을 당하고 사흘 만에 살아나야 할 것을 비로소 그들에게 가르치시되, 드러내 놓고 이 말씀을 하시니 베드로가 예수를 붙들고 항변하매, 예수께서 돌이키사 제자들을 보시며 베드로를 꾸짖어 이르시되 사탄아 내 뒤로 물러가라 네가 하나님의 일을 생각하지 아니하고 도리어 사람의 일을 생각하는도다 하시고, 무리와 제자들을 불러 이르시되 누구든지 나를 따라오려거든 자기를 부인하고 자기 십자가를 지고 나를 따를 것이니라."

베드로가 항변하자 예수님께서는 다 보는 앞에서 베드로를 꾸짖으십니다. 베드로는 예수님을 위해서 한 이야기였습니다. 어떻게 메시아가, 다윗의 왕국을 건설할 분이 죽을 수 있느냐는 항변이었을 것입니다. 그러나 예수님의 대답은 "하나님의 일을 생각하라"는 것이었습니다. 그러면서 예수님은 제자들에게 세 가지를 가르치셨습니다.

첫째로 "자기를 부인하고"는, 제자가 되려면 자기를 부인해야 한다는 뜻입니다. 물질만 포기해서 될 것이 아니라, 나 자신까지도 부인해야 한다는 말씀입니다. 다시 말해 내가 하고 싶은 것, 마음대로 살고 싶은 것, 옳다고 생각하는 모든 것들을 내려놔야 한다는 말씀입니다.

둘째로는 "자기 십자가를 지고"라고 말씀합니다. 십자가라는 것은 내가 잘못했을 때 어려움을 당하는 것을 참는 게 아닙니다. 주님의 복음을 위해서 내가 잘못한 것이 없는데도 불구하고 짊어지는 게 십자가입니다. 죄의 대가와 십자가를 지는 것에는 분명히 차이가 있습니다.

셋째로는 "나를 따를 것이니라"고 말씀합니다. 주님을 따른다는 것은 예수님과 예수님의 사역과 복음을 위해서 방향을 가지고 살아가는 것입니다. 자기를 부인하고 십자가를 지고 주님과 복음을 위해서 사는 삶이 제자 된 삶입니다. 또한, 사람들 앞에서 예수가 나의 구주라는 것을 부인하지 말라는 것을 주님은 말씀하십니다. 38절을 보십시오.

"누구든지 이 음란하고 죄 많은 세대에서 나와 내 말을 부끄러워하면 인자도 아버지의 영광으로 거룩한 천사들과 함께 올 때에 그 사람을 부끄러워하리라."

예수로 인해 핍박을 당하면 십자가를 지는 것이라는 말씀입니다.

그러니 그것을 감수하면서 주님을 따르는 것이 바로 제자의 삶이라는 말씀입니다.

예수님께서는 제자들에게 가이사랴 빌립보에서부터 가르치기 시작하면서 예루살렘으로 갈 때까지, 또 예루살렘에 가서도 계속 가르치십니다. 이제는 예수님이 부활 승천하셔서 떠나시면서, 제자들이 남아서 주님의 복음을 증거 해야 하는데, 제자들이 아직 눈이 닫혀 있어 마음이 급하셨던 것 같습니다. 그래서 눈을 열어 고난받는 메시아를 알게 하기 위해서 주님은 계속해서 말씀하고 있는 것입니다.

마지막으로 9장 1절을 보십시다. "여기 서 있는 사람 중에는 죽기 전에 하나님의 나라가 권능으로 임하는 것을 볼 자들도 있느니라"고 합니다. 하나님의 나라가 권능으로 임한다는 것은 어떤 말씀입니까? 하나님의 임재를 보여 주겠다는 이야기입니다. 그래서 9장 2절부터는 변화산상에서 하나님이 예수님과 함께하시고 임재하신 모습을 보여 줍니다. 뿐만 아니라 성령님이 오순절 다락방에 머지않아 임하실 때 하나님이 직접 성령으로 우리 가운데 들어오시는 임재의 현장이 나타나기 시작합니다.

다른 말로 표현하면 주님의 임재가 가깝다는 이야기입니다. 그것을 너희들이 직접 체험하게 된다는 말씀입니다. "예수님은 영광의 주님일 뿐만 아니라 고난의 주님이십니다." 이것이 복음의 핵심임을 기억해야 합니다.

변화산의 세 사람

마 가 복 음 9 장 2 절 ~ 1 3 절

예수님께서 엿새 후 수제자 세 명을 데리고 산에 오르셨습니다. 그런데 이때 예수님이 변형되었다고 마가는 기록합니다. 본문 2, 3절을 다 함께 읽어봅시다.

"엿새 후에 예수께서 베드로와 야고보와 요한을 데리시고 따로 높은 산에 올라가셨더니 그들 앞에서 변형되사, 그 옷이 광채가 나며 세상에서 빨래하는 자가 그렇게 희게 할 수 없을 만큼 매우 희어졌더라."

헬라어 사전에 의하면 이 말은 완전히 본질적으로 변화되었음을 뜻합니다. 엘리야와 모세와 이야기하신 것으로 보아 영의 몸으로 변화되셨던 것 같습니다. 정확히는 알 수 없지만, 엘리야와 모세도 영체로 나타났을 것으로 생각해볼 수 있습니다.

구약성경 안에도 비슷한 사건이 있습니다. 모세가 시내산에 올라가 하나님으로부터 율법을 받을 때의 이야기입니다. 모세도 40일을 금식하기 위해 산에 올라갔고, 엿새 동안 기다린 후 7일째 하나님을 만났습니다. 모세가 하나님의 영광을 보게 되자 얼굴에 광채가 나서 사람들이 감히 모세의 얼굴을 볼 수 없었다고 합니다. 변화되었다는 것입니다. 그리고 하나님께서 모세에게 굉장히 중요한 말씀을 하십니다. 신명기 18장 15절입니다.

"네 하나님 여호와께서 너희 가운데 네 형제 중에서 너를 위하여 나와 같은 선지자 하나를 일으키시리니 너희는 그의 말을 들을지니라."

이 말씀은 본문 7, 8절 말씀과 함께 생각해 볼 수 있는 부분입니다.

"마침 구름이 와서 그들을 덮으며 구름 속에서 소리가 나되 이는 내 사랑하는 아들이니 너희는 그의 말을 들으라 하는지라. 문득 둘러보니 아무도 보이지 아니하고 오직 예수와 자기들뿐이었더라."

당시 사람들은 모세를 최고의 스승으로 여겼습니다. 그러나 예수님께서는 제자들에게 이 모습을 보이심으로써 예수님의 메시아 되심을 나타내 보이셨던 것 같습니다. 그 이야기를 열두 제자 중에서도 가장 영적으로 깨어 있는 야고보와 요한 그리고 베드로에게 하신 것입니다.

마가복음 전체에서 '예수님이 하나님의 아들'이라는 표현은 세 번 나옵니다. 첫 번째로 예수님이 요단강에서 세례받고 올라오실 때 "이는 내 사랑하는 아들이니 내 기뻐하는 자라"고 합니다. 다음으로 변화산 기적에서 또 똑같은 음성이 들립니다. "그는 내 사랑하는 아들이니 그의 말을 들으라." 그리고 마가복음 맨 마지막에 백부장의 입을 통해서 "그는 진실로 하나님의 아들이었도다"라는 음성을 듣게 됩니다.

내 삶에 덮인 구름과 같은 사건 속에서 내가 들어야 할 하나님의 음성은 무엇입니까? 이제는 예수님만 바라보라고 그 사건을 주신 것이 믿어집니까?

1. 변화산에서의 대화

엘리야는 선지자를 대표하는 사람입니다. 선지자 중에서도 말라기에서 말하기를 "보라 여호와의 크고 두려운 날이 이르기 전에 내가 선지자 엘리야를 너희에게 보내리니"*(말 4:5)*라고 합니다. 그 선지자 엘리야가 아버지의 마음을 자녀에게, 자녀들의 마음을 아버지에게 돌이킨다는 것입니다. 다시 말해 하나님의 마음을 이스라엘 백성에게 다시 향하게 하고, 이스라엘 백성들이 돌이켜 회개해서 하나님께로 돌아오게 하는 그 일을 엘리야가 할 것이라는 예언입니다. 모세도 예수님에 대해서 이야기했고, 엘리야도 예수님에 대해서 이야기했다는 사실입니다.

세 사람이 변화산 꼭대기에서 만난 그때는 주님이 십자가 위에서 고난받으시기 직전이었습니다. 그러므로 모세가 말했던 예수, 엘리야가 말했던 예수, 그 예수님이 하실 일에 대한 의논을 하지 않았을까 생각됩니다. 엘리야에게는 백성들의 마음을 돌이켜 메시아를 받아들이게 할 사명이 있었습니다. 그러므로 그 엘리야가 왔는가에 대해서도 이야기했을 것입니다. 십자가 사건을 앞두고 마지막 회의를 하신 것입니다. 5절에 모세와 엘리야와 예수님이 대화 나누시는 것을 본 베드로가 놀라 이야기합니다.

"베드로가 예수께 고하되 랍비여 우리가 여기 있는 것이 좋사오니 우리가 초막 셋을 짓되 하나는 주를 위하여, 하나는 모세를 위하여, 하나는 엘리야를 위하여 하사이다 하니."

왜 초막을 짓자고 했을까요? 여기에서 초막의 의미를 알 필요가 있습니다. 김삼성 선교사님의 <여호와의 절기 하나님의 시간표>라는 책에 보면 가을 초막절에 대한 이야기가 많이 나옵니다. 초막은 하나님 나라가 도래할 것을 소망하면서 거하는 곳입니다. 광야에서의 나그네 생활을 기억하게 하는 곳이 초막입니다.

요한복음 14장 1, 2절에 보면 "너희는 마음에 근심하지 말라. 하나님을 믿으니 또 나를 믿으라. 내 아버지 집에 거할 곳이 많도다." 앞의 말씀에서 '집'은 초막을 이야기합니다. 예수님이 재림하실 때, 우리를 데리고 그곳으로 가시겠다는 말씀입니다. 그래서 초막은 항상 종말을 상징합니다. 하나님의 나라가 오는 것을 기다리는 것입니다. 결국, 초막 셋을 짓자는 베드로의 말은, 이제 하나님의 나라가 임하시면 예수님과 모세와 엘리야가 함께 그 초막 속에서 살 것인데, 그것을 소망한다는 표현을 하는 것입니다. 그러나 예수님께서는 "고난을 받아야 초막이 하나님의 집으로 변한다"는 말씀을 주십니다. 그 일을 위해서 오셨다는 말씀입니다.

나의 욕심으로 초막을 지어 그 속에 하나님의 영광을 담아보려 하지는 않습니까? 내가 성취하여 머물고 싶은 자리와 명예, 권세는 무엇입니까?

2. 예수님의 멘토링

제자들은 이 사건을 평생 잊을 수가 없었습니다. 그래서 베드로는 평생 그것을 기억하면서 베드로후서에서 영광중에 이 사실을 보았다고 기록합니다. 신앙은 단순한 논리나 이론이 아닙니다. 신앙은 체험이 되어야 합니다. 그리고 체험은 우리 삶에 터닝 포인트가 되어 줍니다.

베드로가 로마에서 십자가에 거꾸로 매달려 순교할 수 있었던 것은 체험 때문이었습니다. 영원한 초막, 하나님의 집에 들어갈 사람이라는 것을 알고 있었기 때문입니다. 이 땅에서의 삶은 어차피 초막 생활이기 때문에 어떻게 죽든 상관없다는 믿음이 그에게는 있었습니다. 복음을 위해서라면 그 어떤 핍박도 두렵지 않다는 것입니다.

본문 9절을 보면 산에서 내려오실 때 예수님은 본 것을 아무에게도 이르지 말라고 경고하십니다. 제자들 외에는 이해할 수 있는 사람이 없다는 것을 알고 계셨던 것입니다. 괜히 알려졌다가 사람들이 예수님을 왕으로 삼아 정치적인 메시아로 오해하는 것을 원치 않으셨습니다. 그렇지만 제자들에게만은 밝히 드러내셨습니다. 9절을 보십시오.

"그들이 산에서 내려올 때에 예수께서 경고하시되 인자가 죽은 자 가운데서 살아날 때까지는 본 것을 아무에게도 이르지 말라 하시니."

이 말씀을 통해 예수님은 십자가와 부활에 대해 명확하게 말씀하고 계신 것입니다. 첫 번째 계시가 베드로의 신앙고백(8:29)이었다면, 이 말씀은 두 번째 계시에 해당합니다. 예수님은 이렇게 8장 27절부터 멘토링을 시작하셨습니다. 때가 될 때까지 아무에게도 이르지 말고 기다려야 할 하나님이 내게 보여 주신 영광과 신비는 무엇입니까? 이 말씀을 듣고 서로가 묻습니다. 10, 11절을 다함께 읽어 봅시다.

"그들이 이 말씀을 마음에 두며 서로 문의하되 죽은 자 가운데서 살아나는 것이 무엇일까 하고, 이에 예수께 묻자와 이르되 어찌하여 서기관들이 엘리야가 먼저 와야 하리라 하나이까."

제자들은 마지막 종말의 때 부활하는 것만 믿었을 뿐, 메시아가 고난받고 부활한다는 것은 전혀 모르고 있었습니다. 시편 22편에서 이미 그 이야기를 암시하고 있었고, 이사야 53장에서도 말하고 있었지만, 눈이 감겨서 깨닫지 못했던 것입니다. 그러자 예수님께서 대답하십니다. 12, 13절을 다함께 보십시오.

"이르시되 엘리야가 과연 먼저 와서 모든 것을 회복하거니와 어찌 인자에 대하여 기록하기를 많은 고난을 받고 멸시를 당하리라 하였느냐? 그러나 내가 너희에게 이르노니 엘리야가 왔으되 기록된 바와 같이 사람들이 함부로 대우하였느니라 하시니라."

예수님께서 "너희들이 메시아가 고난받아야 되는 건 알고 있느냐?"고 묻고 계신 것입니다. 동시에 엘리야가 왔다는 것을 말씀하시며 "그러나 너희가 엘리야를 함부로 대했고, 고난을 주었다"라고 말씀합니다. 본문은 굉장히 중요한 내용을 담고 있습니다. 여기에서 꼭 기억해야 할 것은 주님이 제자들에게 집중해서 멘토링하고 계신다는 사실입니다. 십자가에서 죽으실 날이 가까웠기 때문입니다. 이러할 때 우리는 베드로와 야고보와 요한 같은 제자가 되어야 할 것입니다. 깨어 있어야 합니다.

고치시고 가르치시는 예수님

마 가 복 음 9 장 1 4 절 ~ 2 9 절

1. 변론하는 제자들(14-18절)

베드로와 야고보 그리고 요한에게만 영광스럽게 변형된 모습을 보이신 예수님이 이제 산 아래 남아 있는 제자들에게 돌아오십니다. 산 밑으로 내려와 보니 전혀 다른 곤란한 상황이 벌어지고 있었습니다. 어떤 사람이 자기 아들을 데리고 왔습니다. 그는 귀머거리에 벙어리입니다. 거기다가 발작까지 하는 것으로 보아 간질병 증세까지 있었던 것 같습니다. 상당히 악한 영이 역사하고 있었습니다. 그래서 산 아래에 있던 남은 아홉 명의 제자들에게 고쳐달라고 했으나 못 고치더라는 이야기입니다.

말 못 하게 하는 귀신 들린 아이를 고치지 못한 문제로 큰 무리가 모여 있는 자리에서 서기관들과 제자들이 논쟁에 휘말린 것입니다. 아마 서기관들이 예수님을 어떻게든 넘어뜨리려 애쓰다가 제자들이 못하는 것을 보고 "봐라, 무슨 메시아니 어쩌니, 하더니 엉터리 아니냐, 저 제자들이 하는 것을 봐라!"라고 말했을 것입니다. 그런 장면을 보고 예수님이 "너희가 무엇을 그들과 변론하느냐?*(16절)*라고 물으신 것입니다. 제자들은 한 마디도 대답 못 하고 오히려 귀신 들린 아이의 아버지가 대답합니다. 17, 18절을 다 함께 읽어봅시다.

"무리 중의 하나가 대답하되 선생님 말 못하게 귀신 들린 내 아들을 선생님께 데려왔나이다. 귀신이 어디서든지 그를 잡으면 거꾸러져 거품을 흘리며 이를 갈며 그리고 파리해지는지라 내가 선생님의 제자들에게 내쫓아 달라 하였으나 그들이 능히 하지 못하더이다."

예수님의 제자들에게 귀신들린 자기 아들을 고쳐주기를 구했지만, 그들이 귀신을 쫓아내지 못했다고 합니다. 이처럼 제자들이 아무 능력도 행하지 못하고 서기관들과 변론만 하게 된 것은, 그들의 관심이 '누가 더 높은가'에만 있었기 때문입니다.

사랑하는 성도 여러분! 능력을 나타내야 하는 자리에서 사람들과 변론만 하고 있지는 않습니까? 변론만 하도록 나와 남을 비교하는 기준은 무엇이며 그 대상은 누구입니까?

2. 아이를 부르시는 예수님(19~24절)

예수님은 귀신들린 아이를 고치는 일에 아무 능력도 행하지 못한 제자들, 제자들과 변론하는 서기관들, 그들을 둘러싸고 놀라기만 하는 무리를 향해 탄식하십니다. 19절을 다 함께 읽어봅시다.

"대답하여 이르시되 믿음이 없는 세대여 내가 얼마나 너희와 함께 있으며 얼마나 너희에게 참으리요 그를 내게로 데려오라 하시매."

예수님은 "그 아이를 내게 데려오라"고 말씀하십니다. 주님이 느끼신 안타까움은 귀신 들린 아이 한 명만의 문제가 아니었습니다. 현실 속에 역사하는 악한 영들을 쫓아낼 사람이 하나도 없는 그 세대를 한탄하신 것입니다. 선지자들이 있는 나라였고, 모세를 통하여 율법을 받은 백성인데 하나님의 역사가 전혀 없다는 것이었습니다. 이에 대해 주님은 굉장히 분개하셨다는 사실입니다.

귀신들린 아이가 예수님께로 나아오자, 아이를 사로잡은 귀신은 예수님을 보자마자 아이로 하여금 경련을 일으키고 거품을 흘리게 합니다(20절). 이는 하나님과 원수 된 귀신이 자기가 사로잡은 아이가 예수님을 바라보는 것을 극도로 싫어한다는 것을 보여 주는 장면이기도 합니다. 21, 22절을 다 함께 읽어봅시다.

"예수께서 그 아버지에게 물으시되 언제부터 이렇게 되었느냐 하시니 이르되 어릴 때부터니이다. 귀신이 그를 죽이려고 불과 물에 자주 던졌나이다 그러나 무엇을 하실 수 있거든 우리를 불쌍히 여기사 도와 주옵소서."

예수님께서 그 아이의 아버지에게 물으신 질문과 답변이 나옵니다. 아버지는 이런 아들을 보며 "무엇을 하실 수 있거든 도와달라"고 합니다. 지금까지 귀신을 쫓아낸 사람을 본 적도 없었고, 그래서 별로 믿지도 않았던 모양입니다. 의사를 찾아가 보고 무당을 찾아가 보기도 했으나 안 고쳐지니 무엇이든 해 달라는 의미입니다. 그에게는 믿음이 없고 기대감만 있었습니다. 아들의 병을 낳게 해야겠다는 간절함을 갖고 예수님을 찾은 것이었습니다. 그때 예수님이 뭐라고 말씀하십니까? 23절입니다.

"예수께서 이르시되 할 수 있거든이 무슨 말이냐 믿는 자에게는 능히 하지 못할 일이 없느니라 하시니."

이 부분에서 우리는 생각해봐야 합니다. 마가가 왜 이 본문을 마가복음 안에 넣었을까요? 바로 믿음에 대해 가르치기 위한 것입니다. 더러운 귀신을 쫓아내는 일은 전능하신 하나님이 악한 영을 통제하시는 분이고, 다스리시는 분이라는 그 믿음 안에서 가능하다는 메시지입니다. 믿는 자에게는 능치 못할 것이 없습니다. 24절을 다 함께 읽어봅시다.

"곧 그 아이의 아버지가 소리를 질러 이르되 내가 믿나이다 나의 믿음 없는 것을 도와 주소서 하더라."

아이의 아버지는 솔직하게 믿음을 구했습니다. 그리고 그 모습은 예수님의 마음을 움직였을 것입니다. 하나님은 '믿는 자'에게 그분의 제한 없는 능력을 나타내시며 그 믿음을 확증하십니다.

성도 여러분! 예수님을 향해 무엇을 하실 수 있거든 도와달라고 부르짖는 불신앙은 무엇입니까? 나의 믿음을 요구하는 주께 맡겨야 할 문제는 무엇입니까?

3. 예수님의 고치심과 가르치심(25~29절)

이런 모든 상황을 보고 몰려드는 무리를 보신 예수님은 아이를 사로잡은 귀신을 꾸짖으십니다. 25절을 다 함께 읽어봅시다.

"예수께서 무리가 달려와 모이는 것을 보시고 그 더러운 귀신을 꾸짖어 이르시되 말 못하고 못 듣는 귀신아 내가 네게 명하노니 그 아이에게서 나오고 다시 들어가지 말라 하시매."

예수님은 그 귀신을 "말 못 하고 못 듣는 귀신아"라고 구체적으로 거명하여 부르시는데, 이것은 그 존재를 정확히 파악하신 예수님의 신적 능력을 나타냅니다. 26, 27절을 다 함께 읽어봅시다.

"귀신이 소리 지르며 아이로 심히 경련을 일으키게 하고 나가니 그 아이가 죽은 것 같이 되어 많은 사람이 말하기를 죽었다 하나 예수께서 그 손을 잡아 일으키시니 이에 일어서니라."

이처럼 상대를 정확히 알고 "나오라"고 꾸짖으시는 예수님의 명령에 귀신은 아이로 경련을 일으키게 하고 죽은 것같이 만든 뒤에 떠납니다. 그러나 능력의 주님께서 그 손을 잡아 일으켜 세우십니다. 28절을 다 함께 읽어봅시다.

"집에 들어가시매 제자들이 조용히 묻자오되 우리는 어찌하여 능히 그 귀신을 쫓아내지 못하였나이까?"

이런 예수의 권능을 본 제자들은 "왜 우리는 그런 일을 하지 못했습니까?"라고 주님께 조용히 묻습니다. 제자들의 뿌리 깊은 비교의식과 구원에 무딘 마음을 엿볼 수 있습니다. 이에 예수님은 '기도'의 중요성을 가르치십니다. 기도는 사로잡힌 자를 자유하게 합니다.

성도 여러분! 나를 사로잡은 중독이나 관계, 집착은 무엇입니까? 이런 것에서 자유로워지고자 언제, 어디서 기도합니까?

예수님께서는 기도밖에는 능력이 없다고 말씀하십니다. 29절을 다 함께 읽어봅시다.

"이르시되 기도 외에 다른 것으로는 이런 종류가 나갈 수 없느니라 하시니라."

205

이 부분에서 우리말의 번역이 애매합니다. 이 말은 '이런 종류는 일어날 수도 없다'라는 표현일 수도 있습니다. 그런데 헬라어 원문을 살펴보면 '정확하게 이런 종류는 절대로 안 쫓겨나간다'라고 되어있습니다. 다시 말해 '이런 종류의 악한 영은 금식과 기도 외에는 절대로 안 나간다'라고 설명하기도 합니다.

악한 영들도 종류가 있다는 것입니다. 그러므로 어떤 악한 영은 믿음의 선포만으로도 쫓아낼 수 있으나, 더 강한 악한 영은 믿음의 기도와 금식이 아니고는 쫓아낼 수 없다는 것입니다.

우리는 그런 악한 세대에 살고 있습니다. 예수님께서는 "믿음이 없는 세대를 언제까지 참으리요"라고 말씀하셨습니다. 이 말은 우리말로 표현하면 "언제까지 내가 성령의 역사를 너희에게 주겠느냐"가 아닐까요? 아직은 성령의 불이 남아 있는 세대입니다.

그러므로 한국 민족 가운데 다시 성령의 불을 지펴야 합니다. 그래서 어둠의 영이 우리 민족 가운데 역사 못 하게 해야 하고, 우리 문화 가운데서 역사하지 못하도록 해야 합니다. 우리 가정과 개인의 삶 가운데서 떠나가도록 만들어야 합니다. 기도와 금식으로 승리할 수 있습니다.

진정한 제자의 길

마 가 복 음   9 장   3 0 절 ~ 2 7 절

　본문에서는 예수님께서 제자들에게 두 번째로 십자가와 부활에 대해 계시하신 이야기와 그에 대한 제자들의 반응을 보여 주고 있습니다. 이를 세 단락으로 나누어 보면 두 번째 수난 예고, 예수님의 두 번째 계시와 제자들의 반응(30~32절), 예수님의 제자들에게 가르치신 내용인 진정한 위대함(33~35절), 하나님을 영접하는 섬김(36, 37절)입니다.

　본문에 보면 이때까지도 제자들의 영적 눈은 감겨 있었던 것 같습니다. 그래서 예수님은 자신이 고난받는 메시아라는 사실과 십자가를 짊어지지 않고는, 죄 사함이 없다는 것, 우리 몸이 부활할 때 영광의 몸으로 변화될 수 없다는 사실을 말씀하십니다. 예수님께서는 앞서 8장에서도 십자가에서 죽으시고 사흘 만에 부활하실 것을 계시하셨습니다. 그리고 9장으로 넘어와 다시 한번 예수님의 십자가와 부활에 대해 계시해주고 계신 것입니다.

207

8장 27절부터 9장 마지막 절까지는 예수님께서 예루살렘에 넘어가시기 전 갈릴리에서 예루살렘으로 가는 중간에 있었던 일들을 기록하고 있고, 10장으로 넘어가면 유대 지방을 통해서 예루살렘으로 가시는 이야기가 나옵니다.

예루살렘은 예수님에게 있어 십자가를 지는 고난의 도시입니다. 그래서 예수님께서는 이전까지는 권세 있는 영광의 주님을 나타내셨지만, 이제는 예수님의 고난에 대해 말씀하고 계신 것입니다. 하나님의 시간(카이로스 타임)이 다가왔기 때문입니다. 예루살렘에 올라갈 시간이 되었다는 걸 아시는 주님께서는 마음이 급하셨을 것입니다. 그래서 8장 27절부터 십자가의 고난과 부활에 대해 계속해서 말씀하십니다. 진정한 제자화의 가르침 사역입니다.

1. 두 번째 수난 예고(30~32절)

예수님은 자신이 변형되신 모습을 보이시고 귀신 들린 아이를 고치신 곳을 '떠나' 갈릴리 가운데로 지나십니다. 갈릴리는 예수님의 공생애 초기 사역의 거점이 된 지역이지만, 예수님은 이곳을 방문한다는 사실을 아무에게도 알리고자 하지 않으십니다. 예루살렘으로 가는 여정에서 제자들을 집중적으로 양육하시며 자신이 당할 십자가 죽음을 방해받지 않고 묵묵히 감당하시고자 함입니다.

하지만 제자들은 주님의 구속사역을 깨닫지 못하기에 '죽임을 당한다'는 말에 사로잡혀 부활은 생각하지도 못하며 묻기도 두려워합니다. 예수님과 사랑과 신뢰의 관계를 갖지 못하면, 그 가르침은 나에게 두려움과 부담만 줄 뿐입니다. 깨닫지 못하면 두려워하게 되어 있습니다. 예수님은 고난의 주님이지만 영광의 주님이시고, 재림하실 영광의 주님이란 걸 확실히 깨달았다면 두려워할 이유가 없었습니다. 그러나 그들은 깨닫지 못하고 있었습니다. 이렇게 아직도 정신 못 차리는 제자들의 모습을 통해 우리는 교훈을 얻을 수 있습니다.

우리가 제자 사역을 할 때도 마찬가지로 이런 모습의 사역자들을 마주하게 될 수 있습니다.

아무리 말해도 깨닫지 못하며 똑같은 말을 반복해도 이해하지 못하는 제자들이 있을 수 있습니다. 자기 생각 속에 빠져 있어 중요한 이야기를 하는데도 정신 못 차리는 제자들이 있다는 것입니다. 그것이 인간입니다. 그러나 마가는 이 말씀을 통해 '인내하라'는 메시지를 주는 듯합니다.

언젠가는 깨달을 날이 올 것이라는 말씀입니다. 제자들도 성령님이 임하실 때 비로소 깨달았습니다. 이것이 우리의 사역입니다.

내가 예수께 묻기도 두려워하는 고난과 십자가의 여정은 무엇입니까? 나를 쉴만한 물가로 인도하시는 목자 되신 예수님을 신뢰하십니까?

2. 진정한 위대함(33~35절)

갈릴리에서 가버나움에 이르는 길에 제자들은 서로 누가 큰지를 논쟁합니다. 예수님이 제자들에게 서로 논쟁한 주제가 무엇인지를 물으실 때, 그들이 잠잠한 것은 자신들의 모습이 부끄러웠기 때문입니다. 예수님이 반복하여 자신의 죽음과 부활을 가르치셔도 제자들이 서로 우위를 다툰 것은 그들이 세상 가치관과 문화에 물들어 있었기 때문입니다.

예수님은 이렇게 우위를 다투는 제자들의 기준과 평가에 반대되는 천국의 기준을 말씀하십니다. 제자들은 서로의 성과와 업적을 비교하며 누가 더 큰지를 비교했지만, 예수님은 천국에서 큰 자의 기준이 '섬김'이라고 가르쳐주십니다. 예수님의 십자가가 그런 섬김의 가장 확실한 본보기입니다. 끝이 되고 섬기는 자가 되어야 첫째가 되는 천국의 신비를 나의 삶에서 나타내고 있습니까? 가정과 일터, 학교에서 어떻게 다른 사람을 섬기겠습니까?(35절).

3. 하나님을 영접하는 섬김(36, 37절)

천국의 리더십의 기준인 '섬김'을 가르치신 예수님은, 아직도 그 말을 알아듣지 못하는 제자들을 위해서, 그 예를 제자들에게 보이고자 어린아이 하나를 데려다가 그들 가운데 세우십니다. 고대 근동 사회에서 어린아이는 무시와 업신여김을 당하는 대상이었습니다. 그런데 예수님은 서로 우위를 다투며 야심만만한 제자들 앞에 어린아이를 '세우시고 안으시며' 그들이 앞으로 가야 할 길을 가르치십니다. 그 길은 예수님의 이름으로 작고 연약한 자들을 영접하는 여정입니다. 제자들은 서로의 크고 작음을 비교하며 누가 더 높임을 받아야 할지 판단하느라 분주합니다. 하지만 예수님은 낮아짐과 겸손으로 내 옆의 힘든 사람을 섬기는 것이 자신을 영접하는 것이고, 하나님을 영접하는 것이라고 하십니다.

이 광경을 한 번 상상해 봅시다. 예수님은 굉장히 바쁘신 분입니다. 죽은 자를 살리고 수만 명의 사람 앞에서 말씀을 가르치시는 분이 어린아이를 안아주고 있다는 말씀입니다. 당시 사회에서 어린아이와 여자와 가난한 자는 가장 약하고 힘이 없고 자기 권리를 주장할 수 없는 사람들이었습니다. 그런데 이 셋 가운데 대표로 어린아이를 안고 말씀하고 계신 것입니다. 다시 말해 예수님께서 종을 안아주셨던 것입니다. "섬김의 리더가 참된 리더이다. 첫째가 되기 원한다면 먼저 섬기는 사람이 되어라"는 메시지입니다.

인간의 마음속에는 누구나 인정의 욕구가 있습니다. 그래서 사람들 앞에서 일하는 걸 보여 주고 싶어 하고, 높은 자리에 오른 사람은 성공한 것으로 생각합니다. 그러나 예수님의 기준은 달랐습니다. 섬기는 사람이 진정한 제자, 리더가 될 수 있다는 교훈입니다.

사람들에게 업신여김을 받지만 내가 예수님의 이름으로 영접해야 할 지체는 누구입니까? 구체적으로 그를 섬기겠습니까?*(37절).* 성도 여러분! 우리 모두 진정한 제자의 길을 가기 위해 말씀과 성령의 능력을 겸비한 위대한 그리스도인들이 되시기를 소원합니다.

화목함의 제자도

　예수님께서는 앞서 8장에서도 십자가에서 죽으시고 사흘 만에 부활하실 것을 계시하셨습니다. 그리고 9장으로 넘어와 다시 한번 예수님의 십자가와 부활에 대해 계시해주고 계십니다. 본문 앞의 마가복음 9장 30~37절에서는 예수님께서 제자들에게 두 번째로 십자가와 부활에 대해 계시하신 이야기와 그에 대한 제자들의 반응을 보여 주고 있습니다.

　이어지는 본문의 말씀을 요약하면 예수님은 제자들에게 비록 자신을 따르지 않는 자라도 주의 이름으로 능히 일을 행하는 것을 금하지 못하게 하십니다. 그리고 그리스도에게 속한 사람으로 알고 물 한 그릇이라도 주는 사람은 결코 상을 잃지 않는다고 하시며 남과 나를 실족하게 하는 것을 경고하십니다. 또한, 제자에게는 소금처럼 서로 화목하게 하는 사명이 있음을 말씀하십니다.

1. 배타주의에 대한 경고(38~40절)

요한이 예수님께 묻습니다. 38절을 다 함께 읽어봅시다.

"요한이 예수께 여짜오되 선생님 우리를 따르지 않는 어떤 자가 주의 이름으로 귀신을 내쫓는 것을 우리가 보고 우리를 따르지 아니하므로 금하였나이다."

여기에서 '우리'라는 표현은 열두 제자가 될 수도 있고, 70인 제자가 될 수도 있습니다. 그런데 '우리'에 속하지 않은 자가 예수의 이름으로 귀신을 쫓아 그것을 금했다는 이야기입니다. 그러자 예수님께서는 39, 40절에서 "금하지 말라. 내 이름을 의탁하여 능한 일을 행하고 즉시로 나를 비방할 자가 없느니라. 우리를 반대하지 않는 자는 우리를 위하는 자니라"고 말씀하십니다.

당시 제자들은 '우리만' 할 수 있다는 생각, 즉 특권 의식에 사로잡혀 있었습니다. 이는 파벌주의요, 편협한 마음입니다. 그러므로 다른 사람은 못 하게 해야 한다고 생각했던 것입니다. '우리'를 따르지 않는다고 배격하는 것은 분별이 아닌 교만과 무지입니다. 그런데 이 본문은 앞서 제자들이 귀신들린 아이를 주의 이름으로 고치지 못한 본문과 절묘한 대조를 이룹니다(14~18절).

제자들은 예수의 이름으로 귀신을 쫓았으나 그 이름을 수단으로만 여기기에 능력을 행하지 못했습니다. 예수의 제자 된 성도는 주의 이름이 문제를 해결하기 위한 수단이 아닌 믿음의 대상임을 기억해야 합니다. 본문에서는 주님을 따르지 않는 사람이 귀신을 능히 쫓아내고 있습니다. 이러한 사실이 우리에게 주는 교훈은 무엇입니까? 우리에게 맡겨진 사명은 우리가 감당해야 한다는 것입니다. 우리가 다하지 못하면 우리의 사명은 다른 사람에게 넘어갑니다(마 25:28, 빼앗긴 달란트). 우리가 잠잠하면 돌들이 소리 지릅니다(눅 19:40, 예루살렘 입성).

본문에서 보면 제자들은 예수의 이름으로 귀신 내쫓는 자들을 금하기에 앞서 기도했어야 했습니다(29절). 어리석게도 그들은 자기 눈 속에 있는 들보는 보지 못하고 형제 눈 속에 있는 티만 바라보았던 것입니다(마 7:1~5).

비슷한 이야기가 구약 민수기 11장에서도 소개됩니다. 모세가 광야에서 백성들을 이끌 때 너무 힘들어하니까 하나님께서 모세의 일을 도와 일할 70인의 장로들을 세우셨습니다. 그런데 모세의 통제를 벗어나 있던 엘닷과 메닷이라는 사람이 예언을 하는 것이었습니다. 이때 모세의 수종자 여호수아가 말합니다. "모세 선생님, 자꾸 엘닷이 진중에서 예언하고 있습니다. 금해야 합니다. 70인의 장로와 상관없는 사람이 예언하고 있습니다."

그러나 모세는 그들을 포용했습니다. "무슨 소리야? 나는 엘닷과 메닷 뿐 아니라 이스라엘 백성 전체가 예언하길 원한다"(민 11:29). 넓은 마음, 아량의 마음, 하나님을 대적하지 않는 한에서는 모든 사람을 품어줄 수 있는 마음이 모세에게는 있었습니다. 배타주의에 대한 경고의 메시지입니다.

2. 구원의 소중함(41~49절)

두 번째로 41절과 42절에서 예수님께서는 또 중요한 것을 가르치십니다.

"누구든지 **너희**가 그리스도에게 속한 자라 하여 물 한 그릇이라도 주면 **내**가 진실로 **너희**에게 이르노니 그가 결코 상을 잃지 않으리라. 또 누구든지 **나**를 믿는 이 작은 자들 중 하나라도 실족하게 하면 차라리 연자맷돌이 그 목에 매여 바다에 던져지는 것이 나으리라."

무시무시한 말씀을 하십니다. 여기에서 "나를 믿는 이 작은 자"라는 것은 무엇을 의미합니까? 사람들이 별로 취급해주지 않는 사람들을 뜻합니다. 앞에서 언급한 어린아이, 여자, 가난한 사람들이 그에 해당할 것입니다. 그들 중 하나라도, 더 나아가 교회 안에 나름대로 성실히 신앙 생활하는 형제나 자매들을 시험에 들게 하는 사람은 차라리 죽는 것이 낫다는 말씀입니다.

그런가 하면 41절에서는 정반대의 이야기를 합니다. 물 한잔을 나눔으로 하늘에 상을 쌓는다는 말씀입니다. "너희는 나를 위해서 일한다고 하느냐? 기도한다고 하느냐? 십일조 한다고 하느냐? 그것보다 더 기쁜 일은 옆에 있는 그 사람을 배려하는 일이다"라는 말씀을 주님은 지금 하고 계신 것입니다. 주님은 크리스천의 삶에 대해 계속해서 가르쳐주십니다. '일하라'는 것이 아닌 '이렇게 살라'는 메시지입니다. 정상적인 크리스천의 삶이 무엇인지 말씀하고 있는 것

215

입니다. 43~48절의 말씀을 다 함께 읽어봅시다.

"만일 네 손이 너를 범죄하게 하거든 찍어버리라. 장애인으로 영생에 들어가는 것이 두 손을 가지고 지옥 곧 꺼지지 않는 불에 들어가는 것보다 나으니라. 만일 네 발이 너를 범죄하게 하거든 찍어버리라. 다리 저는 자로 영생에 들어가는 것이 두 발을 가지고 지옥에 던져지는 것보다 나으니라. 만일 네 눈이 너를 범죄하게 하거든 빼버리라. 한 눈으로 하나님의 나라에 들어가는 것이 두 눈을 가지고 지옥에 던져지는 것보다 나으니라. 거기에서는 구더기도 죽지 않고 불도 꺼지지 아니하느니라."

마지막 43~50절까지는 42절 말씀의 연속입니다. 여기에서 '지옥'은 헬라어로 '게엔나', 히브리어 '게 힌놈'(*힌놈의 골짜기*)의 음역으로서 '지옥'을 의미합니다 (*마 5:22*). 힌놈의 골짜기는 예루살렘 서쪽 벽 밑에 있는 골짜기입니다. 그 골짜기는 아하스 왕 때 몰록이라는 우상에게 번제를 드렸던 장소입니다. 우상숭배가 극렬했던 장소입니다.

그래서 훗날 요시아 왕이 종교개혁을 하면서 그 지역의 우상들을 다 부숴 거기에 던져서 불살랐습니다. 그다음부터 그 지역은 예루살렘의 모든 쓰레기를 갖다 불태우는 장소가 되었습니다. 그게 힌놈의 골짜기이고 그걸 예레미야가 지옥에 연관시키면서 게엔나가 지옥을 의미하게 된 것입니다.

그런데 본문에 보면 주님이 말씀하시기를 범죄하는 것보다는 힌
놈의 골짜기에 집어 던져서 불태우는 것이 차라리 낫다고 말씀하십
니다. 그러면서 49절에 말씀하시기를 "사람마다 불로써 소금 치듯
함을 받으리라"고 합니다. 이것은 성전에서 제사 드릴 때의 표현입
니다. 제사를 드릴 때 짐승의 살을 벗깁니다. 그리고 소금을 치고 번
제로 불태워 하나님께 드립니다. 다시 말해 우리의 죄가 그렇게 흉
악하다는 이야기입니다.

3. 화목함의 제자도(50절)

그러면서 주님은 소금의 비유를 들려주십니다. 50절을 보십시오.

"소금은 좋은 것이로되 만일 소금이 그 맛을 잃으면 무엇으로 이를
짜게 하리요. 너희 속에 소금을 두고 서로 화목하라 하시니라."

본문에서 소금은 크리스천의 성품을 의미합니다. 옛날에는 조미
료가 없었기 때문에 소금이 맛을 내는 유일한 것이었습니다. 그래
서 소금값이 굉장히 비쌌습니다. 소금은 적절한 맛을 내기 위해서
존재합니다. 크리스천은 성품으로써 맛을 내야 한다는 것입니다. 그
러면서 "너희 속에 소금을 두고 서로 화목하라"는 말씀입니다. 소금
은 배려하는 마음, 소자에게 냉수 한 그릇 주는 마음, 시험 들지 않
게 하는 태도, 행동 등을 의미할 것입니다.

이렇게 예수님은 계속해서 제자들에게 천국과 지옥이 아닌 크리스천의 삶에 대해 가르치고 계십니다. 이것은 중요한 이야기입니다. 예수님은 복음서에서 천국 복음을 전하라고 명령하셨지, 방법론을 가르치면서 말씀하신 일이 거의 없습니다. 그러나 특별히 예루살렘으로 가시면서 죽음을 앞두시고 "서로 화목하라"고 제자들에게 가르치셨다는 것입니다. 그 가르침이 구원의 길이고, 주위에 있는 사람들을 구원하는 길이 되기 때문입니다. 서로 화목함의 제자도를 이루기를 소원합니다.

3부

예루살렘으로
올라가시는
예수님

예루살렘으로 올라가시는
예수님

예수께서 거기서 떠나 유대 지경과 요단 강 건너편으로 가시니
무리가 다시 모여들거늘 예수께서 다시 전례대로 가르치시더니
바리새인들이 예수께 나아와 그를 시험하여 묻되 사람이 아내를
버리는 것이 옳으니이까
대답하여 이르시되 모세가 어떻게 너희에게 명하였느냐
이르되 모세는 이혼 증서를 써주어 버리기를 허락하였나이다
예수께서 그들에게 이르시되 너희 마음이 완악함으로 말미암아 이
명령을 기록하였거니와
창조 때로부터 사람을 남자와 여자로 지으셨으니
이러므로 사람이 그 부모를 떠나서
그 둘이 한 몸이 될지니라 이러한즉 이제 둘이 아니요 한 몸이니
그러므로 하나님이 짝지어 주신 것을 사람이 나누지 못할지니라
하시더라

마가복음 10:1-9

하나님의 창조원리

마 가 복 음 1 0 장 1 절 ~ 2 절

마가복음 9장 38~50절의 말씀을 요약하면, 예수님은 제자들에게 비록 자신을 따르지 않는 자라도 주의 이름으로 능히 일을 행하는 것을 금하지 못하게 하십니다. 그리고 그리스도에게 속한 사람으로 알고 물 한 그릇이라도 주는 사람은 결코 상을 잃지 않는다고 하시며 남과 나를 실족하게 하는 것을 경고하십니다. 또한, 제자에게는 소금처럼 서로 화목하게 하는 사명이 있음을 말씀하십니다.

본문 마가복음 10장 1~12절을 요약하면, 예수님께서 유대 지경과 요단강 건너편으로 가셔서 이전과 같이 무리를 가르치십니다. 이때 바리새인들은 모세의 이혼 증서 규정에 따라 아내를 쉽게 내어 버릴 수 있다는 주장으로 예수님께 질문합니다. 예수님은 부부가 원래 한 몸이라는 하나님의 창조원리를 가르치시고 간음에 대해 말씀하심으로 그들의 잘못된 통념을 깨뜨리십니다. 1, 2절 말씀을 다 함께 읽어봅시다.

"예수께서 거기서 떠나 유대 지경과 요단 강 건너편으로 가시니 무리가 다시 모여들거늘 예수께서 다시 전례대로 가르치시더니, 바리새인들이 예수께 나아와 그를 시험하여 묻되 사람이 아내를 버리는 것이 옳으니이까?"

이 질문에 대한 의도는 예수님을 시험에 빠뜨리기 위해서였습니다. 바리새인들은 예수님이 이혼에 찬성하지 않으신다는 것을 알고 있었으므로 예수님의 대답을 들은 다음 그에 대한 공박할 준비를 하고 있었던 것입니다. 그러나 이때 예수님은 이렇게 대답하십니다. 3절을 보십시오. "대답하여 이르시되 모세가 어떻게 너희에게 명하였느냐?"라고 물으셨습니다. 참 지혜로우신 답변입니다. "너희들이 그렇게 존경하는 모세, 토라에서 뭐라고 가르치더냐?"라는 것입니다. 그러자 그들이 대답합니다. 4절을 다 함께 읽어 봅시다.

"이르되 모세는 이혼 증서를 써주어 버리기를 허락하였나이다"(신 24:1, 3).

한마디로 모세는 이혼을 허락했는데 왜 당신은 이혼하면 안 된다고 가르치냐는 반박이었습니다. 여기에서 우리는 결혼과 이혼에 대한 예수님의 가르침과 모세의 생각이 일치하는 것인지, 그렇지 않은

222

지를 생각해보아야 합니다. 유대 사회에서는 모세의 이야기가 곧 하나님의 이야기로 받아들여졌습니다. 그러므로 모세는 이렇게 가르치는데 예수님은 왜 이혼을 안 된다고 하느냐는 질문입니다. 우리는 성경에서 말하는 답을 얻어야 합니다.

5절에 보면 "예수께서 그들에게 이르시되 너희 마음이 완악함으로 말미암아 이 명령을 기록하였거니와"라고 합니다. 모세가 이혼 증서를 써서 내보내라고 한 것은, 너희 마음이 완악해서 이혼을 자꾸 반복하므로 여자들을 보호하기 위해 이혼 증서라도 써서 보내라는 뜻이라는 이야기입니다. 비슷한 이야기가 마태복음 19장에서도 나옵니다. 베드로가 예수님의 가르침을 듣고 "그러면 결혼 안 하는 게 낫겠습니다"라고 이야기합니다. 당시 분위기는 오늘날처럼 이혼을 쉽게 생각했던 것 같습니다. 제자들도 그 사회 속에 살고 있으므로 비슷한 생각을 하고 있었던 것 같습니다. 그러나 하나님의 마음은 무엇이었습니까? 6~9절을 다 함께 읽어봅시다.

"**창조 때로부터** 사람을 남자와 여자로 지으셨으니, 이러므로 사람이 그 부모를 떠나서 그 둘이 한 몸이 될지니라. 이러한즉 이제 둘이 아니요 한 몸이니, 그러므로 **하나님이 짝지어** 주신 것을 사람이 나누지 못할지니라 하시더라."

하나님께서 세상을 창조하시고 남자와 여자를 창조하신 이야기, 결혼이라는 제도를 만드신 원리를 이야기하고 있는 것입니다. 집으로 돌아와서도 제자들은 다시 이 일에 대해 이야기했던 것 같습니다. 이혼을 쉽게 생각했던 입장에서는 청천벽력 같은 말씀이었을 수도 있습니다. 그러나 예수님께서는 더 강하게 말씀하십니다. 11, 12절을 보십시오.

"이르시되 누구든지 그 아내를 버리고 다른 데에 장가드는 자는 본처에게 간음을 행함이요, 또 아내가 남편을 버리고 다른 데로 시집가면 간음을 행함이니라."

신명기 24장 1~4절에 보면 이혼 증서를 써서 아내를 내보내도 되는 때에 대한 설명이 나옵니다. 그때는 언제입니까? '부끄러운 일이 있을 때'라는 것입니다. 그러나 이에 대한 해석이 두 가지로 나뉩니다. 당시 랍비들 가운데서는 힐렐 학파와 샴마이 학파가 있었습니다. 힐렐 학파는 '부끄러운 일이 있을 때'를 '남편의 마음에 안 들면'으로 이해합니다. 그러므로 아이를 못 낳아 남편을 부끄럽게 해도 이혼의 사유가 되고, 여자가 게을러 남편을 부끄럽게 해도 이혼할 수 있다는 것입니다. 그러나 샴마이 학파는 부끄러운 일이란 여자가 간음했을 경우에만 해당한다고 해석합니다. 힐렐 학파는 자유주의, 샴마이 학파는 보수주의라고 보면 맞습니다.

이에 대해 예수님은 극보수로 나가십니다. "이혼 자체가 안 된다"는 것입니다. 여자를 보호하기 위해서 이혼 증서를 써 주라고는 했지만, 이혼은 불가하다는 것입니다. 이것이 주님의 메시지입니다.

당시는 로마가 타락하던 시기였습니다. 로마는 외부 침략 때문에 망한 것이 아니었습니다. 내부적으로 타락한 것이 원인이 되어 망했던 것입니다. 그래서 당시 로마의 철학자 세네카는 로마의 타락을 슬퍼하며 이런 이야기를 했습니다. "로마의 애국자들이여, 가정으로 돌아가십시오. 그리고 가정을 지키십시오. 그렇지 않으면 로마는 망할 것입니다."

하나님의 절대주권을 믿는 사람이 그분의 인도하심을 따르는 사람입니다. 당장 조금 힘들다고, 내 마음대로 안 된다고 한 몸 되게 하신 것을 거역해서는 안 될 것입니다. 본문을 세 단락으로 구분해서 살펴봅시다.

1. 모세의 가르침(1~4절)

예수님은 이제 이 땅에 오신 목적인 십자가를 지심으로 하나님 아버지의 뜻을 이루고자 공생애의 주요 활동 무대인 갈릴리를 떠나십니다. 자신이 죽임당할 곳인 예루살렘 향해 가시는 도중에도 변함없이 천국의 가치관을 가르치십니다. 이때 바리새인들은 이혼의 문제로 예수님을 시험하고자 질문을 합니다. 당시에는 무슨 이유에서든 이혼할 수 있다는 주장과 간음 외에는 이혼이 불가하다는 주장이 대립하고 있었습니다. 이런 상황에서 이혼이 잘못됐다고 말하는 것은 당시 모든 가르침과 율법의 기준이 되는 모세의 가르침에 반하는 위험한 대답입니다. 성경을 많이 아는 바리새인들은 예수님을 함정에 빠뜨리고자 합니다.

2. 한 몸이 될지니라(5~9절)

예수님은 모세의 율법에 담긴 하나님이 이 땅을 창조하신 원리를 들어 결혼의 참뜻을 설명하십니다. 가정은 하나님의 명령으로 세워진 공동체이며, 남자와 여자가 한 몸을 이루는 것이 하나님의 명령입니다. 하지만 아담의 범죄로 이 땅에 죄가 들어와 주께 순종하지 않고 마음이 완악해진 우리를 위해 하나님이 모세에게 율법을 주셨습니다. 하지만 예수의 피로 죄의 권세가 깨진 지금, 우리는 하나님의 창조 명령에 따라 살아야 합니다. 부부가 하나 되는 것은 결코 쉬운 일이 아닙니다. 나의 반을 버리고 상대의 반을 채워 한 몸이 되기까지 생살을 잘라내는 듯한 아픔이 따릅니다. 십자가 안에서 내가 죽고 상대와 하나 되는 결혼은 새 창조입니다.

3. 다시 말씀하심(10~12절)

모세의 가르침을 따라 살아온 제자들은 예수님의 가르침을 단번에 이해하지 못하고 다시 묻습니다. 예수님은 이런 제자들을 위해 결혼은 두 사람의 육체적 결합을 넘어 한 몸을 이루는 영적 결합임을 다시 가르쳐 주십니다. 그러기에 본부(本夫)와 본처(本妻)를 버리며 시집가고 장가드는 것은 음행입니다. 결혼 전에는 신중히 생각

하되 일단 결혼했다면 배우자의 어떤 문제도 하나님의 섭리 가운데
있음을 믿고 이혼해서는 안 됩니다.

주님은 결혼을 지키고자 내가 눈물 흘리며 기도하고 순종한 것을
반드시 기억하십니다. 결혼생활을 통해 나를 거룩하게 하시며 그에
합당한 기업을 주십니다. 힘든 환경에서도 가정을 지키는 것은 거룩
을 이루기 위한 축복의 통로가 됩니다.

하나님 나라에 들어갈 자

마 가 복 음   1 0 장   1 3 절 ~ 1 6 절

    본문을 요약하면, 사람들이 예수님의 축복을 받도록 만지심을 바라며 어린아이들을 데리고 오자 제자들이 그들을 꾸짖습니다. 이를 보신 예수님은 노하시며 "어린아이들이 나에게 오는 것을 용납하고 금하지 말라"고 하십니다. 그리고 하나님의 나라는 어린아이와 같은 자의 것이라고 하시며 아이들을 안고 축복하십니다.

1. 제자들이 꾸짖거늘(13절)

    예수님이 하나님의 창조원리에 입각한 결혼에 대해 가르치신 후, 사람들이 예수님의 축복을 받고자 자신들의 아이들을 데려옵니다. 당시 랍비나 존경하는 사람에게 축복을 받게 하려고 자신의 어린아이를 데려오는 것은 하나의 관습적인 행위였습니다. 그러나 제자들은 이런 이유로 예수께 나아오는 이들이 끊이지 않자 그들을 꾸짖

228

으며 가로막습니다.

제자들은 예수님이 어린아이들을 축복해 주시는 일 말고도 해야 할 중요한 일들이 많다고 생각하여 그들을 가까이 오지 못하게 한 것입니다. 환경과 사건으로 하나님의 부르심을 받고 어린아이처럼 나아왔지만, 공동체에서 소외된 사람은 누구입니까? 그를 대하는 나의 태도와 마음은 어떻습니까? 이처럼 제자들과 같이 예수님의 관심사보다 내 열심이 가득 찬 행동은 예수님의 사역을 가로막는 걸림돌이 됩니다. 나의 열심이 예수님의 구원 사역을 가로막고 있는 행동은 무엇입니까?(13절).

2. 하나님 나라와 어린아이들(14, 15절)

예수님은 어린아이를 자신에게 데려오는 사람들을 꾸짖는 제자들을 향해 직접적으로 자신의 감정을 강하게 표현하십니다. 제자들의 분별없는 열심이 구원을 가로막고 있기에 심히 노하신 것입니다. 그리고 제자들에게 "하나님의 나라가 이런 어린아이와 같은 사람들의 것이다"라고 가르치십니다. 하나님의 나라는 '어린아이들처럼 순전하게 하나님을 의지하고 사모하는 자'의 것이기 때문입니다 (벧전 2:2).

어린아이는 타인에게 의존적이고 순종적입니다. 자기 자신을 의지하지 않고 하나님을 전적으로 의지하는 어린아이와 같은 자가 하나님의 나라를 소유한 자입니다. 어린아이는 어떤 상황에서도 혼자 문제를 해결하려 하기보다 먼저 잘 물어봅니다. 그들과 달리 내 생각으로 가득 차서 묻지 않고 행동하는 제자들의 열심은 하나님 나라의 일을 가로막을 뿐입니다.

하나님 나라는 돈으로도, 힘으로도, 벼슬로도, 지식으로도 들어갈 수 없습니다. 그런데도 내가 더욱 행복 하고자 계획하고 애쓰는 것은 무엇입니까?*(15절)*. 하나님과 교회공동체에 묻지 않고 내 생각으로 가득 차 행하려고 하는 일은 무엇입니까?*(14절)*.

3. 축복하시니라(16절)

제자들은 어린 자녀들을 데리고 예수께 나아오는 자들을 꾸짖으며 가로막았습니다. 하지만 예수님은 오히려 그 아이들을 사랑스럽게 안고 축복하십니다. '축복하다'는 미완료 과거 능동태로, 예수님이 지속적으로 축복을 베풀고 계시다는 것을 나타냅니다. 이것은 예수님이 아이들을 축복하려고 오랜 시간을 할애하셨음을 뜻합니다.

이렇게 예수님의 큰 복을 받은 아이들은 바로 그들의 부모가 데리고 온 것입니다. 최고의 부모는 이렇게 예수께로 자기 자녀를 데려오는 부모입니다. 좋은 부모, 나쁜 부모 할 것 없이 예수 믿게 해 준 부모가 최고의 부모입니다. 나의 자녀를 예수께 데려가기만 해도 오랫동안 큰 애정으로 안수하고 축복해 주십니다.

자신이 할 수 있는 것이 아무것도 없음을 알고 하나님만 의지하여 십자가의 길을 걸어가는 성도는 하나님의 어린아이입니다. 이 땅에 고난과 수고를 당할지라도 하나님 나라의 가치관으로 살아가도록 내가 안아주고 축복해 주어야 할 사람은 누구입니까?(16절). 나의 영적, 육적 자녀를 어떤 자리로 데려가고 있습니까? 세상 성공을 위한 자리입니까, 아니면 말씀을 듣게 하는 자리입니까?(16절).

편견을 버리지 못한 제자들에게 어린아이란 그저 귀찮기만 한 존재입니다. 그들처럼 하나님 나라의 가치관이 없는 사람은 환경과 사건으로 하나님의 부르심을 받고 찾아와, 어린아이와 같이 예수님의 손길이 갈급한 사람들을 외면하고 쫓아냅니다. 그러나 하나님의 나라는 어린아이처럼 순전함으로 하나님을 사모하고 의지하며 자신을 맡기는 자의 것입니다(벧전 2:2).

예수께서 십자가로 열어놓으신 하나님 나라를 누리며, 그 십자가를 내가 가야 할 길로 여기고 살아가는 우리는 하나님의 어린아이입니다. 하지만 하나님 나라의 가치관으로 이 땅에 사는 우리가 당하게 될 고난과 수고도 있습니다. 그것을 잘 아시는 예수님은 우리를 안고 안수하며 축복해 주십니다.

하나님 나라에 들어갈 자격은 누가 얻습니까? 종처럼, 아이처럼 정말 원치 않을지라도 순종하고 따르는 자만이 그 자격을 얻을 수 있습니다. 예수님께서는 그런 자를 겸손하다고 칭하였습니다.

억지로라도 순종해야 합니다. 억지로라도 나 자신을 낮추고 겸손함을 몸에 익히고 자신을 부인할 때 하나님 나라에 들어가게 될 줄로 믿습니다. 우리 모두 어린아이와 같은 겸손과 순종으로 하나님의 나라에 들어갈 수 있기를 소원합니다.

부자와 하나님 나라

마 가 복 음 1 0 장 1 7 절 ~ 3 1 절

본문 말씀을 세 단락으로 나누어 생각해봅시다. 첫째는 '근심하며 가니라'(17~22절)입니다. 둘째는 '부자와 하나님 나라'(23~27절)입니다. 셋째는 '먼저 된 자와 나중 된 자'(28~31절)입니다.

1. 근심하며 가니라(17~22절)

본문 17절을 다 함께 읽어봅시다.

"예수께서 길에 나가실새 한 사람이 달려와서 꿇어앉아 묻자오되 선한 선생님이여 내가 무엇을 하여야 영생을 얻으리이까?"

예수께 나아온 '한 사람'은 신앙의 연륜과 겸손함까지 갖춘 데다가 영생에도 관심이 있습니다. 이 부자 청년 관원은(마 19:16~30, 눅

18:15~17) '하나님을 굉장히 사랑하는 사람'이고, '하나님의 계명을 지키려는 사람'이며, '영생을 위해서라면 무엇이든 하고 싶은 사람'이었습니다. 그래서 21절에 보면 "예수께서 그를 보시고 사랑하사 이르시되"라고 합니다. 예수님이 사랑하실 만큼 그 마음의 중심이 하나님을 사랑하는 사람이었다는 것입니다. 부자 청년 관원의 질문에 주님은 두 가지 대답을 주십니다. 먼저 '선한 선생님'이라고 칭한 것에 대한 답변입니다. 18절을 다 함께 봅시다.

"예수께서 이르시되 네가 어찌하여 나를 선하다 일컫느냐 하나님 한 분 외에는 선한 이가 없느니라."

예수님께서는 인간은 선에 도달할 수 없다는 이야기를 하셨습니다. 우리는 우리의 힘과 노력으로 선과 영생에 도달할 수 없다는 이야기입니다. 그러면서 두 번째 질문에 대한 답을 주심과 동시에 "네가 알고 있지 않느냐"고 물으십니다. 19절을 다 함께 읽어봅시다.

"네가 계명을 아나니 살인하지 말라, 간음하지 말라, 도둑질하지 말라, 거짓 증언 하지 말라, 속여 빼앗지 말라, 네 부모를 공경하라 하였느니라"(출 20:12~16, 신 5:16~20).

주님은 이 부자 관원이 계명을 잘 지키는 청년이라는 것과 주님을 사랑한다는 것을 잘 알고 계셨습니다. 그런데 그는 예수님을 '주님'

이 아닌 '선한 선생님'이라고 부릅니다. 이것은 그가 예수님이 아닌 다른 것을 삶의 주인으로 모시고 있음을 나타냅니다. 이것을 아신 예수님은 계명을 지키고 재물을 다 팔아 가난한 자들에게 나눠 주면 영생을 얻을 것이라고 하십니다. 20, 21절을 다 함께 읽어 봅시다.

"그가 여짜오되 선생님이여 이것은 내가 어려서부터 다 지켰나이다. 예수께서 그를 보시고 사랑하사 이르시되 네게 아직도 한 가지 부족한 것이 있으니 가서 네게 있는 것을 다 팔아 가난한 자들에게 주라 그리하면 하늘에서 보화가 네게 있으리라 그리고 와서 나를 따르라 하시니."

계명을 다 지켰다고 생각하는 이 청년이 과연 계명을 다 지킨 것이 맞을까요? 22절을 보십시오. "그 사람은 재물이 많은 고로 이 말씀으로 인하여 슬픈 기색을 띠고 근심하며 가니라." 십계명의 핵심은 하나님 사랑(1~4계명)과 이웃 사랑(5~10계명)입니다. 그런데 이 계명을 지키는 길은 이웃에게 나의 시간과 물질을 사용하는 것입니다. 재물을 포기하지 못하고 근심하며 돌아간 사람은 결국 "하나님 외에 다른 신을 섬기지 말라"는 첫 계명부터 어기고 있음을 보여 줍니다.

부자 청년은 하나님의 절대적 선을 지킬 수가 없었습니다. 청년은 "무엇을 하여야 영생을 얻으리이까?"라고 물었으나 "무엇을 해서는 영생을 못 얻는다"는 말씀이었던 것입니다. 결국, 하나님이 만들어 놓으신 길을 받아들이는 것만이 구원의 길이라는 것을 암시하고 있는 것입니다.

내 삶의 주인은 예수님입니까, 아니면 돈이나 지위, 학벌입니까? 하나님이 내게 맡겨주신 물질을 영혼 구원을 위해서 사용하고 있습니까?*(17, 21절)*.

2. 부자와 하나님 나라*(23~27절)*
23~25절을 다 함께 읽어 봅시다.

"예수께서 둘러 보시고 제자들에게 이르시되 재물이 있는 자는 하나님의 나라에 들어가기가 심히 어렵도다 하시니, 제자들이 그 말씀에 놀라는지라. 예수께서 다시 대답하여 이르시되 애들아 하나님의 나라에 들어가기가 얼마나 어려운지, 낙타가 바늘귀로 나가는 것이 부자가 하나님의 나라에 들어가는 것보다 쉬우니라 하시니".

예수님은 사람 속에서 제자들을 양육하십니다. "재물이 있는 자는 하나님 나라에 들어가기가 심히 어렵다"고 하시며 '낙타와 바늘귀' 비유로 가르치십니다. 낙타가 바늘귀로 나가는 게 가능할까요? 결국, 부자가 천국에 들어가는 것은 불가능하다는 이야기입니다. 그러니까 제자들이 너무 놀라 "그렇다면 누가 구원을 얻을 수 있느냐"*(26절)*라고 묻습니다. 이때 예수님의 대답은 27절입니다.

"예수께서 그들을 보시며 이르시되 사람으로는 할 수 없으되 하나님으로는 그렇지 아니하니 하나님으로서는 다 하실 수 있느니라."

부자도 하나님 나라에 들어갈 수 있으나 조건이 있다는 것입니다. 물론 쉬운 일은 아닙니다. 그러나 청지기의 삶을 살아가는 사람들에게는 충분히 가능한 이야기입니다. 하나님의 성령으로 거듭난 사람, 하나님의 생명을 받은 사람은 낙타라도 바늘귀로 나갈 수 있습니다.

우리가 천국 가는 길에 가장 방해되는 요소가 재물입니다. 이 땅에서 많은 것을 소유하면 할수록 내려놓기가 어렵기 때문입니다. 그러나 재산이 많다고 해서 모두 부자는 아닙니다. 몇천억이 있어도 주님의 것으로 알고 예수님을 인생의 주인으로 모신 사람은 부자가 아닙니다. 시간과 지위와 학벌도 하나님의 것이 아닌 내 것으로 여기면 부자입니다. 결국, 어느 것 하나 내 것이 아님을 깨닫게 되는 고난이 나를 사랑하시는 하나님의 능력이며, 그 십자가가 나를 천국으로 이끕니다.

내게 잠시 맡겨주신 모든 것을 주님의 것으로 여깁니까, 아니면 내 것으로 여깁니까? 나는 무엇을 내 것으로 여기는 부자입니까?*(23, 25절)*.

3. 먼저 된 자와 나중 된 자(28~31절)

28~30절을 다 함께 읽어 봅시다.

"베드로가 여짜와 이르되 보소서 우리가 모든 것을 버리고 주를 따랐나이다. 예수께서 이르시되 내가 진실로 너희에게 이르노니 나와 복음을 위하여 집이나 형제나 자매나 어머나나 아버지나 자식이나 전토를 버린 자는, 현세에 있어 집과 형제와 자매와 어머니와 자식과 전토를 백 배나 받되 박해를 겸하여 받고 내세에 영생을 받지 못할 자가 없느니라."

부자들이 돈을 내려놓지 못하는 가장 큰 이유가 가족 때문입니다. 가족을 객관적으로 볼 수 없기에 집과 전토를 포기하지 못하고, 내 가족이 잘되기만을 바라며 이 땅을 살아가는 것입니다. 그런데 29절에 '버린다'는 말은 '주께 맡긴다'는 것을 뜻합니다. 그냥 버리는 게 아니고 '복음을 위하여', '하나님 나라를 위하여', '하나님의 말씀을 지키기 위하여', '하나님의 말씀에 순종하기 위하여' 버려야 함을 다시 강조한 것입니다.

이것은 내가 버렸기에 주님이 더 많이 주실 것이라는 이 땅의 보상 개념이 아닙니다. 내 것으로 여기던 것들을 내려놓고 눈물로 인내하며 기다릴 때, 하나님이 반드시 구원을 이루어주시리라는 믿음입니다. 다 버리면 백배나 복을 받습니다. 그러나 분명한 것은 핍박도 함께 받는다는 사실입니다. 좁은 길로 가는 것이 영생에 이르는 길입니다. 그러면서 마지막 31절에서 한 말씀 더 하십니다.

"그러나 먼저 된 자로서 나중 되고 나중 된 자로서 먼저 될 자가 많으니라."

  이 말씀은 처음에는 예수 믿고 잘 버리고 따르다가 마지막에 명예
도 붙들고, 재물도 붙들고, 지위도 붙들어 나중 된 사람을 이야기 한
것일 수도 있습니다. 한 마디로 경고의 메시지입니다. 구원은 오직
주께 속한 영역입니다. 그러기에 성도는 먼저 주님을 알게 되었다고
교만할 필요도, 먼저 된 자와 비교하며 부러워할 필요도 없습니다.
주님은 나의 부족함과 연약함을 쓰십니다.

  주께 맡기지 못하고 내 것이라고 여기는 것은 무엇입니까? 남과
비교하며 먼저 됨을 자랑하거나 나중 됨을 슬퍼하고 있지는 않습니
까?*(29~31절)*.

성경적 리더십

마 가 복 음 1 0 장 3 2 절 ~ 4 5 절

본문 말씀은 하나의 이야기지만 자세하게 세 단락으로 구분해 볼 수 있습니다. 예수님이 십자가에서 고난 당하고 부활하신다는 세 번째 계시의 말씀(32~34절)과 야고보, 요한이 예수님께 한 자리 달라고 청탁하는 내용(35~40절), 그리고 마지막으로 예수님이 야고보, 요한의 이야기를 듣고 진정한 리더십이 무엇인지 가르치시는 말씀(41~45절)입니다.

1. 세 번째 계시

32절부터 34절을 다 함께 읽어봅시다.

"예루살렘으로 올라가는 길에 예수께서 그들 앞에 서서 가시는데 그들이 놀라고 따르는 자들은 두려워하더라. 이에 다시 열두 제자를 데리시고 자기가 당할 일을 말씀하여 이르시되, 보라 우리가 예루살렘에 올라가노니 인자가 대제사장들과 서기관들에게 넘겨지매 그들이 죽이기로 결의하고 이방인들에게 넘겨주겠고, 그들은 능욕하며 침 뱉으며 채찍질하고 죽일 것이나 그는 삼 일 만에 살아나리라 하시니라."

예수님은 십자가에서 죽으시고 사흘 만에 부활하신다는 구체적인 계시의 말씀을 제자들에게 가르쳐주십니다. 마가복음 8장 31절에서 첫 번째 계시를 하시고, 마가복음 9장 31절에서 두 번째 계시를, 그리고 본문에서 세 번째로 계시의 말씀을 조금 더 자세하게 하고 계신 것입니다. 주님이 세 번째 계시의 말씀을 주실 때의 상황을 살펴보면 "예루살렘으로 올라가는 길에 예수께서 그들 앞에 서서 가시는데 그들이 놀라고 따르는 자들은 두려워하더라"(32절)라고 했습니다.

예수님이 예루살렘에 올라가시는 데 앞장서서 담대하게 걸어가시는 것입니다. 그 죽으러 가시는 모습은 너무나 담대한 진정한 리더의 모습입니다. 우리를 위해 대신 죽으러 가시는 모습, 그러나 조금의 거리낌도 없고, 무서워하는 기색도 없는 모습이었습니다. 그 뒤를 따르는 제자들은 놀라고 두려워합니다.

아마도 예수님은 그의 생애 마지막 시간이 다가오면서 기적을 나타내시기보다 가르치는 일에 집중하신 모습입니다. 예수님은 가르침을 통해 첫째로 자신이 메시아로서 죽고 부활하실 것에 대해 말씀하셨습니다. 그리고 두 번째로는 주님이 죽으시고 부활하시고 난 다음 제자의 삶에 대해서 많이 가르치셨을 것으로 보입니다. '버리고 따르는 자'가 바로 제자라는 말씀과 제자가 되기 위해서는 자기를 부인하고 자기 십자가를 져야 된다는 말씀입니다. 이런 말씀을 들으면서 제자들의 마음속에는 '두려움'이 있었을 것입니다.

2. 야고보와 요한의 청탁
35절을 다 함께 읽어봅시다.

"세베대의 아들 야고보와 요한이 주께 나아와 여짜오되 선생님이여 무엇이든지 우리가 구하는 바를 우리에게 하여 주시기를 원하옵나이다."

야고보와 요한이 이상한 질문을 합니다. 마태복음에 의하면 세베대의 아들들의 어머니가 예수님께 이 로비활동을 했다고 합니다. 마태, 마가, 요한복음을 비교해 보면 예수님의 십자가 주위에 서 있던 여인 네 사람이 있었는데, 그중 한 명이 살로메 혹은 예수님의 이모라는 표현을 하고 있고, 그 사람은 세베대의 아들들의 어머니란 이름으로 나옵니다.

그래서 아마 이러한 추측이 가능한 것 같습니다. 마리아의 누이일 것이라는 해석입니다. 야고보와 요한은 예수님의 사촌이 됩니다. 다시 말해 이런 친척 관계를 이용해 로비활동을 하고 있는 장면입니다. 37절을 다 함께 읽어봅시다.

"여짜오되 주의 영광 중에서 우리를 하나는 주의 우편에, 하나는 좌편에 앉게 하여 주옵소서."

이것은 무엇을 의미합니까? 야고보와 요한의 생각 가운데 여전히 메시아는 다윗의 왕국을 다시 건설할 분으로 인식하고 있었다는 것입니다. 그래서 예수님이 예루살렘에 들어가서 로마 군대를 쫓아내고 다윗 시대의 메시아 왕국을 건설할 것이라는 믿음으로 이와 같은 청탁을 한 것이었습니다. 참 세속적인 모습입니다.

예수님은 항상 제자들이 세속적인 욕망이나 잘못된 생각을 드러낼 때 그들을 멘토링하셨습니다. 본문에서도 그들의 청탁을 듣고 이렇게 말씀하십니다. 38절을 보십시오.

"예수께서 이르시되 너희는 너희가 구하는 것을 알지 못하는도다 내가 마시는 잔을 너희가 마실 수 있으며 내가 받는 세례를 너희가 받을 수 있느냐?"

주님 말씀하시는 '내 잔', '내 세례'는 무엇을 의미합니까? 그 잔은 십자가를 지는 고난의 잔을 의미합니다. 주님이 십자가에 죽으실 때 모든 인류의 죄를 향한 하나님의 심판과 진노가 예수님 위에

다 쏟아졌기 때문입니다. 바로 그 잔을 받을 수 있겠느냐고 묻고 계신 것입니다.

그렇다면 '세례'는 무엇을 의미합니까? 로마서 6장에 의하면 세례는 죽음을 상징하는 것입니다. 옛사람은 죽고 그리스도 안에서 새사람으로 다시 태어나는 것입니다. 그러므로 여기에서 말하는 잔과 세례는 십자가 고난을 의미하는 것입니다. 그런데 39절 상반절에서 "그들이 말하되 할 수 있나이다"라고 합니다.

그들은 아마도 생각했을 것입니다. 다윗의 왕국을 건설하기 위해서는 전쟁도 할 것이고, 어쩌면 감옥에 갇힐 수도 있을 것이나 그정도 고난은 받겠다는 것입니다. 그런 의미에서 할 수 있다고 대답했던 것 같습니다. 그러자 예수님이 말씀하십니다. 39~40절을 보십시오.

"그들이 말하되 할 수 있나이다 예수께서 이르시되 너희는 내가 마시는 잔을 마시며 내가 받는 세례를 받으려니와 내 좌우편에 앉는 것은 내가 줄 것이 아니라 누구를 위하여 준비되었든지 그들이 얻을 것이니라."

주님이 결정할 일이 아니라는 것입니다. 진짜 잔을 마시고 세례를 받는 자가 그 자리를 차지할 것이라는 말씀이었습니다.

3. 진정한 리더십

그 이야기를 들은 나머지 열 제자들은 흥분했습니다. 그들이 화를 낸 이유는 무엇이었습니까? 자기들 모르게 살짝 가서 로비했다는 것입니다. 그러니까 예수님이 열두 제자를 다 불러서 귀한 가르침을 주십니다. 42절을 보십시오. "예수께서 불러다가 이르시되 이방인의 집권자들이 그들을 임의로 주관하고 그 고관들이 그들에게 권세를 부리는 줄을 너희가 알거니와"라고 하셨습니다.

이는 "너희들처럼 자리싸움하고 그 자리를 얻으면 남을 핍박해서 또 돈을 긁어내고 이것이 너희들이 하는 일이냐? 너희들도 그렇게 되기 원하느냐? 그게 너희들이 원하는 리더의 모습이냐?"라고 꾸짖으신 내용입니다. 그렇게 권세의 자리에 앉아서 다른 사람을 부려먹기 위해서, 다른 사람이 너를 섬기게 하기 위해서, 그들의 것을 빼앗기 위해서 리더가 되겠느냐는 질문입니다. 43, 44절을 다 함께 읽어봅시다.

"너희 중에는 그렇지 않을지니 너희 중에 누구든지 크고자 하는 자는 너희를 섬기는 자가 되고, 너희 중에 누구든지 으뜸이 되고자 하는 자는 모든 사람의 종이 되어야 하리라."

이것이 바로 성경적 리더십입니다. 주님은 지금 이것을 우리에게 가르치고 있는 것입니다. 세상의 리더십과 성경적 리더십에는 분명한 차이가 있습니다. 주님이 오신 근본적인 이유를 45절에서 말씀

244

하십니다.

"인자가 온 것은 섬김을 받으려 함이 아니라 도리어 섬기려 하고 자기 목숨을 많은 사람의 대속물로 주려 함이니라."

예수님은 말씀을 통해 성경적 리더십을 보여주셨습니다. 성경적 리더란 섬김의 리더이고 종의 리더입니다. 다른 사람을 위해 섬기는 자가 하늘나라에서 큰 자가 될 것이라는 말씀입니다. 그러므로 높이 되려고 애쓸 필요가 없습니다. 섬기기 위해 노력하는 것이 값진 것입니다. 그 사람이 바로 하늘나라에서 큰 자가 될 것입니다.

나를 불쌍히 여기소서

마 가 복 음 1 0 장 4 6 절 ~ 5 2 절

　소경 바디매오를 고치신 이야기는 마가복음 가운데 마지막 치유 사건입니다. 11장부터 마지막 16장의 예수님이 돌아가시고 부활하시기까지는 치유의 사건이 기록되어 있지 않습니다. 그래서 이 바디매오를 치유하신 사건에는 중요한 의미가 담긴 것 같습니다. 마가복음을 보면 예수님께서 8장까지는 주로 갈릴리에서만 사역하시다가 9장과 10장으로 오면서 예루살렘으로 올라가고 계십니다. 그리고 11장으로 넘어가면 예루살렘 사람들을 만납니다.

　갈릴리 사람들은 가난한 사람들이었습니다. 그러나 그들은 순수했고 예수님을 잘 따랐기 때문에 예수님은 그 가운데 기적과 치유와 역사를 많이 일으켜 주셨습니다. 반면 예루살렘 사람들은 늘 예수님을 대적했습니다. 예수님을 믿지 않았기 때문에 거기서는 기적을 행할 수가 없으셨습니다. 그들은 스스로 하나님을 안다고 이야기하고, 자기들은 머리가 좋다고 이야기하고, 모세의 율법도 안다고 했지만, 영적으로는 눈먼 사람들이었던 것입니다.

다윗의 자손을 외친 바디매오

본문에 보면 예수님이 여리고로 들어가셨습니다. 거기에서 바디매오라는 소경을 만납니다. 그는 율법적으로 말하면 저주받은 사람이었습니다. 여리고라는 성 자체가 저주받은 도시입니다.

여호수아 6장에 보면 여호수아 장군이 이끄는 이스라엘 백성들이 여리고 성에 들어가려고 할 때, 여리고 성 사람 전체가 하나님의 백성을 대적했습니다. 그래서 여호수아가 여리고 성을 무너뜨리고 난 다음에 "이 성을 다시 건축하는 자는 저주를 받을 것"이라고 한 것입니다. "기초를 쌓을 때 첫아들을 잃어버릴 것이라"는 저주였습니다. 그래서 실제로 지금도 여리고에 가보면 옛날 모습 그대로입니다. 길도 집도 엉망입니다. 건축가들이 손을 대지 못하고 있는 모습입니다.

그런데 그 저주받은 여리고 성 안에 저주받은 한 사람이 살고 있었다는 말씀입니다. 사회로부터 격리되어 혼자서 살아가는 소경이었습니다. 그는 소경이었지만 무언가 기다리는 마음이 있었습니다. 그의 외치는 소리를 들으면 알 수 있습니다. 47절을 다 함께 읽어봅시다.

"나사렛 예수시란 말을 듣고 소리 질러 이르되 다윗의 자손 예수여 나를 불쌍히 여기소서 하거늘."

거지가 소리를 지르자 사람들이 막 야단을 칩니다. 그러니까 더 소리를 지릅니다. 48절을 다 함께 읽어봅시다.

"많은 사람이 꾸짖어 잠잠하라 하되 그가 더욱 크게 소리 질러 이르되 다윗의 자손이여 나를 불쌍히 여기소서 하는지라."

예수님이 치유한 사람 가운데 예수님을 향해서 '다윗의 자손이여'라고 부르짖은 사람은 없었습니다. 굉장히 중요한 이야기입니다. 당시 유대인들은 메시아가 오기를 기다리고 있었습니다. 메시아가 오면 다윗의 영광을 다시 회복시킬 것으로 믿고 있었기 때문입니다. 다시 말해서 메시아는 다윗의 자손으로 온다는 것을 믿고 있었다는 것입니다. 그 메시아가 오면 첫 번째 중요하게 할 일에 대해서 이사야가 예언한 말씀이 있습니다. 이사야 35장 5, 6절을 보십시오.

"그때에 맹인의 눈이 밝을 것이며 못 듣는 사람의 귀가 열릴 것이며, 그 때에 저는 자는 사슴 같이 뛸 것이며 말 못하는 자의 혀는 노래하리니 이는 광야에서 물이 솟겠고 사막에서 시내가 흐를 것임이라."

놀랍게도 바디매오가 "다윗의 자손 예수여 나를 불쌍히 여기소서"라고 한 것이었습니다. 그는 예수님이 메시아라는 것과 그렇기 때문에 메시아가 오면 자신의 눈은 뜰 것이라는 믿음이 있었다는 사실입니다. 49절을 다 함께 읽어봅시다.

"예수께서 머물러 서서 그를 부르라 하시니 그들이 그 맹인을 부르며 이르되 안심하고 일어나라 그가 너를 부르신다 하매."

바디매오의 부르짖음을 듣자마자 예수님께서 멈춰서십니다. 놀라운 믿음의 소리를 들었기 때문입니다. 예수님이 자기에게 관심을 가진다는 것을 듣는 순간 바디매오는 겉옷을 집어 던졌습니다. 거지에게 겉옷은 매우 중요합니다. 거지의 옷을 입고 있는 걸 봐야 사람들이 불쌍한 마음을 가지고 돈을 주기 때문입니다. 그런데도 옷을 집어 던져버렸다는 것은 그만큼 예수님을 기다렸고, 비록 거지로 살고 있지만, 마음의 중심은 예수님을 갈급하고 있었다는 사실을 보여 주고 있는 것입니다. 본문 50, 51절을 다 함께 읽어봅시다.

"맹인이 겉옷을 내버리고 뛰어 일어나 예수께 나아오거늘, 예수께서 말씀하여 이르시되 네게 무엇을 하여 주기를 원하느냐 맹인이 이르되 선생님이여 보기를 원하나이다."

소경은 앞이 보이지 않으므로 겁이 났을 텐데도 뛰었다고 성경은 기록합니다. 그만큼 갈급했다는 이야기입니다. 그 모습을 본 예수님께서 일어나서 "네게 무엇을 하여 주기를 원하느냐"라고 물으셨습니다. 그러자 소경은 즉시 대답합니다. "선생님이여, 보기를 원하나이다." 그러자 예수님께서도 치유와 구원의 선포를 하십니다. 52절을 보십시오.

"예수께서 이르시되 가라 네 믿음이 너를 구원하였느니라 하시니 그가 곧 보게 되어 예수를 길에서 따르니라."

바디매오의 믿음

우리는 여기에서 두 가지 중요한 이야기를 발견하게 됩니다. 첫째로는 '바로 나았다'는 것이며, 두 번째로는 '예수님을 따랐다'는 것입니다. 예수님께서는 귀신들린 사람, 군대 귀신들린 사람이 나았을 때 집에 가서 나은 것을 알리라고 하셨지, 그들이 예수님을 따라오는 것을 허락하지는 않으셨습니다. 그런데 소경 바디매오에게는 따라오는 걸 허락하셨습니다. 왜일까요? 그에게는 예수님이 누군지를 보는 믿음이 있었기 때문입니다.

누가 예수를 따르는 제자가 될 수 있습니까? 착한 사람, 치유 받은 사람, 축복받은 사람 모두 중요하지만, 그 마음속에 '예수님은 메시아요, 하나님 나라를 이 땅에 가져오실 나의 왕이시다'라는 믿음을 가진 사람만이 끝까지 예수님을 따를 수 있다는 말씀입니다.

그 믿음이 없는 사람은 언젠가는 중간에 포기하기 마련입니다. 언젠가는 세상으로 돌아갑니다. 세상적인 생각으로 가득 차 있기 때문입니다. 습관입니다. 늘 귀신에게 억눌려 살던 그 습관대로 다시 세상으로 돌아가게 되어 있다는 것입니다. 빵을 구하는 사람은 매일 빵 달라는 이야기만 할 것이 분명합니다. 예수님을 따를 생각을 안 합니다. 그러나 바디매오는 저주받은 환경 속에서도 예수님이 누군지를 알고 있었다는 것입니다. 그리고 그는 기다렸습니다.

예수님을 단순히 좋은 분, 축복하시는 분, 치유하시는 분, 평강을 주시는 분으로 인식해서는 안 됩니다. 예수님은 영원한 하나님 나라를 가져오시는 분이라는 믿음이 있어야 합니다. 그러므로 이 땅에서 어려움 당하는 것은 아무것도 아니라는 믿음, 그분의 나라가 임할 때까지 그분을 따를 것이라는 믿음이 있어야 합니다. 예수님을 잘 안다고 했던 바리새인들과 서기관들은 오히려 눈이 감겨 있어 예수님을 따르기는커녕 못 박았습니다. 이 사실을 기억해야 합니다.

예수님에 대해 듣고 아는 것은 많으나 마음속으로 영접하지 않은 사람들은 위험한 사람들입니다. 오늘날 세대가 그런 것 같습니다. 기독교가 전 세계에 전파되면서 많은 사람이 교회를 다니고 있지만 예수님 당시 종교지도자들처럼 똑같은 상황에 빠진 눈먼 소경들이 많다는 사실입니다. 스스로 예수님에 대해 잘 안다고 하지만 실제로는 눈 먼 사람이 아닌가 한 번 돌아볼 수 있기를 바랍니다. 성경을 연구하면서 바디매오처럼 믿음을 가지고 예수님을 따르는 제자가 되어야 할 것입니다.

주께 '불쌍히 여겨 달라'고 간절히 기도해야 할 내 몸과 마음의 병은 무엇입니까? 또 누구를 위해 주께 기도하고 있습니까?(47, 48절). 나는 어떤 겉옷을 걸치고 있습니까? 나와 내 가족의 구원을 위해 내가 벗어 버려야 할 겉옷은 무엇입니까?(50절). 내 영혼의 눈은 떠 있습니까? 감겨 있습니까? 내가 믿음으로 따라가야 할 길은 어느 길입니까?(52절).

4부

예루살렘에서
전도하시는
예수님

예루살렘에서 전도하시는
예수님

그들이 예루살렘에 가까이 와서 감람 산 벳바게와
베다니에 이르렀을 때에 예수께서 제자 중 둘을
보내시며
이르시되 너희는 맞은편 마을로 가라 그리로 들어가면
곧 아직 아무도 타 보지 않은 나귀 새끼가 매여 있는
것을 보리니 풀어 끌고 오라
만일 누가 너희에게 왜 이렇게 하느냐 묻거든 주가
쓰시겠다 하라 그리하면 즉시 이리로 보내리라 하시니
제자들이 가서 본즉 나귀 새끼가 문 앞 거리에 매여
있는지라 그것을 푸니
거기 서 있는 사람 중 어떤 이들이 이르되 나귀 새끼를
풀어 무엇 하려느냐 하매
제자들이 예수께서 이르신 대로 말한대 이에
허락하는지라

마가복음 11:1-6

주여 우리를 구원하소서

마 가 복 음 1 1 장 1 절 ~ 1 1 절

본문 말씀은 예수님의 예루살렘 입성에 대한 이야기입니다. 이 말씀을 통해 마가는 우리에게 어떠한 메시지를 전달하기 원했을까요? 우리는 본문 말씀을 통해 세 가지 질문을 해 볼 수 있습니다. 먼저 본문 1절을 다 함께 읽어봅시다.

"그들이 예루살렘에 가까이 와서 감람산 벳바게와 베다니에 이르렀을 때에 예수께서 제자 중 둘을 보내시며."

첫 번째는 '왜 베다니에 머무셨는가?'라는 질문입니다. 예수님이 갈릴리에서 요르단 땅을 거쳐 여리고로 넘어오시고 지금 예루살렘으로 드디어 올라가시는 방면입니다. 여리고부터 예루살렘까지는 계속 오르막길입니다. 더욱이 예수님은 감람산 쪽으로 들어가셨는데, 감람산은 예루살렘 성전이 있는 곳보다도 40m 정도가 더 높은 곳입니다. 그래서 그곳에 서면 예루살렘 성전이 다 보입니다. 감람산 기슭에 '벳바게'라고 하는 마을이 있고, 또 '베다니'라는 마을이 있습니다. 지금은 아랍 사람들이 살고 있는 동네입니다. 그곳 베다니에 예수님이 머무셨던 것입니다.

예수님은 예루살렘에서 논쟁도 하시고 또 여러 가지 사역을 하시다가 저녁때가 되면 베다니로 돌아와 주무시곤 하셨던 것 같습니다. 마치 베다니가 예수님의 사역의 전진기지 혹은 베이스처럼 보입니다. 왜 이런 이야기를 하고 있을까요?

예수님은 유월절 절기 때 예루살렘에서 머무실 자격이 있는 유일한 분이셨습니다. 그럼에도 불구하고 예루살렘에 머물지 않으시고 베다니에 머무셨다는 것은 예루살렘은 예수님을 영접하지 않았다는 것입니다. 오히려 예루살렘 성 밖에 있는 나사로와 마리아와 마르다가 예수님을 영접했고, 주님은 자신을 영접하는 곳에 머무르기를 원하신 것이 아니었는가 생각해보게 됩니다.

그러면서 또한 생각해 볼 수 있는 것은 이때는 유월절입니다. 유월절 때는 유월절 절기를 지키기 위해 양들을 심사하고 검사해서 데리고 있다가 잡게 되어 있었습니다. 다시 말해 양들에게 흠이 있는지를 살펴보기 위해서 베다니에 머무시면서 나흘 동안 왔다갔다하신 것이 아니었는가 하는 의문입니다. 또 다른 한편으로는 예수님이 하나님의 흠 없는 어린양으로서 심문을 받으신 기간이 아니었는가도 생각됩니다. 그 일을 위해서 예수님은 예루살렘 바깥에 머무시면서 유월절 어린양으로서의 조사를 받으신 것입니다.

두 번째는 '왜 나귀 새끼였는가?'라는 질문입니다. 예수님은 아무런 의미 없이 행동하신 일이 없었습니다. 다시 말해 예수님이 나귀 새끼를 타신 것은 예언을 성취하기 위한 것이었다는 의미입니다. 예수님의 삶 자체가 예언을 성취하기 위한 것이었습니다. 하나님께서 스가랴 선지자를 통해서 미리 예언하신 말씀이 스가랴 9장 9절에 기록되어 있습니다.

"시온의 딸아 크게 기뻐할지어다. 예루살렘의 딸아 즐거이 부를지어다. 보라 네 왕이 네게 임하시나니 그는 공의로우시며 구원을 베푸시며 겸손하여서 나귀를 타시나니 나귀의 작은 것 곧 나귀새끼니라."

하나님께서는 스가랴 선지자를 통해 이미 몇천 년 전에 메시아인 왕이 예루살렘에 들어와 이스라엘 백성들을 구원할 것인데, 그 왕으로 오신 메시아는 나귀 새끼를 타고 온다고 예언하였습니다. 그렇다면 왜 나귀 새끼입니까? 그분은 겸손한 분이시기 때문입니다. 그렇다면 이런 의문도 가져볼 수 있습니다. 예수님이 나귀 새끼를 타야 하는 것을 알고 계셨다면 미리 준비하셨으면 되었을 텐데, 왜 남의 나귀 새끼를 얻으셨느냐는 것입니다. 그러나 예수님은 신적인 지혜를 가진 분이셨습니다. 다시 말해 이미 예수님이 탈 나귀 새끼를 하나님이 준비해놓으신 걸 알고 계셨다는 뜻입니다. 본문 2, 3절을 다 함께 읽어봅시다.

"이르시되 너희는 맞은편 마을로 가라 그리로 들어가면 곧 아직 아무도 타 보지 않은 나귀 새끼가 매여 있는 것을 보리니 풀어 끌고 오라. 만일 누가 너희에게 왜 이렇게 하느냐 묻거든 주가 쓰시겠다 하라 그리하면 즉시 이리로 보내리라 하시니."

이 말을 들은 제자들이 들어가 보니까 진짜 나귀 새끼가 매여 있었습니다. 그래서 그것을 풀 때 거기 있는 사람들이 "나귀 새끼를 풀어 무엇 하려느냐"(5절)라고 합니다. '왜 가져가느냐?'가 아니라 '어디에 쓰려고 그러느냐?'라는 질문입니다. 그리고 그들은 제자들의 대답을 듣고는 아무 말도 하지 않고 내어줬다는 것입니다.

당시 유대인들의 관습 중에 고르반이라는 것이 있었습니다. 고르반은 "주님을 위해서 이 물건은 내가 따로 내놨다"라고 하는 것입니다. 이 나귀 새끼는 주인이 주님의 일을 위해서 내놓은 나귀 새끼였습니다. 고르반으로 내놓은 집들도 있었습니다. 그러면 당시 제사장들이 사역을 위해 예루살렘에 머무는 동안 그 집을 쓰게 되는 것이었습니다. 그렇게 어떤 사람은 나귀 새끼를, 또 어떤 사람은 집을 고르반으로 드렸습니다.

그런데 놀랍게도 이 나귀 새끼는 한 번도 타 보지 않은 나귀 새끼였습니다. 그 말은 그날 처음 고르반으로 내놓은 나귀 새끼라는 것입니다. 구약성경에 보면 메시아로 오는 왕 되신 주님은 아무도 타지 않은 말 혹은 나귀 새끼를 타게 되어있습니다. 예언을 성취하기 위해 주님께서는 한 번도 타 보지 아니한 나귀 새끼를 타신 것입니다. 이처럼 주님의 삶은 예언적인 삶이었습니다. 9절과 10절을 다 함께 읽어봅시다.

"앞에서 가고 뒤에서 따르는 자들이 소리 지르되 호산나 찬송하리로다 주의 이름으로 오시는 이여! 찬송하리로다 오는 우리 조상 다윗의 나라여 가장 높은 곳에서 호산나 하더라."

사람들이 똑같이 외쳤다고 합니다. 놀랍지 않습니까? "호산나, 호산나"하고 외쳤다는 것은 "주여 구하옵나니 우리를 구원하소서"라는 의미입니다. 이것은 메시아의 노래입니다. 예수님을 메시아로 알았다는 것입니다.

시편 113편부터 118편까지 할렐송이라고 이야기합니다. 이 노래는 메시아를 영접할 때 부르는 노래입니다. 이스라엘 백성들은 절기 때 주로 이 노래를 불렀고, 특별히 장막절 때 가장 크게 이 노래를 불렀습니다. 메시아가 오셔서 백성들이 고난받는 장막절 삶에서 벗어나 완전한 해방을 얻게 하실 것을 기념하면서 부른 노래가 할렐송입니다. 이스라엘 백성들은 예수님이 들어오실 때 '예수님이 우리의 메시아'라는 것을 알고 환영했다는 이야기입니다.

또한 "우리 조상 다윗의 나라여"(10절)라고 한 것은 무엇을 의미합니까? 그들은 메시아는 다윗의 후손으로 오신다는 것을 믿었고, 예

259

수님의 시대에는 메시아가 오셔서 이 모든 이스라엘의 고난을 완전히 해결해주시고, 다윗의 왕국, 메시아 왕국을 이루어주실 것이라는 믿음이 있었다는 것입니다. 그래서 예수님이 오셔서 기적을 일으키실 때 그 소문이 온 이스라엘에 퍼졌고, 예루살렘에 있는 평범한 사람들도 예수님이 메시아일 것이라는 기대를 가졌던 것입니다. 물론 호산나를 외쳤던 사람들은 메시아를 정치적인 메시아로서 로마를 쫓아내고 다윗의 왕국을 건설해 줄 왕으로 생각했을 것입니다. 11절을 다 함께 읽어봅시다.

"예수께서 예루살렘에 이르러 성전에 들어 가사 모든 것을 둘러보시고 때가 이미 저물매 열두 제자를 데리시고 베다니에 나가시니라."

특별히 "성전에 들어가서 모든 것을 둘러보셨다"라고 하였습니다. 예수님의 목적은 예루살렘보다도 성전이었습니다. 예루살렘에 오신 이유는 하나님을 섬기는 백성들이 하나님의 성전에서 어떻게 하나님을 예배하고 있는지를 보기 원하셨기 때문이었습니다. 그리고 날이 저무니까 열두 제자를 데리고 다시 베다니로 나가셨더라는 말씀입니다. 자기 집에 머무르지 못하시고 나가시는 예수님의 모습을 보여 주고 있습니다.

이 모습을 오늘날의 상황에 비춰 생각해보면 예루살렘 성전은 타락한 오늘날의 교회들이 될 것입니다. 멋진 오르간이 있고, 멋진 워십 팀이 있고, 엄청난 음향시설이 있는 건물 안에 주님이 거하지 못하시고 나가셨다는 말씀입니다. 그러므로 우리는 베다니에 가서 머무를 수밖에 없었던 예수님의 모습을 생각해봐야 합니다. 우리는 예수님을 어떻게 영접하고 있으며 섬기고 있는지 다시 한번 돌아보아야 할 것입니다.

열매 맺는 교회

마 가 복 음 1 1 장 1 2 절 ~ 1 9 절

　본문 내용은 굉장히 중요한 예언적 음성을 담고 있습니다. 12절부터 19절까지는 크게 두 단락으로 구분해 볼 수 있는데, 예수님께서 무화과(無花果)나무를 저주하신 사건(12~14절)과 성전을 깨끗하게 하신 이야기(15~19절)입니다. 첫 번째 본문은 예수님께서 베다니에서 나와 예루살렘 성전에 들어가기 전에 감람산으로 가는 길가에서 무화과나무를 저주하신 사건입니다.

　베다니에서 나오신 예수님은 배가 고프셨습니다. 멀리서 무화과나무 잎을 보고 가까이 가셨지만, 잎사귀만 있고 아무 무화과도 열려 있지 않은 것을 보셨습니다. "이는 무화과의 때가 아님이라"(13절)고 성경은 말하고 있지만, 예수님은 "이제부터 영원토록 사람이 네게서 열매를 따먹지 못하리라"(14절)고 저주를 하십니다.

　어찌 된 일일까요? 나중에 20절에 보면 이 나무는 뿌리째 말라 영영 열매를 맺지 못하는 무화과나무가 되어버렸다고 합니다. 언뜻 보기에는 이해하기 어려운 장면입니다.

이 내용을 이해하기 위해서는 첫 번째로 무화과나무가 어떻게 열매 맺는지를 알아야 합니다. 무화과나무는 여러 번 열매를 맺습니다. 그 가운데 맛있는 무화과나무 열매가 맺히는 때는 6월부터 8월 정도입니다. 그에 앞서 설익고 맛없는 무화과가 열리는 때가 있습니다. 바로 3월부터 5월까지입니다. 6월부터 8월까지의 주 수확기가 끝나고 나면 9월부터 10월까지 또 무화과가 열립니다. 그 또한 맛이 없습니다.

그래서 보통 세 번 정도 무화과나무가 열리는 것으로 생각하는데, 어떤 사람은 다섯 번 정도 열매가 차례대로 열린다고 주장하기도 합니다. 어쨌든 우리는 설익은 무화과와 잘 익은 무화과로 크게 구분해 볼 수가 있습니다. 그래서 유대인들은 무화과를 히브리어로 두 개의 단어로 나눠 사용합니다. 먼저 설익은 무화과를 '파게'라고 하고, 잘 익은 무화과를 '테에나'라고 합니다.

예수님께서는 그때가 '파게'의 때인 것을 아시고 설익은 열매라도 기대하셨는데 그조차 없었다는 것입니다. 그 이유에 대해 마가는 '무화과의 때가 아니기 때문'이라고 기록하고 있습니다. '그때'는 잘 익은 무화과를 추수할 때가 아니라는 설명입니다.

여기에서 우리가 또 한 가지 알아야 할 것은 무화과나무는 잎이 피는 동시 열매를 맺는다는 것입니다. 모든 과일나무는 잎이 무성하게 피고 나서 열매가 맺히기 시작하지만, 무화과나무는 잎이 맺히면 이미 열매가 있다고 보면 맞습니다. 그러니까 잎과 열매가 함께 맺히는 유일한 나무가 무화과나무라는 것입니다.

어떤 사람은 먼저 봉우리가 맺히면서 무화과의 열매가 나오고, 그 다음에 잎이 피기 시작하는 게 무화과나무라고 이야기합니다. 더 정확한 표현입니다. 중요한 것은 무화과나무는 잎사귀가 무성하면 반드시 열매가 있어야 한다는 말씀입니다. 이것을 아시고 예수님께서 무화과나무에 잎사귀가 무성한 것을 보시고 가까이 가셨던 것입니다.

마가는 왜 이러한 기록을 남겼을까요? 열매 없는 나무는 유다이즘(Judaism)을 상징합니다. 혹은 하나님 앞에서 영적인 열매를 맺지 못하는 성전의 모습을 이야기하고 있습니다. 율법을 모세로부터 받았고 또 제사 제도를 통해서 회개(悔改)를 배운 이스라엘 백성이라면, '테에나'까지는 못 가더라도 '파게'라도 맺기 시작해야 하는데 그렇지 못했다는 것입니다.

예레미야 24장에도 "좋은 무화과나무 열매 맺기를 바랐더니 나쁜 무화과나무 열매를 맺었다"는 말씀이 나옵니다. 그래서 주님은 말씀하시기를 "이 나쁜 무화과나무를 버림과 같이 내가 이들을 버려버리겠다"라고 말씀합니다. 성전제사 제도를 버려버리겠다는 이야기를 하고 있는 것입니다. 굉장히 중요한 이야기입니다. 12절부터 14절까지 무화과나무 이야기를 하시면서 20절에서는 뿌리째 말랐다고 합니다. 그리고 중간 15절부터 19절에서는 성전이 성전의 역할을 하지 못하고, 예배가 예배의 역할을 하지 못하고, 기도의 집이 기도의 집의 역할을 하지 못하기 때문에 하나님이 버리신다고 말씀하시는 것입니다.

다음으로 15절부터 19절까지 살펴보면 예수님이 예루살렘에 들어가셨는데 예루살렘을 보기 위한 것이 아니라 성전을 보기 위한 것이었습니다. 과연 성전은 무화과나무 열매를 맺고 있는지, 참된 예배를 드리고 있는지 보기 원하셨던 것입니다. 그런데 성전에 가보니 어떤 모습이었습니까? 15, 16절을 다 함께 읽어봅시다.

"그들이 예루살렘에 들어 가니라. 예수께서 성전에 들어 가사 성전 안에서 매매하는 자들을 내쫓으시며 돈 바꾸는 자들의 상과 비둘기 파는 자들의 의자를 둘러엎으시며, 아무나 물건을 가지고 성전 안으로 지나다님을 허락하지 아니하시고."

예수님이 들어간 성전은 이방인의 뜰이었던 것 같습니다. 성전 산 전체가 이방인의 뜰이고, 그 끝에 지성소와 성소가 있고, 제사장의 뜰이 있고, 다음으로 여인들의 뜰이 있는 곳이었던 것 같습니다. 예배하기 위해서 모인 장소에 온갖 제사를 위해서 돈 바꾸는 자와 제물(祭物)들을 사고파는 상인들이 가득 차 있었다는 이야기입니다.

당시는 로마가 지배하고 있는 시대였기 때문에 로마의 돈을 사용했습니다. 거기에는 로마 황제의 얼굴이 그려져 있었고, 제사장들은 그것이 우상숭배라고 해서 못 쓰게 했습니다. 그렇다 보니 돈을 바꿔야만 물건을 살 수 있었고, 환전상(換錢商)이 필요했습니다. 그들은 베들레헴에서 키운 양 떼들과 비둘기 같은 것들을 가져와서 그곳에서 팔았습니다. 돈도 바꿔주고 환율을 조작해서 돈을 벌기도 했습니다. 이렇게 강도의 소굴처럼 되었기 때문에 주님이 비판하신 것입니다. 다시 말해서 "이런 성전 제도는 무너져야 한다. 무화과나무가 뿌리째 마른 것처럼 말라져야 한다"는 말씀이었습니다.

사실 예수님의 이 말씀은 당시 이스라엘 백성들 인식 가운데도 가득 차 있었습니다. '저 성전은 완전히 망할 성전이야. 제사장들은 완전 타락한 사람들이야'라는 생각을 백성들도 갖고 있었습니다. 그래서 쿰란 사본에 보면 환전상을 통해서 돈을 바꿔 돈벌이하고, 또 하나님께 드릴 제물들을 높은 가격에 팔아서 돈 버는 제사장들의 타락 (墮落)에 대해서 많은 이야기를 남기고 있습니다. 예수님은 이미 거기에 대해 알고 계셨습니다. 그래서 백성들을 대언하는 예언적 소리로 그들을 꾸짖고 계신 것입니다.

그러면서 예수님은 "기록된 바 내 집은 만민이 기도하는 집이라 칭함을 받으리라고 하지 아니하였느냐 너희는 강도의 소굴을 만들었도다"(17절)라고 그들을 꾸짖었습니다. '만민이 기도하는 집'이라는 이야기는 구약에서도 나옵니다. 이사야 56장 7절 하반절에서 "이는 내 집은 만민이 기도하는 집이라"는 이사야의 말을 백성들이 알고 있었습니다.

또 예레미야 7장 11절에서 "네 이름으로 일컬음을 받는 이 집이 너희 눈에는 도둑의 소굴로 보이느냐"라는 예레미야의 책망도 알고 있었습니다. 한마디로 제사 제도는 타락하고 있었고, 무화과나무는 열매를 맺지 못하고 있었다는 내용입니다.

여러분은 어떻습니까? 혹시 잎사귀만 무성한 그런 예배를 드리고 있지는 않습니까? 만약 좋은 무화과가 맺혔더라면 한국 사회에서 혹은 어느 나라든지 예수 믿는 사람들이 손가락질당하지는 않을 것입니다. 테에나를 맺었더라면, 아니 파게라도 맺었더라면 무화과의 흉내라도 냈을 텐데, 그조차 못하고 있다는 사실입니다. 만약 우리가 이런 성전 예배를 드리고 있다면, 이런 열매 맺지 못하는 삶을 살고 있다면 회개해야 합니다. 이것이 본문을 통해 하나님이 주시는 중요한 메시지입니다.

신앙의 형식주의에 빠져 경건의 모양만 고집하지는 않습니까? 나에게는 어떤 성령의 열매가 맺히고 있습니까?(13, 14절). 내 영적 육적 성전의 거룩을 지키기 위해 둘러 엎어야 할 나와 내 가족의 죄는 무엇입니까?(15, 17절).

하나님을 믿으라

마 가 복 음 1 1 장   2 0 절 ~ 3 3 절

　예수님이 무화과나무를 저주하신 다음 날 길을 가고 있는데 베드로가 뿌리째 말라비틀어진 무화과나무를 보고 예수님께 말합니다. 21절을 다 함께 읽어봅시다.

"베드로가 생각이 나서 여짜오되 랍비여 보소서 저주하신 무화과나무가 말랐나이다."

　이 이야기를 들으시고 제자들을 가르치신 내용이 본문 말씀입니다. 본문 내용은 크게 두 가지 사건으로 나눠볼 수 있습니다. 무화과나무가 뿌리째 마른 것을 보고 예수님이 가르치신 이야기(20~26절)와, 성전에서 예수님의 권세에 대해서 대제사장들, 서기관들, 장로들이 질문한 것에 대한 예수님의 대답(27~33절)입니다.

　본문에 보면 무화과나무가 말라비틀어진 이야기를 하는데 예수

님께서 갑자기 믿음의 이야기, 기도의 이야기, 용서의 이야기를 하십니다. 예수님은 무화과나무 비유를 통해 무엇을 말씀하시기를 원하셨던 것일까요? 예수님이 저주를 하자마자 무화과나무가 다음 날 말라버렸습니다. 예수님은 하나님의 생각을 가지고 그 무화과나무를 저주했고, 믿음으로 한 그 일이 그대로 이루어졌습니다. 그러므로 "무엇이든지 기도하고 구하는 것은 받은 줄로 믿으라. 그리하면 너희에게 그대로 되리라"(24절)는 말씀을 하고 계신 것입니다.

이는 "믿음으로 기도하라"는 말씀입니다. 나에게 어떤 문제가 있더라도 낙망하지 않고 하나님을 믿고 간구하면 하나님은 가장 좋은 것으로 나를 채워주십니다. 의심하지 않고 기도로 구하는 자에게 주님은 그분의 선하신 뜻에 따라 반드시 응답하십니다. 믿음으로 드리는 나의 기도에 주님은 반응하십니다. 그러면서 또 용서에 대한 말씀을 하십니다. 25절을 다 함께 읽어봅시다.

"서서 기도할 때에 아무에게나 혐의가 있거든 용서하라. 그리하여야 하늘에 계신 너희 아버지께서도 너희 허물을 사하여 주시리라 하시니라."

하나님께 믿음을 가지고 기도하면 반드시 이루어주시지만, 마음속에 남을 용서하지 못하고 거리끼는 마음이 있으면 그 기도는 응답되지 않는다는 가르침입니다. 그런데 그에 앞서 23절 말씀에 대해서도 생각해봐야 합니다. 23절을 다 함께 읽어봅시다.

"내가 진실로 너희에게 이르노니 누구든지 이 산더러 들리어 바다에 던져지라 하며 그 말하는 것이 이루어질 줄 믿고 마음에 의심하지 아니하면 그대로 되리라."

이 말씀에 대한 해석은 두 가지로 볼 수 있습니다. 먼저는 '불가능한 일은 없다'는 것입니다. 기도할 때 "산이 뽑혀서 바다에 던지라"해도, 다시 말해서 불가능한 일을 구하여도 가능하게 된다는 말씀입니다.

다음으로는 성전을 깨끗하게 하신 사건과 연관해 생각해볼 수 있습니다. 23절의 '이 산'은 무슨 산을 의미합니까? 무화과나무는 이스라엘 백성들의 예배와 사역, 유다이즘을 상징한다고 했습니다. 그러므로 무화과나무가 잎만 무성하고 열매를 맺지 못한다는 것은 이스라엘 백성들이 하나님을 믿는다고 하지만 삶에 아무런 열매가 없다는 뜻입니다.

그래서 예수님이 그 무화과나무를 저주했다는 것은 이스라엘 백성들의 잘못된 종교적인 삶을 저주했다는 이야기가 됩니다. 그런 성전은 바다에 빠져서 한순간에 없어지게 될 것이라는 메시지입니다. 이스라엘 백성들의 삶 중심에 있는 성전에서 일어난 일들을 무화과나무 비유로 말씀하신 것입니다.

어린 양을 수십 마리씩 죽여가면서 제사를 드리지만, 진정 하나님을 경외하는 마음은 없고, 만민이 기도하는 집인데 기도하는 사람은 없고, 하나님의 용서를 받는 장소이나 그 안에 용서는 없는 것을 보시고 하나님께서 "이 산(성전)은 바다에 빠뜨려 없어지고 진정 하나님과의 용서와 화해가 이루어지는 새로운 시대가 열릴 것이다" 라는 말씀을 주신 것이 아닌가 생각됩니다. 예수님은 다른 복음서 에서도 이런 말씀도 하십니다. "너희들이 이 성전을 무너뜨리라 내 가 사흘 만에 다시 일으키겠다." 예수님이 성전을 무너뜨리게 하고 삼일 만에 부활하셔서 새로운 성전으로서의 예배를 회복하시겠다 는 말씀입니다.

두 번째 부분은 27절에서 33절까지(예수님의 권위)입니다. 성전에 들어가면 지성소가 있고, 성소가 있고, 성전이 있는 첫 번째 뜰이 제 사장의 뜰입니다. 제사장의 뜰에서 제사장들이 제사를 드리기 위해 서 양을 잡고 일합니다. 그다음에 유대 남자들만 들어갈 수 있는 뜰 이 있고, 그다음에 유대 여인들만 들어갈 수 있는 뜰이 있으며, 다음 으로는 소위 말하는 이방인의 뜰이 있습니다. 그런데 그 이방인의 뜰에서 장사를 하고 있었던 것입니다.

앞에서도 언급되었지만, 로마 화폐는 부정한 것이라고 해서 성전 에서 드리는 돈을 따로 만들었습니다. 결국, 성전 안에서 하나님께 제사 드리기 위해서는 양이나 비둘기나 염소나 송아지를 사야 하는 데 로마 화폐로는 살 수가 없기 때문에 돈을 바꿔야 했고, 그걸 이용 해 제사장들이 착취를 했다는 것입니다.

게다가 오직 이방인들의 뜰에서 파는 제물만 가지고 하나님께 제 사를 드릴 수 있다고 하니까, 사람들은 비싼 값에 물건을 살 수밖 에 없는 상황이었습니다. 그 모습 때문에 예수님이 화가 나서 환전

상을 내쫓으시고 비둘기 파는 자들의 의자를 뒤집어엎으셨다는 것입니다.

이 일에 화가 난 사람은 누구였을까요? 성전의 책임자, 다시 말해서 대제사장들이었습니다. 대제사장은 성전에 대한 권세를 가진 사람입니다. 하늘이 준 권세라고 생각하는 사람들이었습니다. 그래서 본문에 보니까 대제사장과 서기관들과 장로들이 예수님께 나와서 "무슨 권위로 이런 일을 하느냐 누가 이런 일 할 권위를 주었느냐(28절)"라고 묻습니다.

여기에서 대제사장과 서기관들과 장로들은 성경에서 말하는 소위 산헤드린 공회원들이었습니다. 지금으로 말하면 국회의원들입니다. 이들이 함께 모여 예수님을 어떻게 고발할까 모의한 끝에 한 질문이 "네가 무슨 권세로 이런 일을 하느냐?"였던 것입니다. 그러자 예수님이 어떻게 대답하셨습니까? 29, 30절을 다 함께 읽어봅시다.

"예수께서 이르시되 나도 한 말을 너희에게 물으리니 대답하라 그리하면 나도 무슨 권위로 이런 일을 하는지 이르리라. 요한의 세례가 하늘로부터냐 사람으로부터냐 내게 대답하라."

참으로 지혜로운 답변입니다. '하늘이 나에게 권세를 주었다'라고 하면 사람들은 예수님을 돌로 쳐 죽일 것이었습니다. 하늘의 권세는 대제사장밖에 없다고 생각했기 때문입니다. 그래서 예수님은 "그래, 나도 한 번 물어볼게! 너희가 대답하면 나도 대답해주겠다. 요한이 세례를 준 것이 하늘로부터 온 것이냐? 하늘이 권세를 준 것이냐? 사람이 권세를 준 것이냐?"라고 물으신 것입니다.

이 질문에 대제사장과 서기관들과 장로들은 매우 당황해합니다. 요한은 헤롯에게 목이 베어 죽었습니다. 그런데 사람들은 요한이 하나님이 보낸 예언자라고 믿고 있었다는 것입니다. 결국 "요한은 하나님이 보낸 사람"이라고 하면 "그러면 요한의 말을 왜 듣지 않았느냐?"라고 했을 것이며, "하늘이 준 게 아니라 사람들이 그렇게 요한을 생각하는 것뿐이다"라고 하면 백성들로부터 원성을 들을 수 있는 상황이었습니다.

그래서 대제사장들과 서기관과 장로들은 "우리가 알지 못하노라"(33절 상)고 대답합니다. 그러자 예수님께서 어떻게 말씀하십니까? "예수께서 이르시되 나도 무슨 권위로 이런 일을 하는지 너희에게 이르지 아니하리라 하시니라(33절 하)." 이 장면을 통해 우리가 볼 수 있는 것은 예수님은 대제사장의 허락도 받지 않고 하나님의 성전에서 담대하게 성전을 청소하셨다는 것입니다. 그러나 예수님께서 이렇게 하신 동기가 무엇이었습니까? 예배의 장소가 잘못되고 있다는 마음에 의분이 일어났기 때문입니다.

만약 오늘날 교회 안에서 이런 일들이 일어날 때 우리는 예수님처럼 담대하게 이런 일을 할 수 있을까요? 하나님이 그 일을 싫어하신다는 분명한 확신이 있을 때 예수님은 담대히 그들을 쫓으셨습니다. 때때로 우리는 사람들과 너무 잘 지내기 위해서, 또는 보통의 삶을 영위하기 위해서 하나님이 시키시는 일을 지나치지는 않는지 돌아봐야 합니다. '잘못된 것'을 "잘못했다"라고 말할 수 있는 담대함은 하나님이 우리에게 주신 권세입니다. 그러므로 어떤 상황에서도 물러서지 않고, 바르게 말하고, 바르게 행동하고, 바르게 살아가는 제자가 되어야 할 것입니다.

나는 하나님께 무엇을 구합니까? 믿음으로 기도하지 않고 내가 자꾸만 의심하는 것은 무엇입니까? 기도할 때 나와 불편한 관계에 있는 사람을 용서하는 기도를 합니까? 내가 용서해야 할 사람은 누구입니까? 나는 나를 무시하거나 함정에 빠뜨리고자 하는 사람에게도 삶으로 복음을 전하고 있습니까?

모퉁이의 머릿돌

마가복음 12장 1절~12절

본문 말씀은 포도원 농부의 비유입니다. 이 비유는 누구를 향해 하신 말씀일까요? 지난 본문 말씀인 11장 33절에 보면 예수님은 당신을 책잡기 위해 질문을 던진 대제사장과 서기관들과 장로들에게 "나도 무슨 권위로 이런 일을 하는지 너희에게 이르지 아니하리라"는 말씀을 하십니다. 그리고 본문 말씀인 12장 1절에 보면 "그들에게"라는 표현이 나옵니다. 다시 말해 이 비유의 말씀은 대제사장들과 서기관들과 장로들에게 주신 말씀이라는 것입니다.

주인이 포도원을 만들어 농부들이 할 일이 없을 정도로 울타리를 다 두르고, 포도즙 짜는 구유를 만들고, 망대도 짓고 타국으로 갑니다. 그러면서 농부들에게 조건으로 말하기를 농사지은 것 중에서 얼마만 바치라고 이야기합니다. 당시에는 사 분의 일 정도만 세를 냈다고 합니다. 주인은 타국에서 추수할 때쯤 되어 농부들에게 세를 받기 위해 종을 보냈습니다.

그러나 그들은 그 종을 때리고 빈손으로 돌려보냅니다. 주인은 또 다른 종을 보냈습니다. 이번에는 머리를 쳐서 상처를 내고 아주 혼을 내주고 보냈다는 것입니다. 세 번째로 다른 종을 보냈더니 이제는 그 종들을 죽이고 그 외 다른 종들을 보냈는데 그들까지 때리고 죽였다는 것입니다.

주인에게는 한 아들이 있었습니다. 아들을 보내면 설마 농부들이 때리거나 죽이거나 세를 안 주거나 하지는 않으리라 생각하며 보냈습니다. 그런데 어찌 된 일인지 이 농부들이 서로 말하기를 "이는 상속자니 자, 죽이자 그러면 그 유산이 우리 것이 되리라"(7절)고 하며 아들까지 죽였다는 것입니다. 이에 예수님이 대제사장들과 서기관들과 장로들에게 "포도원 주인이 어떻게 하겠느냐"(9절 상)라며 아주 단순한 비유를 통해 질문하고 계신 것입니다.

그러자 그들은 대답하기를 "그 농부들을 진멸하고 포도원을 다른 사람들에게 주리라"(9절 하)고 대답합니다. 이 말을 들으시고 예수님이 시편의 말씀을 인용해 다음과 말씀하십니다. 10, 11절을 다 함께 읽어봅시다.

"너희가 성경에 건축자들이 버린 돌이 모퉁이의 머릿돌이 되었나니, 이것은 주로 말미암아 된 것이요 우리 눈에 놀랍도다 함을 읽어 보지도 못하였느냐 하시니라"(시편 118:22, 23).

이 말씀을 들은 대제사장과 서기관과 장로들은 예수님이 말씀하신 비유가 자기들을 가리켜 말씀하신 줄 알고 예수님을 잡고자 했지만, 백성들을 두려워해서 예수님을 버려두고 갔더라는 내용입니다.

본문에서 '포도원 주인'은 '하나님'을, '포도원'은 '이스라엘 백성'을 말합니다. '농부'는 '지도자'를 이야기합니다. 하나님이 보내신 제사장들과 율법을 해석해 주는 서기관들, 그리고 백성들을 인도하는 장로들까지 세 그룹입니다. 포도원 주인은 망대도 짓고 포도주 즙 틀도 만들고 울타리도 쳐서 모든 필요한 것들을 다 주셨다는 것입니다.

다시 말해 율법도 주시고 성전도 주시고 구름기둥과 불기둥으로 인도하시고 보호하셨다는 것입니다. 그래서 수확의 시기가 되어 주인이 농부들에게 소출을 받으려고 종들을 보냈더니 때리고 돌려보냈다는 것입니다. 또 보냈더니 또 죽게 만듭니다. 아들을 보냈더니 아들도 쳐 죽였습니다.

본문 말씀에서 '종들'은 누구를 의미합니까? 바로 하나님의 종들입니다. 하나님의 말씀을 대언하는 예언자들입니다. 이스라엘 민족 역사 가운데 하나님은 많은 선지자를 보내셨습니다. 그러나 말을 안 들었다는 것입니다. 오히려 하나님의 종들인 선지자들을 돌로 쳐 죽였다는 이야기입니다. 그래서 마지막으로 아들(예수)까지 보냈는데 농부들(제사장과 서기관들과 장로들)은 예수님도 믿지 않고 돌로 쳐 죽입니다. 종교지도자요, 정치지도자들이 이런 짓을 했다는 것입니다. 그러니 어떻게 하겠느냐고 묻고 있는 것입니다.

오늘날 이렇게 예언자적인 발언을 할 수 있는 사람이 있을까요?

마가복음 11장을 넘어가면서 예수님은 갈릴리에서 하던 사역과는 전혀 다른 사역을 하십니다. 우리가 하나님의 일을 한다고 할 때도 두 가지 중요한 사역이 있습니다. 예루살렘 사역과 갈릴리 사역입니다. 갈릴리 사역은 사람들을 먹이시고, 기적을 행하시고 병을 치유하시고 죽은 자를 살리시고 귀신을 쫓아내시는 사람들을 돕는 사역입니다.

그런데 그것만 예수님의 사역이 아니라는 것입니다. 예루살렘 사역이 남아 있다는 것입니다. 이 안에는 잘못된 종교 체제와 정치에 대해 바로 서기를 원하시는 주님의 마음이 잘 드러나 있습니다. 이것이 하나님 아버지의 마음이라는 것입니다.

그러나 오늘날 이러한 예언자적인 선포는 잘 주어지지 않고 있습니다. 청년 세대 가운데 이런 담대한 사람들이 나와야 합니다. 그들은 구약시대 하나님의 선지자처럼 매 맞아 죽기도 하고 능멸을 당할지도 모릅니다. 그러나 그 하나님의 예언적 음성을 바라는 사람들이 있어야 한다는 것입니다. 이 땅에서는 죽겠지만 하늘나라에서는 영원한 상을 받게 될 하나님이 원하시는 카이로스적인 사역을 행할 수 있어야 합니다.

사실 그 시대 예수님이 대제사장과 서기관들과 장로들에게 이런 발언을 했다는 것은 혁명적인 발언이었습니다. 물론 누구나 이러한 발언을 할 수 있는 것은 아닙니다. 예수님처럼 정확하게 상황을 파악하고 영적 상태를 보는 눈을 가지지 않은 사람은 이런 일을 함부로 해서는 안 됩니다. 그러나 분명한 것은 갈릴리 사역만 예수님의 사역은 아니라는 것입니다. 예루살렘 사역을 중요하게 여길 수 있어야 합니다.

마가복음 1장부터 10장까지는 갈릴리 사역이었지만, 11장부터 16장까지는 예루살렘 사역입니다. 예수님은 결국 예루살렘 사역 곧 예언자적인 사역 때문에 죽으셨습니다. 이런 사역이 오늘날에도 요구되는 것입니다. 또한, 기억해야 할 것은 그 예수님의 사역은 하나님이 인증하신 사역이라는 사실입니다. 10, 11절을 다 함께 다시 읽어 보겠습니다.

"너희가 성경에 건축자들이 버린 돌이 모퉁이의 머릿돌이 되었나니, 이것은 주로 말미암아 된 것이요 우리 눈에 놀랍도다 함을 읽어 보지도 못하였느냐 하시니라."

대제사장과 서기관들과 장로들이 던져버린 예수님이 모퉁이의 머릿돌이 되셨다는 말씀입니다. 건축할 때 밸런스를 잡기 위해서 놓는 가장 중요한 돌이 머릿돌입니다. 그 돌 때문에 건물은 든든하게 세워지는 것입니다. 에베소에 의하면 이방인과 유대인을 묶어내는 하나님의 성전의 터가 머릿돌이라는 것입니다. 예수님이 그 머릿돌이 되셨습니다. 하나님이 정하신 일이라는 것입니다. 이것이 시편 118편 22, 23절에 나와 있는 이야기입니다.

구약성경에서 이스라엘 백성들을 비유할 때 두 가지 과일나무가 소개됩니다. 무화과나무와 포도나무입니다. 예수님은 예언자들의 이야기를 다 알고 계셨습니다. 특별히 이사야 5장에 보면 극상품 포도나무와 열매에 대한 비유가 나옵니다. 포도원은 이스라엘 백성인데 그들이 열매를 맺지 않았으므로 심판하겠다는 이야기입니다. 또 이사야 3장에 보면 예수님께서 "포도원이 망쳐진 이유가 바로 너희들이다"라고 하시면서 종교지도자들을 꾸짖으시며 심판하고 계시다는 사실입니다.

본문의 포도원 비유에서는 포도원을 없애 버리는 것이 아니라, "농부(지도자)들을 진멸하겠다"라고 하십니다. 그리고 그 포도원을 이방인들에게 주겠다는 것입니다. 이스라엘 백성들에게 열매 맺기를 바랐더니 못 맺으니까 이스라엘 백성에게서 빼앗아 다른 이방 민족에게 주겠다는 말씀입니다. 예수 그리스도의 교회를 세우겠다는 이야기입니다. 하나님의 말씀을 전하는 사역자들은 하나님이 말씀하시는 정확한 메시지와 그 뜻을 알고 전해야 합니다. 그러므로 백성들에게 깨닫는 눈을 주어야 합니다. 그래야만 정확한 개혁이 일어날 수 있습니다. 모퉁이의 머릿돌 역할을 감당하는 여러분이 되시기를 간절히 소망합니다.

하나님께 나의 소출을 기꺼이 드립니까? 내가 하나님께 드리기 아까워하는 것은 무엇입니까? 나는 하나님의 말씀을 영접합니까? 배척합니까? 말씀을 통해 내 모습을 적나라하게 마주하고 돌이켜 회개합니까? 머릿돌로 세우기 위해 내가 기다리고 인내해야 할 '버린 돌'같은 지체는 누구입니까?

가이사의 것과 하나님의 것

마 가 복 음 1 2 장 1 3 절 ~ 1 7 절

본문 내용은 바리새인과 헤롯당이 예수님을 넘어뜨리기 위하여 세금에 관해 질문한 내용과 그에 대한 예수님의 답변입니다. 본문 13절을 다 함께 읽어보겠습니다.

"그들이 예수의 말씀을 책잡으려 하여 바리새인과 헤롯당 중에서 사람을 보내매."

여기에서 가장 핵심 되는 내용은 바리새인과 헤롯당이 보냄 받은 것은 '예수님을 책잡기 위해서'였다는 사실입니다. 그들을 보낸 자는 대제사장들과 서기관들과 장로들, 다시 말해서 이스라엘 민족 중 가장 핵심 리더인 산헤드린 공회원들이었습니다. 그들이 예수님을 넘어뜨릴 목적으로 공식적으로 사람을 뽑아서 보냈다는 것입니다. 그렇다면 왜 바리새인과 헤롯당을 보냈을까요? 예수님의 대답에는 어떤 의미가 담겨 있는 것일까요?

예수님 시대에는 여러 분파의 사람들이 있었습니다. 바리새인과 사두개인과 헤롯당입니다. 바리새인들은 모세오경, 선지서, 시가서와 같은 구약성경 전체뿐만 아니라 구전(口傳)으로 전해지는 율법까지도 믿는 사람들이었습니다. 미시나(탈무드) 등과 같이 만들어진 유전들까지 다 믿는 사람들이었습니다. 그들에게는 '우리는 하나님의 선택받은 백성'이라는 자부심이 있었습니다. 그와 동시에 이방인들은 '하나님이 버린 백성'이라는 판단도 있었습니다.

그런데 당시 예수님 시대에는 로마가 이스라엘을 지배하고 있었습니다. 로마의 지배 아래 산다는 것 자체가 견딜 수 없는 일이었습니다. '이방 신을 섬기는 악한 이방인이 어떻게 선택받은 이스라엘을 다스릴 수 있느냐?'는 것이 그들의 생각이었습니다. 그러므로 그들에게 세를 내는 것은 가당치도 않은 일이었습니다. 그렇게 백성들을 가르치고 살았던 사람들이 바리새인들입니다. 어찌 보면 민족주의자이기도 하고 종교주의자이기도 합니다.

당시 은전(데나리온) 앞면에는 "가이사 티베리우스 황제는 신의 아들이다"라는 글이 새겨져 있었고, 뒷면에는 티베리우스 어머니가 신들의 정원에서 사람들을 심판하는 모습을 새기고 있었습니다. 황제숭배 사상이 이미 시작되어 있었고, 또 황제는 신이 보낸 사람이라는 개념이 들어 있었던 것입니다. 그러므로 가이사에게 세금을 바친다는 것은 십계명에서 가장 중요한 "우상을 만들지 말라"는 말씀을 어기는 것이었습니다. 다시 말해 가이사에게 세를 낸다는 것은 우상숭배와 다름없는 것이었습니다.

혜롯당은 로마와 결탁해서 정권을 잡으려는 정치적인 그룹이었습니다. 이스라엘 백성들 가운데 혜롯당을 지지하는 사람들이 많았습니다. 혜롯이 좋아서가 아니고 일단 이방인인 로마를 쫓아내고, 그 다음에 문제를 해결하자는 생각이었습니다.

사두개파는 모세오경만 믿는 사람들이었습니다. 다윗 시대 사독의 자손들이라고 해서 그들 안에서만 대제사장이 나올 수 있었습니다. 그런데 대제사장 그룹들은 로마 정권과 혜롯당과 결탁하지 않고는 살아갈 수 없는 사람들이었습니다. 그래서 상당히 보수적인 신앙을 갖고 있음에도 불구하고 로마와 결탁했던 사람들입니다. 혜롯당은 하나님을 믿지 않는 사람들이고, 사두개파는 하나님을 믿는 사람들이란 차이점만 제외하면 그들은 정치적으로는 같은 파였습니다.

산헤드린 공회원들이 공식적으로 바리새파와 혜롯당을 예수님께로 보냈습니다. 두 파는 서로 원수입니다. 그런데 예수님을 붙잡아 죽이려는 일에는 한마음이었습니다. 바리새파는 예수님이 하나님의 아들이고, 메시아라고 주장하는 것이 못마땅했습니다. 혜롯은 정치적 잘못을 책망받는 것이 못마땅했을 것입니다. 그러한 이유로 두 파가 결합해서 예수님을 죽이려고 했던 것입니다. 본문 14절을 다 함께 읽어봅시다.

"와서 이르되 선생님이여 우리가 아노니 당신은 참되시고 아무도 꺼리는 일이 없으시니 이는 사람을 외모로 보지 않고 오직 진리로써 하나님의 도를 가르치심이니이다. 가이사에게 세금을 바치는 것이 옳으니이까 옳지 아니하니이까?"

그들은 예수님을 무너뜨리기 위한 질문으로 "가이사에게 세금을 바치는 것이 옳으니이까 옳지 아니하니이까"라고 물었습니다. 예수님이 만약에 바치라고 한다면 바리새인들은 민중들을 선동해 "저 예수는 메시아가 아니다. 어떻게 메시아가 이방인을 섬기라고 말할 수 있느냐?"라고 공격했을 것입니다. 또 세를 바치지 말라고 하면 헤롯당이 나서서 "저는 매국노고 로마의 저항하는 반란자다"라고 하면서 예수님을 십자가에 못 받았을 것입니다. 이러지도 저러지도 못할 질문을 던진 것입니다. 그러나 예수님은 그 질문에 지혜로운 대답을 주셨습니다. 17절을 다 함께 읽어봅시다.

"가이사의 것은 가이사에게, 하나님의 것은 하나님께 바치라 하시니."

어떤 것이 가이사의 것이고, 어떤 것이 하나님의 것이라는 의미일까요? 시장에 가서 일을 하고 한 달에 300만 원을 받았다고 합시다. 그중에 얼마가 가이사의 것이고 얼마가 하나님의 것입니까? 이것을 구분할 수 있을까요?

원문에 보면 '바치라'는 것은 '돌려주다'라는 의미를 가지고 있습니다. '주는 것'이 아니라 '돌려주는 것'입니다. 이 두 개의 말은 완전히 틀린 것입니다. 이를 다시 해석해 보면 "가이사가 너희에게 준

284

것이 있느냐? 그러면 가이사에게 돌려주어라. 하나님이 너희에게 주신 것이 있느냐? 그러면 하나님께 돌려드려라"라는 의미가 됩니다. 지금 여러분의 소유는 가이사가 준 것입니까, 하나님이 주신 것입니까? 우리는 이 말씀을 통해 물질생활의 원칙들에 대해 생각해 보게 됩니다.

첫째로 '모든 것은 하나님이 주신 것이다'라는 것입니다. 천지만물을 창조하신 주인은 하나님이시며, 내 것은 아무것도 없다는 고백이 필요합니다.

둘째로 '하나님은 우리에게 맡기신 것들이 있다'는 것입니다. 다른 말로 표현하면 우리는 그의 청지기라는 사실입니다. 차이가 있다면 선한 청지기냐 악한 청지기냐입니다.

셋째로 우리는 재물을 '하나님의 영광을 위해' 사용해야 합니다. 그 기준은 무엇입니까? '내 안에서 말씀하시는 성령님'이 기준이 될 수 있습니다. 가장 중요한 요점은 하나님의 것은 하나님께 바치는 것이 원칙이라는 것입니다.

모든 것이 하나님에게서 온 것이요, 우리는 그의 선한 청지기의 삶을 살아가는 제자들입니다. 모든 일을 하나님의 영광을 위해서 해야 하는 사람들입니다. 먹든지 마시든지 무엇을 행하든지 하나님의 영광을 위해서 살아야 하는 것이 그리스도의 삶입니다. 그러므로 하나님의 것은 하나님께 바치는 것이 마땅하다는 말씀입니다.

내가 순종하고 따라야 할 나라의 법과 질서는 무엇입니까? 불합리하다고 거역하는 것은 무엇입니까?

산 자의 하나님

마 가 복 음 12 장 18 절 ~ 27 절

예수님 시대에는 여러 분파의 사람들이 있었습니다. 바리새인과 사두개인과 헤롯당입니다. 바리새인들은 모세오경 선지서 시가서와 같은 구약성경 전체뿐만 아니라, 랍비들의 가르침인 미쉬나까지 믿고, 구전(口傳)으로 전해지는 율법까지도 믿는 사람들이었습니다.

사두개파는 모세오경만 믿는 사람들이었습니다. 사두개인들은 부활이 없다고 믿는 사람들입니다. 헤롯당은 로마와 결탁해서 정권을 잡으려는 정치적인 그룹이었습니다. 헤롯당은 하나님을 믿지 않는 사람들이고, 사두개파는 하나님을 믿는 사람들이란 차이점만 제외하면 그들은 정치적으로는 같은 파였습니다.

모세오경 어디에도 하나님 나라에 대한 이야기나 부활에 대한 직접적인 언급은 나와 있지 않습니다. 그런 사실 때문에 사두개인들은 부활을 믿지 않는 현실주의자가 되었던 것입니다. 그들은 그저 이 땅에서 평화롭게 사는 것, 특별한 민족으로 축복을 누리며 사는 것이 중요하다고 믿는 사람들이었습니다.

사두개인들의 무지

18절에 보면 "부활이 없다 하는 사두개인들"이라고 말합니다. 사두개인의 대표적인 인물이 대제사장과 제사장들입니다. 매우 실용적이고 현실적인 사람들입니다. 현세밖에 없다고 믿기 때문에 '어떻게 하면 현재의 삶 속에서 다툼이 없이 평화롭고, 부유하게 살 수 있을까'를 생각했습니다. 그렇기 때문에 로마의 지도자들과 결탁해서 이익을 보며 부유하게 살려고 하는 종교지도자들이 바로 사두개파 사람들이고 대제사장들이 여기에 속해 있었다는 것입니다. 이 사두개인들이 예수님께 질문합니다. 19~23절을 다 함께 읽어봅시다.

"선생님이여 모세가 우리에게 써 주기를 어떤 사람의 형이 자식이 없이 아내를 두고 죽으면 그 동생이 그 아내를 취하여 형을 위하여 상속자를 세울지니라 하였나이다. 칠 형제가 있었는데 맏이가 아내를 취하였다가 상속자가 없이 죽고, 둘째도 그 여자를 취하였다가 상속자가 없이 죽고 셋째도 그렇게 하여, 일곱이 다 상속자가 없었고 최후에 여자도 죽었나이다. 일곱 사람이 다 그를 아내로 취하였으니 부활 때 곧 그들이 살아날 때에 그 중의 누구의 아내가 되리이까?"

이 질문은 모세오경(신 25:5~10) 가운데 나오는 이야기입니다. 그 가운데 신명기 25장 6절에 보면 "그 여인이 낳은 첫 아들이 그 죽은 형제의 이름을 잇게 하여 그 이름이 이스라엘 중에서 끊어지지 않게 할 것이니라"고 합니다. 대가 끊어지지 않게 하려고 이렇게 한다는 것입니다.

한국 사회도 비슷한 생각을 가지고 있지만, 당시 이스라엘 백성들은 아들이 없으면 그 가정이 끊어진다고 생각했습니다. 남자가 집안의 가장이기 때문에 아들이 없으면 그 가정이 망한다고 생각했던 것입니다. 그 사실 때문에 하나님께서 모세에게 이런 율법을 주신 것입니다. 사두개인들은 이 말씀을 예수님을 시험하기 위한 도구로 사용했습니다. 나중에 부활한다고 하면 일곱 명의 남자와 한 명의 여자를 어떻게 하겠느냐는 것입니다.

마가복음에서 우리가 보게 되는 중요한 사실 한 가지는 당시 하나님을 믿는다고 했던 바리새인이나 사두개인이나 이런 사람들이 모두 예수님을 대적했다는 것입니다. 사실 이 둘은 성경도 알지 못하고, 하나님의 능력도 알지 못하는 사람들이었습니다. 때문에 예수님을 대적한 것입니다. 사두개인의 질문에 대한 예수님의 대답은 무엇이었습니까? 본문 24, 25절을 다 함께 읽어봅시다.

"예수께서 이르시되 너희가 성경도 하나님의 능력도 알지 못하므로 오해함이 아니냐, 사람이 죽은 자 가운데서 살아날 때에는 장가도 아니 가고 시집도 아니 가고 하늘에 있는 천사들과 같으니라."

우리가 부활할 때는 '육체의 몸'을 가지고 다시 태어나는 것이 아니라, '영의 몸'을 가지고 태어난다는 것입니다. 그러므로 그 몸을 가지고는 시집도 안 가고 장가도 가지 않는다는 것입니다. 누구의 아내가 되고 누구의 남편이 되는 것이 중요하지 않다는 뜻입니다. 그러나 사두개인들은 성경을 믿는다고 했지만 잘 알지 못했기 때문에 이런 질문을 던지고 있었던 것입니다.

성경에 대한 오해

예수님은 계속해서 그들을 가르치셨습니다. 26, 27절을 다 함께 읽어봅시다.

"죽은 자가 살아난다는 것을 말할진대 너희가 모세의 책 중 가시나무 떨기에 관한 글에 하나님께서 모세에게 이르시되 나는 아브라함의 하나님이요 이삭의 하나님이요 야곱의 하나님이로라 하신 말씀을 읽어보지 못하였느냐? 하나님은 죽은 자의 하나님이 아니요 산 자의 하나님이시라 너희가 크게 오해하였도다 하시니라."

성경을 오해했다는 것입니다. 출애굽기 3장 6절의 "나는 네 조상의 하나님이니 아브라함의 하나님, 이삭의 하나님, 야곱의 하나님이니라"는 말씀은 사두개인들이 잘 알고 있는 모세오경 출애굽기에 나와 있는 말씀입니다. 그러나 그들은 그것을 제대로 알지 못했습니다.

출애굽기 3장 6절에서 "하나님"이라는 말씀은 현재형으로 쓰고 있습니다. 지금도 아브라함의 하나님이고, 지금도 이삭의 하나님이고, 지금도 야곱의 하나님이란 말을 출애굽기에서 하고 있다는 것입니다. 그러니까 하나님께서 모세를 통해서 말씀하신 것은 "나는 지금도 아브라함의 하나님이고, 지금도 이삭의 하나님이고, 지금도 야곱의 하나님이다"라는 말씀입니다. 지금 이 시간도 그들의 하나님으로서 역사하고 계신다는 사실입니다.

그러면서 말씀하시기를 "하나님은 죽은 자의 하나님이 아니요 산 자의 하나님이시라 너희가 크게 오해하였도다 하시니라"(27절)고 하십니다. 아브라함과 이삭과 야곱도 부활하여 함께 하고 있다는 암시입니다. 사두개인들은 성경을 읽으면서도 제대로 이해하지 못했습니다. 그 무지함 때문에 하나님이 예비하신 부활을 믿지 못하고 세상의 전부인 것처럼 살아갔던 것입니다. 그래서 24절에 예수님께서는 그들을 향해 "너희가 성경도 하나님의 능력도 알지 못하므로 오해함이 아니냐"고 꾸짖으십니다.

예수님이 우리의 신랑 되시고, 하나님이 아버지 되어 주시는 영원한 삶의 기쁨을 기대하며 살아가야 합니다. 그 기쁨은 현재 가정을 이루고 살아가는 기쁨과 비교할 수 없습니다. 육체를 가지고 있을 때 몸이 필요하고, 아내가 필요하고, 자녀를 생산해서 대를 잇는 것이 필요한 것입니다. 그러나 영원한 나라에서는 그것이 필요 없기 때문에 장가도, 시집도 안 가고 천사들과 같이 살게 된다는 것입니다.

하나님 나라에는 완전한 기쁨과 평강과 사랑이 있습니다. 완전한 의가 있고 생명이 있다는 것입니다. 이 부활 신앙이 현재 삶의 고난을 이기는 능력이 되어야 합니다. 부활 신앙 때문에 열 번을 넘어져도 열한 번째 일어나서 오뚝이처럼 살아갈 수 있는 제자가 되어야 할 것입니다.

우리의 하나님은 죽은 자의 하나님이 아니시고 산자의 하나님이심을 믿으시기 바랍니다. 부활과 영생의 소망으로 승리하시는 여러분이 되시기를 축원합니다.

하나님 사랑 이웃 사랑(하랑이랑)

마 가 복 음   1 2 장   2 8 절 ~ 3 7 절

  본문 말씀은 두 단락으로 나눠볼 수 있습니다. 가장 큰 계명에 대한 이야기(28~34절)와 그리스도와 다윗의 자손에 관한 가르침(35~37절)입니다.

  서기관 중 한 사람이 예수님께 와서 이렇게 질문합니다. "모든 계명 중에 첫째가 무엇이니이까?"(28절 하). 서기관들은 바리새파 중에서도 율법학자에 속한 사람들이었습니다. 백성들에게 율법을 가르치고, 스스로 율법을 연구하는 사람들이 바로 서기관이었습니다. 그래서 마태복음과 누가복음에 보면 "율법학자가 예수님께 와서 이런 질문을 했다"는 표현을 쓰고 있습니다.

  사실 당시 사람들은 유명한 랍비들에게 찾아가 이와 같은 질문을 던졌던 것 같습니다. 당시 유명한 랍비 힐렐의 일화에 보면, 한 이방인이 힐렐에게 와서 이런 질문을 합니다. "내가 한 발로 서 있는 동안에 전체 토라를 가르쳐 줄 수 있나요?" 이 이야기를 들은 힐렐

은 무엇이라고 대답했을까요? "네가 싫어하는 것을 네 이웃에게 하지 말라. 그것이 토라의 전체 내용이다. 나머지는 그것에 대한 해석이니 가서 그것을 배워라." 랍비 아키바라는 사람도 그와 같은 질문을 받아 "네 이웃을 네 몸과 같이 사랑하라"는 답변을 주었다고 합니다.

그런데 지금 똑같은 질문을 서기관이 예수님께 했다는 것입니다. 이 사람이 예수님을 시험하려고 했는지 아닌지는 정확하게 나타나 있지 않지만, 본문 내용으로 볼 때 그는 진실한 사람이었던 것 같습니다. 예수님께서도 그 사람이 지혜롭게 말한 것을 보고 "네가 하나님의 나라에서 멀지 않도다"(34절 후)라고 말씀하신 것이 성경에 기록되어 있습니다. 그의 물음에 대한 예수님의 대답은 무엇이었습니까?

"예수께서 대답하시되 첫째는 이것이니 이스라엘아 들으라 주 곧 우리 하나님은 유일한 주시라. 네 마음을 다하고 목숨을 다하고 뜻을 다하고 힘을 다하여 주 너의 하나님을 사랑하라 하신 것이요. 둘째는 이것이니 네 이웃을 네 자신과 같이 사랑하라 하신 것이라 이보다 더 큰 계명이 없느니라."

서기관은 모든 계명 중에서 첫 번째가 무엇인지를 물었으나 예수님은 두 가지 대답을 하셨습니다. 그러나 사실 그 첫째와 둘째는 똑같은 내용입니다. 바로 '사랑'을 이야기하고 있는 것입니다. "하나님을 사랑하라. 그리고 이웃을 사랑하라." 이것이 율법 전체의 정신이라는 것입니다. 그렇다면 우리는 어떻게 하나님을 사랑할 수 있을까요? 하나님은 모세를 통해서 십계명(출 20:1~11)을 주셨고, 그 십계명의 1계명부터 4계명까지는 '우리가 어떻게 하나님을 사랑해야 하는지에 대한 이야기'를 들려주고 있습니다.

내용을 살펴보면 첫 번째로 "너는 나 외에는 다른 신들을 네게 두지 말라"입니다. 하나님 외에 다른 신을 두지 말라는 것입니다. 돈도 신이 되어서는 안 되고, 명예도 신이 되어서는 안 되고, 자녀도, 남편도, 아내도 하나님처럼 되어서는 안 된다는 것입니다. 그들보다도 하나님을 더 사랑해야 된다는 것입니다.

두 번째로 "너를 위하여 새긴 우상을 만들지 말고 또 위로 하늘에 있는 것이나 아래로 땅에 잇는 것이나 땅 아래 물속에 있는 것의 어떤 형상도 만들지 말며 그것들에게 절하지 말며 그것들을 섬기지 말라"는 말씀입니다. 형상을 만들지 말며, 그것들에게 절하지도 말고 그들을 섬기지도 말라는 말씀입니다.

세 번째로는 "너는 네 하나님 여호와의 이름을 망령되게 부르지 말라"는 말씀입니다. 하나님 앞에서의 약속은 반드시 지키라는 것입니다. 하나님을 인간으로 생각하지 말라는 이야기가 아닐까 해석됩니다.

네 번째로 "안식일을 기억하여 거룩하게 지키라"고 합니다. 6일 동안 열심히 일하지만 제 칠일은 여호와의 안식일이기 때문에 아무 일도 하지 못하게 하라는 것입니다. 왜냐하면, 엿새 동안에 하나님이 천지를 창조하셨고 제 칠일에 안식하시고 그날을 복되게 하셨기 때문이라는 것입니다. 이것이 바로 유대인들에게 하나님이 주신 율법이었습니다.

사랑하는 여러분! 하나님을 사랑하고 경배하는 생활을 하고 있습니까? 하나님을 사랑하기 위해 말씀을 묵상하며 그분의 뜻을 구합니까?(30절).

그러면서 예수님께서 두 번째 또 사랑에 대해서 말씀하시는데 그것은 "네 이웃을 네 몸과 같이 사랑하라"(31절)는 것이었습니다. 왜 그런 말씀을 하셨을까요? 이웃을 내 몸처럼 사랑한다는 것이 쉬운 일일까요? 여러분은 정말 이웃을 내 몸처럼 사랑하며 살아가고 있습니까? 하나님을 향한 사랑을 이웃 사랑으로 표현하고 있습니까? 내가 사랑해야 할 이웃은 누구입니까?(31절). 예수님의 이야기를 들은 서기관이 이렇게 대답합니다. 32, 33절을 다 함께 읽어봅시다.

"서기관이 이르되 선생님이여 옳소이다 하나님은 한 분이시요 그 외에 다른 이가 없다 하신 말씀이 참이니이다. 또 마음을 다하고 지혜를 다하고 힘을 다하여 하나님을 사랑하는 것과 또 이웃을 자기 자신과 같이 사랑하는 것이 전체로 드리는 모든 번제물과 기타 제물보다 나으니이다."

서기관은 성전에서 율법을 가르치는 사람이었습니다. 성전을 귀중히 여기고 제사를 중히 여기는 사람 중 하나라는 것입니다. 그런데 이 사람이 "하나님을 마음과 목숨과 뜻과 힘을 다해서 사랑하는 것이, 그리고 이웃을 내 몸처럼 사랑하는 것이 하나님께 제사 드리는 것보다 훨씬 낫다"라고 이야기했다는 것은 굉장히 혁명적인 발언이었습니다. 예수님께서는 그 말을 듣자마자 "네가 하나님의 나라에서 멀지 않도다"(34절 후)라고 말씀하셨습니다.

예수님께서는 성전에서 계속 가르치시면서 사람들의 물음에 대답하셨던 것 같습니다. 그러던 중 "어찌하여 서기관들이 그리스도를 다윗의 자손이라 하느냐"(35절 후)는 질문을 하십니다. "다윗이 그리스도를 주라 했는데 어찌 그리스도가 다윗의 자손이 되겠느냐?"라는 엄청난 질문을 던지신 것입니다. 이를 해석하면 "너희 서기관들은 그리스도를 다윗의 후손이라고 말하지 않느냐? 그런데 그 다윗이 그리스도에 대해서 말하기를 '내 주'라고 말했다면 도대체 그리스도는 누구냐?"라는 질문입니다.

구약 시편 다윗의 시 110편 1절에 보면 "여호와께서 내 주에게 말씀하시기를 내가 네 원수들로 네 발판이 되게 하기까지 너는 내 오른쪽에 앉아 있으라 하셨도다"(36절 하)라고 말합니다. 메시아에 대해서 다윗이 이렇게 말했다는 것입니다. 서기관들과 바리새인들은 성경을 잘 안다고 했으나 사실은 잘 이해하지 못하고 있었습니다.

성경을 연구할 때 우리는 건성으로, 전통적으로 남들이 말한 대로 쉽게 믿는 경향이 있습니다. 그러나 예수님은 그런 잘못된 믿음을 바로잡기를 원하셨습니다. 다윗이 그리스도를 '내 주'라고 했는데, 어떻게 그 그리스도가 다윗의 자손이 될 수 있느냐는 말씀입니다.

다윗보다 더 큰 분이 아니냐는 질문을 던졌다는 것입니다.

예수님은 지금 무엇을 말씀하시는 것일까요? '메시아가 다윗의 후손'이라는 것이 틀렸다고 말하는 것이 아니라 '비록 다윗의 후손으로 오지만 그분은 하나님이 아들이시오 영원한 하나님의 나라를 가져오는 분'이라는 것을 가르치기 위해서 본문 내용을 말씀하고 있다는 사실입니다.

백성들은 비록 성경은 잘 몰랐지만 예수님의 말씀을 기쁘게 들었다고 성경은 기록(37절 하)하고 있습니다. 정말 하나님 말씀을 배우기 원한다면 남들이 가르치는 것, 교회 전통에서 가르치는 것, 교리로서 가르치는 것이 아니라, '정말 성경에서 그렇게 말하고 있는가'를 살펴보면서 성경을 읽어봐야 합니다. 하나님이 우리에게 어떤 분이신지 바로 알아가는 성도들이 되어야 할 것입니다. 성경에 대한 바른 지식, 하나님에 대한 바른 이해는 우리의 삶을 바른 길로 이끌어 줍니다.

외식하는 서기관과 가난한 과부

마 가 복 음 1 2 장 3 8 절 ~ 4 4 절

이미 살펴본 마가복음 12장에서는 다양한 사람들이 예수님을 시험한 이야기를 기록하고 있습니다. 바리새인과 사두개인들이 시험하고, 마지막으로 서기관들까지 와서 '율법의 가장 중요한 기능이 무엇이냐'고 물었던 것입니다. 그리고 이제 예수님께서 그들을 가르치시는 내용입니다. 서기관들을 조심하라는 내용*(38~40절)*과 가난한 과부의 헌금*(41~44절)*에 관한 이야기입니다.

여기에는 두 부류의 사람이 나옵니다. 첫 번째로 서기관입니다. 겉으로는 율법을 지키는 것 같지만 실제로는 율법을 지키지 않고 하나님을 사랑하지 않는 사람입니다. 두 번째는 가난한 과부입니다. '이런 사람이야말로 참으로 율법을 지키고 하나님을 사랑하는 사람'이라는 것을 보여주기 위해 마가는 이 이야기를 기록한 것 같습니다.

종교인의 모습

유대교의 분파는 바리새파와 사두개파로 나뉘어 있었습니다. 백성들의 삶 속에 많은 영향을 끼쳤던 사람들입니다. 이에 더해 유대교의 일파로서 에세네파도 있었습니다. 이들은 금욕주의자요, 극단적인 민족주의자들이었으며 오직 성경만을 믿으면서 메시아가 오기를 기다리는 사람들이었습니다. 속세에서 멀리 떠나 생활했던 사람들입니다.

본문에서 소개되는 서기관들은 어디에 속한 사람들이었을까요? 서기관은 사두개파 속에서도 나올 수 있고, 바리새파 중에서도 나올 수 있었습니다. 주로는 바리새파 사람들로 율법학자라고도 불리는 사람들이 바로 서기관이었습니다.

이들은 주로 회당에서 성경을 관리하고 복사하는 일을 하거나, 정부 관청에서 일하던 사람들로서 사두개파 사람들과 가까이 지내던 사람들이었습니다. 대개 중산층 이상의 부유한 삶을 살았고, 신분을 나타내기 위해서 흰색 세마포로 된 긴 옷을 입고 다녔습니다. 제사장과 비슷한 옷을 입었다는 것을 알 수가 있습니다. 그렇다면 주님은 이들의 무엇을 경고하기 원하셨을까요? 바로 외식하는 삶이었습니다. 본문 38~40절을 다 함께 읽어봅시다.

"예수께서 가르치실 때에 이르시되 긴 옷을 입고 다니는 것과 시장에서 문안 받는 것과, 회당의 높은 자리와 잔치의 윗자리를 원하는 서기관들을 삼가라. 그들은 과부의 가산을 삼키며 외식으로 길게 기도하는 자니 그 받는 판결이 더욱 중하리라 하시니라."

　서기관들은 이렇게 이중적이고 위선적인 사람들이었습니다. 당시에는 한 남자가 죽게 되면 혼자 남는 아내의 재산을 서기관들이 관리하게 했습니다. 그런데 서기관들은 과부를 불쌍히 여기고 도와주는 것이 아니라, 과부들을 속여서 재산을 빼앗아 버리는 일을 하기도 했다는 것입니다. 이것이 그 당시 사회적 풍속이었습니다. 자기의 지위와 권리를 이용해서 다른 사람을 탈취하고 그러면서도 사람들 앞에 자신을 드러내기 원하고 존경받기를 원하는 사람, 이것이 바로 종교인의 모습이었다는 것입니다.

　앞에서 '가장 큰 계명'을 묻는 서기관의 질문에 예수님은 "하나님과 이웃에 대한 사랑"을 강조하셨습니다. 정리하면 오직 자기 자신만을 생각하는 서기관들의 삶은 결코 율법을 지키는 삶일 수 없다는 말입니다. 그렇다면 진정 율법을 지키는 사람은 누구입니까? 41~44절을 다 함께 읽어봅시다.

　"예수께서 헌금함을 대하여 앉으사 무리가 어떻게 헌금함에 돈 넣는가를 보실새 여러 부자는 많이 넣는데, 한 가난한 과부는 와서 두 렙돈 곧 한 고드란트를 넣는지라. 예수께서 제자들을 불러다가 이르시되 내가 진실로 너희에게 이르노니 이 가난한 과부는 헌금함에 넣는 모든 사람보다 많이 넣었도다. 그들은 다 그 풍족한 중에서 넣었거니와 이 과부는 그 가난한 중에서 자기의 모든 소유 곧 생활비 전부를 넣었느니라 하시니라."

예수님께서는 이 말씀을 통해 "이 여인이야말로 율법을 지키는 자요, 하나님을 사랑하는 자요, 참 예배를 드리는 자다"라는 것을 암시하고 계신 것입니다. 예수님께서는 서기관의 이야기를 가르치시려고 일부러 성전 앞 헌금함 앞에서 가만히 쳐다보고 계셨습니다. 한 가난한 과부가 와서 두 렙돈 곧 한 고드란트를 넣었다고 이야기합니다.

렙돈은 당시 유대인의 동전이고, 고드란트는 로마인의 동전이었습니다. 한 고드란트가 두 렙돈 정도 되는데 이 돈을 환산하면 데나리온의 백 분의 일 정도 되었다는 것입니다. 당시 노동자의 하루 품삯이 한 데나리온 정도였다고 하니 아주 적은 돈입니다 *(일당이 십만 원이면 천원 정도)*.

감리교의 창시자인 요한 웨슬리는 이런 이야기를 했습니다. "나는 주머니가 회개하지 않는 사람의 회개를 믿을 수가 없다." 헌금하는 모습을 보면 그 사람의 신앙을 알 수 있다는 이야기입니다.

당시 헌금함은 '여인의 뜰'에 놓여 있었습니다. 제사장의 뜰에 놓으면 제사장 외에는 다른 사람들이 들어갈 수 없기 때문입니다. 이 헌금함은 나팔처럼 입구가 크게 놋쇠로 만들었습니다. 당시의 화폐는 주로 동전이나 은전이었습니다. 그래서 헌금을 넣으면 소리가 들렸습니다. 소리만 들어도 동으로 만든 동전인지 은으로 만든 은전인지 구별할 수 있었습니다. 그래서 제사장들은 그 소리만 듣고도 '저

사람이 돈을 많이 넣었구나', 혹은 '저 사람은 돈을 적게 넣었구나'
를 알 수 있었다는 것입니다.

예수님께서 여인의 헌금을 칭찬하신 이유는, 첫째로 사람을 의식
한 것이 아니라 '하나님을 의식하여' 헌금을 드렸기 때문이었습니
다. 가난한 과부는 자신의 헌금을 창피하게 생각하지 않고 하나님
만을 의식해서 최선을 다해 주님께 드렸습니다. 그 믿음에 과부의
아름다움이 있고, 마음의 중심에 하나님을 사랑하는 마음이 있다는
것입니다.

둘째, 이 가난한 과부의 헌금은 '희생이 담긴 헌금'이었습니다. 44
절을 보십시오.

"그들은 다 그 풍족한 중에서 넣었거니와 이 과부는 그 가난한 중
에서 자기의 모든 소유 곧 생활비 전부를 넣었느니라 하시니라."

객관적으로 보면 아주 적은 돈이지만, 과부의 헌금은 자신을 희
생한 헌금이었다는 것입니다. 중요한 것은 돈의 액수가 아니라 하
나님에 대한 감사와 헌신의 마음, 희생의 마음이 담겨 있느냐 하는
것입니다.

셋째로 이 여인은 '자기 모든 소유'를 드렸습니다. 비록 적은 돈이
지만 하나님께 모든 것을 드리고 싶다는 마음이 있었습니다. 당시에
는 가난한 사람들의 헌금을 멸시하는 일들이 종종 있었습니다. 그러
나 예수님께서는 이 비유를 통해 하나님을 사랑하고 율법을 지키는

것이 무엇인지 말씀해주고 계십니다.

오늘날 교회의 모습은 어떻습니까? 여러분의 헌금은 과부의 헌금입니까? 아니면 부자의 헌금입니까? 내가 남에게 자랑하고 인정받고자 외식하며 앉고 싶은 높은 자리는 어디입니까? 하나님께 드리고 이웃과 나누는 것에 인색하지는 않습니까? 하나님에 대한 사랑과 감사의 고백으로 헌금을 드리고 있습니까?

예수님의 예언 선포

마 가 복 음 1 3 장 1 절 ~ 4 절

마가복음 13장을 크게 네 부분으로 나눠보면 예수님의 선포와 제자들의 질문*(1~4절)*, 종말의 징조*(5~23절)*, 재림의 징조*(24~27절)*, 그리고 "깨어 있으라"는 말씀*(28~37절)*으로 요약됩니다. 마가복음 13장은 마치 신약 성경의 계시록과 같은 성격을 취합니다. 예수님께서 직접 종말의 때에 어떤 일이 일어날 것인지와 메시아가 오실 때 무슨 일이 일어날 것인지에 대해 하신 이야기를 담고 있기 때문입니다.

또한, 13장 14, 19, 26절을 통해 다니엘서에 기록된 종말에 관한 이야기를 예수님께서 그대로 인용해 말씀합니다. 바로 그 사실 때문에 마가복은 13장을 예수님의 종말론, 신약성서의 계시록, 복음적 계시록이라고 말하는 것입니다.

304

1. 종말의 암시

예수님의 종말 이야기가 선포된 장소는 감람산입니다. 예루살렘에 가보면 성전산보다 조금 더 높은 곳에 위치한 곳이 감람산입니다. 놀라운 사실은 예수님께서 성전을 마주 보시면서 감람산 강화를 말씀했다는 것입니다. 구약성경 스가랴 14장 1~4절까지 보면 선지자 스가랴가 예언하기를 메시아가 하늘에서 이 땅에 임할 때, 그 임하는 장소가 감람산이라고 말합니다.

예수님께서 승천하실 때에도 "내가 너희가 본 그대로 이곳에 올 것이다"라고 말씀하시면서 메시아로서 재림하실 때, 감람산에 재림하신다고 이야기하고 있습니다. 그래서 예수님이 감람산에 앉으셔서 성전을 마주 보면서 이 이야기를 하셨다는 것은 곧 눈에 보이는 성전, 율법에 따라 제사를 지내지만 타락한 예배와 제사를 드리는 이 성전은 무너져 내리고, 진짜 메시아가 되신 예수님이 오셔서 경배를 받으실 그때가 올 것이라는 암시입니다. '감람산'이 중요한 이유는 바로 여기에 있는 것입니다.

그렇다고 해서 마가복음 13장이 묵시록만을 담고 있지는 않습니다. 묵시록은 먼 미래에 일어날 일들을 마치 환상처럼 이야기하는 것인데 반해, 이것은 실제로 일어난 일이기 때문입니다. 예수님께서 직접 설교하고 가르치신 것이기 때문에 묵시록과는 또 다른 성격을 지닙니다. 어쨌든 13장은 종말에 대한 전체로서의 하나의 큰 그림을 보여줍니다.

2. 재난의 시작

1절부터 4절까지는 매우 중요한 내용을 담고 있습니다. 먼저 1절 상반절에 "예수께서 성전에서 나가실 때에"라고 합니다. 여기에 주목해 볼 것은 예수님이 성전에서 나가시고 있다는 사실입니다. 이제 다시는 들어오실 일이 없습니다. 마가의 다락방에서 유월절 식사를 하시고, 겟세마네 동산에서 기도하시고 십자가에 죽으시기 전 마지막 날입니다. 이제 성전에서 주님이 하실 일은 다 끝났습니다. 그때 제자들이 예수님께 물은 것입니다. "선생님이여 보소서 이 돌들이 어떠하며 이 건물들이 어떠하니이까"*(1절 하)*.

그들이 가리킨 성전은 헤롯이 40년에 걸쳐 거대하게 지은 성전이었습니다. 헤롯 대왕이 이스라엘 백성들의 환심을 사기 위해서 46년에 걸쳐서 수리한 성전입니다. 이 성전은 사실은 제2 성전을 개축한 것입니다. 그래서 이 성전을 제3 성전도, 제2 성전도 아닌 헤롯 성전이라고 하는 것입니다. 제1 성전은 솔로몬이 지었습니다. 그리고 주전 586년에 솔로몬이 지은 성전이 느부갓네살 왕에 의해 완전히 파괴되고 이스라엘 백성들은 바벨론에 포로로 잡혀가게 됩니다. 그러고 나서는 성전이 없었습니다.

그런데 하나님이 기적을 일으키셔서 70년 후에 스룹바벨의 인도하에 유대인들이 다시 돌아와서 성전을 짓게 해 주십니다. 그것이 바로 소위 제2 성전, 스룹바벨 성전이라고 이야기합니다. 이 스룹바벨 성전은 솔로몬 성전과는 비교가 안 될 만큼 초라하고 형편없는 모습의 성전이었습니다. 왜냐하면, 포로들이 돌아와서 지었으므로 여러 가지 부족한 것이 많았기 때문입니다.

에돔 사람인 헤롯은 자기가 유대인이라고 속이면서 유대인들의 환심을 사기 위해 노력합니다. 그 일환으로 전 세계에서 가장 아름다운 성전을 만들기로 결심하고 46년에 걸쳐서 성전을 수리합니다. 엄청나게 크고 화려한 성전이었습니다. 역사가 요세푸스가 쓴 글에 보면 이 성전 재건에 사용된 돌 하나의 길이가 13m, 넓이가 3.6m, 높이가 6m라고 합니다.

사람들은 메시아가 오실 때까지 이 성전만은 절대로 무너지지 않을 것이라고 자랑했습니다. 제자들조차도 예수님이 가져오시는 메시아 왕국이 어떤 것인지 알지 못한 채, 눈에 보이는 이 성전의 아름다움을 자랑하고 있었던 것입니다. 그때 예수님께서 깜짝 놀랄만한 이야기를 하십니다. 본문 2절 말씀을 다 함께 읽어봅시다.

"네가 이 큰 건물들을 보느냐 돌 하나도 돌 위에 남지 않고 다 무너뜨려지리라."

성전의 웅장함과 외양에 매료되어 감탄한 제자들에게 예수님은 이스라엘 내면의 부패와 타락함을 보시고 성전 파괴를 예언하십니다. 결국, 주님이 예언 선포를 한지 30년이 지난, 주후 70년 로마 황제 베스파니우스의 아들인 디도 장군이 이끄는 로마군대에 의해서 예루살렘이 완전히 파괴되고 성전도 무너지게 됩니다. 예수님이 예언하신 대로 예루살렘 성전은 돌 하나도 남지 않고 다 무너집니다.

성전 가득한 그들의 죄로 인해 성전은 무너질 수밖에 없습니다. 오직 서쪽 벽 일부만 남았습니다. 그 벽을 오늘날 '통곡의 벽'이라고 부릅니다. 이제는 유대인들이 와서 성전이 무너진 것을 애통해하면서 기도하는 곳이 되었습니다.

우리에게도 아끼는 것이 무너지고 파괴되는 일이 일어납니다. 말씀의 경고를 들었음에도 망하게 되는 것은 내 인생의 결론입니다. 그러나 훼파되고 무너져도 날마다 내 죄와 수치를 들여다볼 때 하나님이 나를 다시 심고 세우시는 은혜를 경험하게 됩니다.

그렇다면 "돌 하나도 돌 위에 남지 않고 다 무너뜨려 진다"는 말씀은 무엇을 의미합니까? 단순히 성전이 다 무너질 것이라는 이야기가 아니었습니다. 사람의 손으로 지은 성전은 참 성전이 아니라는 말씀과 연관이 됩니다. 영과 진리로 하나님께 예배할 때가 오는데 그때를 예수님께서 만드신다는 이야기로 해석해야 할 것입니다. 또 예수님이 선포하신 이때부터 종말적인 재난이 시작된다는 이야기도 됩니다.

그래서 예수님께서는 이때부터 시작해서 마가복음 13장 전체를 통해 종말의 이야기를 계속하십니다. 어찌 보면 예루살렘 성전이 무너진 주후 70년부터 종말이 시작되었고, 유대인들에 대한 환난과 재난이 시작되지 않았나 생각해 볼 수 있습니다. 제자들은 그 예수님의 말씀을 듣고 성전에서 나와 기드론 골짜기를 지나 감람산에 올라갔을 때 예수님께 질문합니다. 본문 4절을 다 함께 읽어봅시다.

"우리에게 이르소서 어느 때에 이런 일이 있겠사오며 이 모든 일이 이루어지려 할 때에 무슨 징조가 있사오리까?"

그리고 예수님은 5절부터 27절까지 그에 대한 답을 주시는데, 5절부터 23절까지는 말세에 이루어질 성전 파괴와 말세의 징조, 혹은 유대인들의 환란, 재난의 징조에 대한 이야기를 하고 있고, 24절부터 27절까지는 메시아가 재림하실 때 일어날 징조에 대해 말씀하고 있는 것입니다. 그다음 28절부터 37절까지 그 '때'에 대한 이야기를 합니다. "때는 아무도 모른다. 그러므로 깨어 있어야 한다"는 말씀을 하고 있는 것입니다. 이것이 바로 마가복음 13장 전체에서 말하고 있는 중요한 내용입니다.

종말의 징조 I

　5절부터 13절까지는 종말의 징조에 대한 말씀입니다. 4절에 제자들이 "우리에게 이르소서 어느 때에 이런 일이 있겠사오며 이 모든 일이 이루어지려 할 때에 무슨 징조가 있사오리이까?"하고 질문했습니다. 그러나 예수님은 때에 대한 이야기를 하지 않으시고 징조에 대한 답을 먼저 주십니다. 그 가운데 5절부터 13절까지는 종말에 일어날 일들에 대한 말씀입니다.

　5절에 보면 "예수께서 이르시되 너희가 사람의 미혹을 받지 않도록 주의하라"고 합니다. 이 말씀을 하신 이유는 무엇이었습니까? 그리스도의 제자들에게 이런 재난이 가까이 왔다는 것입니다. 5절부터 13절까지의 내용은 종말 전체에 일어날 일이 아니라 종말의 처음에 일어날 일들이라는 것을 암시해 주고 있다는 것입니다. 그래서 주님은 8절 하반절에서 "이는 재난의 시작이니라"고 말씀하신 것입니다.

종말의 시작이 5절부터 13절까지인지, 아니면 5절부터 8절까지인지는 정확히 알 수 없습니다. 다만 중요한 것은 정확하게 5절부터 8절까지는 종말의 시작에 일어날 일들에 대해 말씀하고 있다는 사실입니다. 그렇다면 종말의 시작에 일어날 일들에는 뭐가 있다고 했습니까? 본문 5, 6절을 다 함께 읽어봅시다.

"예수께서 이르시되 너희가 사람의 미혹을 받지 않도록 주의하라. 많은 사람이 내 이름으로 와서 이르되 내가 그라 하여 많은 사람을 미혹하리라."

이는 사람들이 미혹하더라도 거기에 현혹되지 말라는 말씀입니다. 왜냐하면, 예수님이 재림하실 때에는 모든 사람이 알 수 있도록 재림하기 때문에 말하지 않아도 다 안다는 것입니다. 본문 7, 8절을 읽어봅시다.

"난리와 난리의 소문을 들을 때에 두려워하지 말라 이런 일이 있어야 하되 아직 끝은 아니니라. 민족이 민족을, 나라가 나라를 대적하여 일어나겠고 곳곳에 지진이 있으며 기근이 있으리니 이는 재난의 시작이니라."

두 번째로 재난의 시작은 민족이 민족을, 나라가 나라를 대적하여 일어난다는 것입니다. 한 나라 안에서 내전도 일어나고 또 나라와

311

나라 사이에 전쟁도 일어날 것이라는 말씀입니다. 또한, 지진도 일어나고, 먹을 것이 없어서 사람들이 굶어 죽는 일들도 일어날 것이라는 말씀입니다. 그런 일들이 일어나면 '재난이 시작되었구나'라고 생각하라는 것입니다.

여기에서 알 수 있는 것은 예수님이 재림하실 때 일어나는 환란은 예수 믿는 사람들에 대한 핍박이 아니라 전 세계적인 재난이라는 것입니다. 기독교에 대한 핍박이 아니라 모든 사람이 고통당할 것에 대한 예언입니다. 하나님의 형상대로 지음받은 인간들이 하나님을 인정하지 않았기 때문에 일어나는 재난과 환란을 이야기하고 있는 것입니다. 영적 혼란, 자연의 재난, 사람들 사이에서의 재난에 대한 예언입니다.

9절부터 13절까지는 '제자들에 대한 핍박'에 관한 말씀입니다. 돌이켜 생각해보면 지구상에 거짓 그리스도, 전쟁, 지진, 기근 등은 인류 역사를 통해서 계속됐습니다. 다만 오늘날에는 이전보다 더 심한 양상으로 치닫고 있다는 차이입니다.

과거에도 "내가 메시아다"라고 하는 사람들은 있었으나 오늘날처럼 거짓 그리스도가 많지는 않았습니다. 지진의 경우도 14세기에는 137번밖에 일어나지 않았다고 합니다. 15세기에는 174회, 16세기에는 153회, 18세기에는 640회, 19세기에는 2119회, 그리고 20세기에는 2만 번이 넘게 일어났습니다. 갈수록 지진의 강도와 빈도가 높아지고 있다는 것입니다.

전쟁의 모습도 갈수록 심각해지고 있습니다. 역사를 통해서 전쟁이 없는 시기는 없었지만 지금 일어나는 전쟁은 그 모습이 다릅니다. 곳곳에서 내전이 끊어지지 않고 있습니다. 핵전쟁인 제3차 전쟁이 일어나면 전 인류의 3분의 1 이상이 다 죽을 것이라고 합니다. 다시 말해 인류의 종말은 예수님이 십자가에 못 박혀 죽으시고 부활하신 그때부터 시작되어 갈수록 가까워져 오고 있다는 이야기입니다. 기독교인들이 당하는 핍박도 점차 강해질 수 있습니다.

그러면서 9절에서 말씀하시기를 "너희는 스스로 조심하라 사람들이 너희를 공회에 넘겨주겠고 너희를 회당에서 매질하겠으며 나로 말미암아 너희가 권력자들과 임금들 앞에 서리니 이는 그들에게 증거가 되려 함이라"고 합니다. 이것은 가까운 미래에 일어날 일들입니다. 실제로 바울 사도 때부터 그 일은 시작되었습니다.

예수님이 십자가에 못 박혀 죽고 난 다음에 제자들이 바로 공회에 넘겨져서 감옥에 갇히게 되고, 매질을 당하는 등 핍박을 받았습니다. 그러나 예수님께서는 말씀하시기를 11절에서 "사람들이 너희를 끌어다가 넘겨 줄 때에 무슨 말을 할까 미리 염려하지 말고 무엇이든지 그 때에 너희에게 주시는 그 말을 하라. 말하는 이는 너희가 아니요 성령이시니라"고 말씀하십니다. 성령님이 마음속에 할 말을 담아주시고 생각을 주실 것이므로 핍박을 받으나 근심하지 말라는 말씀입니다. 종말의 때에 자신의 제자들을 위해서 하신 말씀입니다. 또한, 12절 말씀을 읽어 봅시다.

"형제가 형제를, 아버지가 자식을 죽는 데에 내주며 자식들이 부모

313

를 대적하여 죽게 하리라."

핍박을 하는 대상이 단순히 예수를 믿지 않는 사람뿐이 아니라는 것입니다. 형제가 형제를, 아비가 자식을 죽는데 내어주며 자식들이 부모를 대적하여 죽게 하리라는 말씀입니다.

실제로 이와 연관해서 역사를 살펴보면 좀 더 쉽게 이해할 수 있습니다. 로마의 베스파니우스는 유대인들을 진압하기 위해 많은 노력을 했습니다. 그러나 결국 그가 진압하지 못하고, 양자인 디도 장군이 예루살렘을 완전히 함락하고 성전을 불태워버리고, 도시를 파괴하는 등 수많은 유대인을 박해합니다. 이렇게 해서 로마는 완전히 이스라엘을 멸망시켰으나 그 후에도 유대인들은 계속해서 로마에 대항합니다.

그 가운데 유명한 것이 바르 코크바의 난입니다. 랍비 아키바는 바르 코크바를 메시아라고 선언하고 그 사람을 앞세워서 다윗의 왕국을 건설하려고 했습니다. 바르 코크바라는 것은 히브리어로 '별의 아들'이라는 뜻인데. 민수기 24장 17절에 메시아가 별의 아들처럼 나온다는 말을 알고 있는 랍비 아키바가 그렇게 지은 것입니다.

결국, 바르 코크바는 로마의 전투에서 죽고, 랍비 아키바는 유대인들을 부추긴 죄 때문에 로마군에 의해서 처형되고 맙니다. 주후 135년경 유대 지역에서 유대인들은 다 쫓겨나 '팔레스타인을 떠나 살면서 유대교의 규범과 생활 관습을 유지하는 유대인' 즉 흩어진 디아스포라가 되고 유대 땅은 완전히 황폐해지고 맙니다.

유대 역사가인 요세푸스의 기록에 의하면, 이렇게 예수님 시대부터 로마에 의해 성전이 파괴되고, 바르 코크바 반란에 의해 완전히 유대 지역이 황폐해지는 과정 속에 로마의 정권에 반대하는 많은 운동이 일어납니다. 또 많은 유대인이 요단 건너편 베레아 지방 북쪽 펠라라는 성으로 피신합니다. 로마 정권에 반대하는 열심당원들은 기독교인들에게 반란군에 가입할 것을 권유하고, 그러다 말을 듣지 않으면 기독교인들을 박해했습니다. 기독교인들을 핍박하고, 공회에 넘겨주고, 회당에서 매질하는 이런 일들이 있었다는 것입니다.

심지어 어떤 사람은 자기들이 살기 위해서 로마 관청에 "내 아들은 예수를 믿으며 로마 황제에게 절을 하지 않는다"라고 고발함으로, 자기는 살아나고 아들은 죽이는 일까지 있었다고 합니다. 그런 역사적 사실이 요세푸스에 의해 기록된 것입니다. 그리고 9절부터 12절까지 말씀은 그런 일들이 일어날 것을 미리 예언하고 있다는 것입니다.

뿐만 아니라 이런 종말의 재난이 시작될 때 일어나는 또 한 가지 사건이 있는데, 그것은 바로 "복음이 온 세상에 전파될 것이다"(10절)라는 것입니다. 우리는 이것을 기억해야 합니다. 그러면서 예수님은 마지막으로 13절에서 이렇게 말씀하십니다.

"또 너희가 내 이름으로 말미암아 모든 사람에게 미움을 받을 것이나 끝까지 견디는 자는 구원을 받으리라."

5절부터 13절까지 예수님이 사용하신 동사를 살펴보면 '주의하라'(5절), '조심하라'(9절), '전파되어야 한다'(10절), '염려하지 말라'(11절)는 말씀이 있습니다. "미혹을 받지 않도록 주의하라. 너희들이 핍박을 당할 것이나 조심하되 염려하지 말라"는 말씀입니다. 끝까지 견디는 자는 구원을 받습니다.

종말의 징조 II

마가복음 13장 14절~23절

마가복음 13장 3절에 보면 베드로, 야고보, 요한, 안드레가 예수님께 질문합니다. "성전이 파괴된다면 종말이 아니겠습니까? 어느 때에 그런 일이 있겠고, 무슨 징조가 나타날까요?" '징조'와 '때'를 묻는 말이었습니다. 그에 대해서 예수님은 5절부터 23절까지 종말의 징조에 대한 말씀을 들려주시는데, 그것을 둘로 나눠보면 종말적 재난의 시작(5~13절), 그리고 종말의 마지막 때에 관한 징조(14~23절)입니다.

본문 말씀은 마지막 때에 일어날 일들에 대해 말해주고 있습니다. 출산의 고통 같은 엄청난 사건이 일어나는데, 예루살렘에서 일어날 것이고(장소), 성전이 더럽혀질 것이라는 이야기입니다. 그날에 유대인들이 고난을 당하게 될 것이며, 거짓 선지자가 나타날 것이라는 예언입니다.

317

1. 징조, 예언의 성취

먼저 14절 앞부분을 살펴보면 "멸망의 가증한 것이 서지 못할 곳에 선 것을 보거든"이라고 합니다. 이것은 무엇을 의미합니까? "멸망의 가증한 것"은 '하나님이 미워하시는 것'을 의미합니다. 하나님이 파하시는 것, 없애기를 원하시는 것입니다. 다시 말하면 우상입니다. "서지 못할 곳"은 '성전'을 의미합니다. 즉 '하나님의 거룩한 성전에 더러운 우상이 선다'는 이야기를 하고 있는 것입니다. 이것은 예수님이 말씀하셨지만, 사실은 다니엘 선지자가 12장 11절에서 이미 한 이야기입니다.

"그가 이르되 다니엘아 갈지어다 이 말은 마지막 때까지 간수하고 봉함할 것임이니라. 많은 사람이 연단을 받아 스스로 정결하게 하며 희게 할 것이나 악한 사람은 악을 행하리니 악한 자는 아무것도 깨닫지 못하되 오직 지혜 있는 자는 깨달으리라. 매일 드리는 제사를 폐하며 멸망하게 할 가증한 것을 세울 때부터 천이백구십 일을 지낼 것이요. 기다려서 천삼백삼십오 일까지 이르는 그 사람은 복이 있으리라. 너는 가서 마지막을 기다리라 이는 네가 평안히 쉬다가 끝 날에는 네 몫을 누릴 것임이라"(단 12:9~13).

종말의 종말, 세상 끝날, 일어날 일을 다니엘을 통해 예언하셨는데, 그때 일어날 일 중의 하나가 '거룩한 성전에 가증한 우상이 서게 된다'는 것과 매일 드리는 제사도 완전히 없애버리게 된다는 내용입니다. 유대인들의 역사를 볼 때 이 일은 이미 한 번 이루어졌습니다.

주전 168년 셀류쿠스 왕조 안티오쿠스 에피파네스라고 하는 왕이 예루살렘을 점령해서 예루살렘 성전 안에 제우스 신전을 세우고, 더러운 돼지를 희생 제물로 바치는 일들이 있었습니다. 다니엘서 12장의 예언은 이미 성취되었다는 것입니다. 그런데도 예수님께서 이 말씀을 다시 하시면서 거룩한 성전에 더러운 우상이 설 것이라고 말씀하신 것은 '이중적 성취'를 의미합니다. 이중적 성취란 두 번만이 아니라 세 번, 혹은 네 번이 될 수도 있습니다.

예수님이 이 말씀을 하시고 나서, 주후 70년 로마의 디도 장군이 예루살렘 성벽을 무너뜨리고, 성전을 더럽히고, 그 위에 우상의 제단을 세우고 황제의 얼굴이 있는 로마 군기를 세웠습니다. 하나님이 가증하게 여기시는 것이 하나님의 이름으로 섰던 것입니다. 이것이 두 번째 예언의 성취입니다. 그러나 그것으로 끝이 아닙니다. 왜냐하면, 예수님은 재림 직전에 일어날 일을 예언하셨으나 그때가 세상의 종말은 아니었기 때문입니다.

2. 통합 종교의 징조

그렇다면 예수님이 말씀하신 예언의 성취는 언제 일어날까요? 세상의 마지막 때, 종교의 통합을 일으키자는 운동이 일어날 것이라는 이야기입니다. 이슬람, 불교, 힌두교, 기독교, 유대교를 통합해 하나의 성전을 짓자는 이야기가 있을 것입니다. 그러한 합의가 일어난다는 것입니다. 사실상 이러한 운동은 이미 시작되었습니다.

독일 베를린에는 유대교와 기독교와 천주교와 이슬람까지 같이하는 하나의 통합 성전이 이미 세워졌습니다. 그런 일들이 마지막 때, 어쩌면 예루살렘 성전 산에, 바로 솔로몬 성전을 지었던 그 장소에 일어날 것을 이야기하고 있는 것입니다. 그 일들이 언제, 어떻게 일어날지는 아무도 알지 못합니다. 다만 우리가 기억할 것은, 마지막 때에 성전이 파괴되는 것이 아니라 성전 안에 우상을 세움으로 더럽히는 것에 대해 이야기하고 있다는 사실입니다. 누가는 이 이야기를 "이방 나라들이 연합해서 예루살렘을 침공한다"는 이야기로 묘사합니다. 누가복음 21장 20, 22절을 다 함께 읽어봅시다.

"너희가 예루살렘이 군대들에게 에워싸이는 것을 보거든 그 멸망이 가까운 줄을 알라. 그 때에 유대에 있는 자들은 산으로 도망갈 것이며 성내에 있는 자들은 나갈 것이며 촌에 있는 자들은 그리로 들어가지 말지어다. 이 날들은 기록된 모든 것을 이루는 징벌의 날이니라."

이 말씀은 무엇을 의미합니까? 마지막 종말의 때 제3 성전(종교 통합)이 세워지고 그 자리에 우상을 세우려고 하니까 이스라엘이 반대를 합니다. 그러자 다른 모든 나라가 연합해서 예루살렘을 침공하고, 결국에는 악한 자들이 예루살렘을 무너뜨리고 그 성전 안에 우상을 세우는 일들이 나타난다는 것입니다. 그때 하나님이 심판하시고 군대들을 다 멸하는 일들이 일어날 것이라는 말씀입니다(*슥 11~14장 참조*). 본문에도 보면 14절 후반절부터 19절까지 예루살렘을 침공하고 유대인들이 큰 환란을 당하는 이야기를 기록하고 있습니다.

"그 때에 유대에 있는 자들은 산으로 도망할지어다. 지붕 위에 있는 자는 내려가지도 말고 집에 있는 무엇을 가지러 들어가지도 말며 밭에 있는 자는 겉옷을 가지러 뒤로 돌이키지 말지어다. 그 날에는 아이 밴 자들과 젖먹이는 자들에게 화가 있으리로다. 이 일이 겨울에 일어나지 않도록 기도하라. 이는 그 날들이 환난의 날이 되겠음이라 하나님께서 창조하신 시초부터 지금까지 이런 환난이 없었고 후에도 없으리라."

그리고 그 핍박과 환란이 얼마나 심한지 20절에 말하기를 "만일 주께서 그 날들을 감하지 아니하셨더라면 모든 육체가 구원을 얻지 못할 것이거늘 자기가 택하신 자들을 위하여 그 날들을 감하셨느니라"고 합니다. 여기에서 말하는 '모든 육체'는 어쩌면 유대인이고, 또 다른 해석을 보면 전 세계 이방인들을 지칭하는 것 같습니다. 택하신 백성을 위해서 그날을 조금 줄여주셨다는 말씀을 하고 있는 것입니다.

셀류쿠스 왕조에 의해 주전 168년에 이미 한번 성전이 더럽혀졌고, 그다음에 로마에 의해서 주후 70년에 또 성전이 더럽혀졌다는 것입니다. 그런데 예수님이 말씀하신 것은 종말 중의 종말의 사건이기 때문에 로마의 사건으로 보기는 힘들다는 것입니다.

3. 영적 미혹의 징조

또한, 세상의 가장 마지막에 전쟁이 일어난다고 이야기합니다. 그 때문에 유대인에게 큰 핍박이 일어난다는 말씀입니다. 그것은 바로 영적 미혹, 거짓 그리스도와 거짓 선지자가 일어난다는 이야기입니다. 본문 21~23절을 다 함께 읽어봅시다.

"그 때에 어떤 사람이 너희에게 말하되 보라 그리스도가 여기 있다 보라 저기 있다 하여도 믿지 말라. 거짓 그리스도들과 거짓 선지자들이 일어나서 이적과 기사를 행하여 할 수만 있으면 택하신 자들을 미혹하려 하리라. 너희는 삼가라 내가 모든 일을 너희에게 미리 말하였노라."

요세푸스의 기록에 의하면 주후 60주년부터 70년경, 유대인의 반역이 일어났을 때 엄청나게 많은 거짓 메시아와 예언자들이 일어났다고 합니다. 세상이 흉흉하고 어려울 때 거짓 선지자가 많이 일어나는 법입니다. 그래서 주님이 말씀하시기를 "미혹을 받지 않도록 조심하라"고 하셨습니다. 종말이 가까워져 오면, 많은 거짓 그리스도와 거짓 예언자들이 일어날 것입니다. 따라서 우리는 성경을 알아야 하며 연구해야 합니다. 그냥 예배드리고 주일성수 하는 것만으로 부족합니다. 성경을 잘 알아야 우리 자신을 준비할 수 있습니다.

어쩌면 유대인들에 의해서 예루살렘에 제3 성전이 세워질지도 모릅니다. 모든 민족이 다 모여 유대인과 계약을 맺고 솔로몬의 성전이 있던 자리에 하나의 성전을 세울지도 모릅니다. 이러할 때 하나님의 시간을 모른 채 세상 뜻대로 살다가 구원받지 못하는 어리석은 자가 되어서는 안 될 것입니다. 깨어서 주님을 기다려야 합니다.

재림의 징조

마 가 복 음   1 3 장   2 4 절 ~ 3 7 절

　본문은 크게 두 단락으로 구분할 수 있습니다. 24절부터 27절까지는 종말의 마지막 때 일어날 세 가지 재앙, 그리고 28절부터 37절까지는 '때'에 대한, 다시 말해서 언제 이러한 일이 일어날지에 대한 말씀입니다.

　종말의 마지막 때 일어날 첫 번째 특징은 우주적(宇宙的)인 재앙(災殃)입니다. 그것을 어떻게 표현했습니까? 본문 24, 25절을 다 함께 읽어봅시다.

"그 때에 그 환난 후 해가 어두워지며 달이 빛을 내지 아니하며, 별들이 하늘에서 떨어지며 하늘에 있는 권능들이 흔들리리라."

　다음으로는 모든 세상 사람들이 볼 수 있게 예수님이 구름 타고 재림하신다는 말씀입니다. 26절을 봅시다. "그 때에 인자가 구름을

324

타고 큰 권능과 영광으로 오는 것을 사람들이 보리라." 세 번째는 휴거가 일어날 것이라는 말씀입니다. 27절을 보십시오. "또 그 때에 그가 천사들을 보내어 자기가 택하신 자들을 땅 끝으로부터 하늘 끝까지 사방에서 모으리라."

24절에 "그 때"는 환란 후를 이야기합니다. 유대인에 대한 큰 환란, 혹은 그리스도를 따르는 제자들에 대한 큰 환란이 일어난 다음에 이런 일들이 일어난다는 것입니다. 그래서 24절부터 27절까지를 '재림의 징조'라고 이야기합니다. 재림의 징조는 구약을 통해서도 찾아볼 수 있습니다. 예수님이 말씀하신 모든 것들은 이미 구약성경에 기록된 것이었습니다. 먼저 24절의 '우주적 재앙'은 하나님께서 예언자 요엘과 이사야를 통해서 우리에게 말씀하신 것입니다 (욜 2:10, 31, 32. 사 13:9~11).

또한, 26절의 "인자가 구름을 타고 큰 권능과 영광으로 오는 것을 사람들이 보리라"는 말씀은 구약에서 다니엘 선지자를 통해 이미 말씀하신 것입니다(단 7:13, 14). 예수님은 다니엘의 예언이 지금 그대로 이루어질 것을 다시 한번 말씀하신 것입니다. 예수님은 성경을 따라서 사셨고, 성경에 있는 이야기를 말씀하셨고, 성경에 있는 이야기를 우리에게 다시 한번 깨닫게 해 주기 위해서 오셨다는 사실입니다.

마지막 27절 말씀은 휴거를 의미한다고 했습니다. 공중의 구름 타고 재림하실 때 하나님께서 온 세상에서 믿는 성도들을 완전히 하늘로 끌어 올리는 휴거가 일어날 것이라는 말씀입니다(*살전 4:16, 17*). 이렇게 종말의 여러 가지 징조와 사건을 통하여 우리를 찾아오시는 예수님을 만나고 교제하는 삶을 살아가고 있는지, 점검해 보시기를 부탁드립니다.

5절부터 27절까지 징조에 대해 말씀을 하셨다면, 28절부터 37절까지는 '언제' 이런 일이 일어날지에 대한 비유의 말씀입니다. 28, 29절을 다 함께 읽어봅시다.

"무화과나무의 비유를 배우라 그 가지가 연하여지고 잎사귀를 내면 여름이 가까운 줄 아나니, 이와 같이 너희가 이런 일이 일어나는 것을 보거든 인자가 가까이 곧 문 앞에 이른 줄 알라."

무화과나무를 보고 때를 아는 것처럼 '징조'들이 일어나면 메시아가 오심을 알리는 것입니다. 그러면서 30절에 말씀하시기를 "내가 진실로 너희에게 말하노니 이 세대가 지나가기 전에 이 일이 다 일어나리라"고 합니다. '이 세대'는 무엇을 의미할까요? 예수님이 살아 있던 세대를 말할까요? 아직 그 일이 일어나지 않았으므로 그때는 아닌 것 같습니다.

어쩌면 지금 눈에 보이는 역사적인 시대가 다 지나가기 전에, 하나님의 나라가 임하기 전에, 영원한 하나님의 나라가 도래하기 전에 이 일이 다 이루어질 것이라는 말씀이 아닐까요? 눈에 보이는 세대가 전부인 것처럼 살지 말라는 말씀으로 해석됩니다. 그러면서 31

절에 또 한 가지 말씀을 더 하십니다. "천지는 없어지겠으나 내 말은 없어지지 아니하리라." 예언의 말씀은 정확하게 이루어진다는 말씀입니다.

나에게 찾아온 고난이 하나님이 나를 찾아오시는 징조임을 믿습니까? 하나님은 어떤 징조로 나를 찾아오셨습니까? 32, 33절을 다 함께 읽어봅시다.

"그러나 그 날과 그 때는 아무도 모르나니 하늘에 있는 천사들도, 아들도 모르고 아버지만 아시느니라. 주의하라 깨어 있으라 그 때가 언제인지 알지 못함이라."

천사들도 모르고, 아들 예수도 모르고, 하나님 아버지만 아신다는 것입니다. 그렇다면 이런 의문을 가져볼 수도 있습니다. '예수님도 하나님의 아들이고 하나님인데 왜 그 때가 언제인지 모르느냐?'는 의문입니다. 그러나 기억할 것은, 이 땅에 사는 동안 예수님은 육체를 가진 한계 속에 계시면서 일부러 이 말씀을 하신 것입니다.

내가 알고 싶은 그 날과 그 때는 언제입니까? 하나님이 나에게 숨기신 때를 기다리며 감당해야 할 사명은 무엇입니까?

여기에서 강조한 것은 "깨어 있으라"는 말씀입니다. 주의(注意)를 일깨우는 신호입니다. 지금 흥청망청 있을 때가 아니라는 것입니다. 언제 이런 일이 일어날지 모르기 때문입니다. 그러면서 예수님은 예를 들어 말씀하십니다. 34~36절을 다 함께 읽어봅시다.

"가령 사람이 집을 떠나 타국으로 갈 때에 그 종들에게 권한을 주어 각각 사무를 맡기며 문지기에게 깨어 있으라 명(命)함과 같으니, 그러므로 깨어 있으라, 집 주인이 언제 올는지 혹 저물 때일는지, 밤중일는지, 닭 울 때일는지, 새벽일는지 너희가 알지 못함이라. 그가 홀연히 와서 너희가 자는 것을 보지 않도록 하라."

그러면서 주님은 또한 37절에서 "깨어 있으라, 내가 너희에게 하는 이 말은 모든 사람에게 하는 말이니라 하시니라"고 하십니다. 다시 말해 이 말은 유대인들에게만 하는 말이 아니고, 예수 믿는 제자들에게만 하는 말이 아니고, 모든 세상 사람들에게 다 이야기하는 것이라는 말씀입니다. 그러므로 누구든지 심판 날에 몰랐다고 말할 수 없다는 것입니다. 이 사실을 기억해야 합니다.

날마다 깨어 있고자 말씀으로 내 삶을 비추어 봅니까? 그러지 못하고 있다면 무엇 때문입니까?

5부

십자가에
죽으시고 부활하신
예수님

십 자 가 에 죽 으 시 고
부 활 하 신 예 수 님

이틀이 지나면 유월절과 무교절이라 대제사장들과
서기관들이 예수를 흉계로 잡아 죽일 방도를 구하며
이르되 민란이 날까 하노니 명절에는 하지 말자 하더라
예수께서 베다니 나병환자 시몬의 집에서 식사하실
때에 한 여자가 매우 값진 향유 곧 순전한 나드 한
옥합을 가지고 와서 그 옥합을 깨뜨려
예수의 머리에 부으니
어떤 사람들이 화를 내어 서로 말하되 어찌하여 이
향유를 허비하는가
이 향유를 삼백 데나리온 이상에 팔아 가난한 자들에게
줄 수 있었겠도다 하며 그 여자를 책망하는지라

마가복음 14:1-5

거룩한 낭비

마가복음 14장 1절~9절

본문 말씀은 예수님의 머리에 향유를 부은 여인의 이야기입니다. 두 단락으로 구분해 보면 예수님을 죽이려는 대제사장과 서기관들의 이야기(1~2절)와 향유를 부은 여인의 이야기(3~9절)입니다.

본문을 요약하면 유대 종교지도자들이 본격적으로 예수님을 죽일 방도를 구합니다. 예수님은 베다니 나병 환자 시몬의 집에서 그분의 머리에 순전한 나드 향유 옥합을 깨뜨려 부은 여인을 복음이 전해지는 곳마다 이야기하며 기억하라고 말씀하십니다. 반면 본문 바로 뒤에는 열두 제자 중 한 명인 가룟 유다가 예수님을 배반하고자 대제사장들을 찾아갑니다.

1절과 2절 말씀을 살펴보면 대제사장과 서기관들이 예수를 흉계로 잡아 죽일 방책을 구하면서 민요가 일어날까 염려하여 명절에는 하지 말자고 이야기하는 장면이 나옵니다. 그다음 3절부터 9절까지 옥합을 깨뜨린 여인의 이야기가 소개됩니다. 또 10절과 11절로 넘어가 보면 유다가 예수님을 배반한 내용이 나옵니다. 마가는 마가복음을 쓸 때 이런 기록을 자주 합니다. 양쪽에 중요한 사건을 놓고, 그 가운데 그것과 연관 있는 이야기를 삽입하는 방법입니다.

예수님은 분명히 유월절에 십자가에서 돌아가셔야만 했습니다. 유월절은 출애굽 때 하나님께서 이스라엘 백성을 어린 양의 피로써 구원하신 사건을 기억하는 예언적 절기입니다. '어린 양'은 우리 인류의 모든 죄를 대신 짊어지고 죽으실 '예수 그리스도'를, '이스라엘 백성'은 하나님 앞에 '택함받은 백성'을 의미하는 것입니다. 이를 통해서도 알 수 있는 것은 예수님의 삶 자체가 예언적이었고, 예언적인 절기를 따라서 사셨다는 것입니다. 본문 1절을 다 함께 읽어봅시다.

"이틀이 지나면 유월절과 무교절이라 대제사장들과 서기관들이 예수를 흉계로 잡아 죽일 방도를 구하며."

여기서 유월절은 출애굽한 날이고, 무교절은 유월절 다음 날부터 7일간 지키는 절기입니다. 출애굽 전날 밤 무교병(누룩 없는 빵)을 먹으며 출애굽을 준비한 데서 기원하는 절기입니다. 마가는 대제사장도 예수를 죽이려 하고, 서기관도 죽이려 하고, 가룟 유다도 팔아넘겨서 죽게 하려고 한다는 것을 보여주고 있는 것입니다. 물론 그 죽음은 하나님의 시간표를 따라서 유월절에 일어나게 되어있습니다.

그러면서 그 중간인 3절부터 9절 사이에 옥합을 깨뜨리고 향유를 부은 아름다운 여인의 이야기를 들려줍니다. 예수님의 죽음과 연관 있는 사건이기 때문입니다. 이렇게 마가는 의도적으로 예수님을 죽이려는 사람과 그 죽음을 준비한 사람, 이 두 부류의 사람을 보여줌으로써 우리의 위치에 대해 생각해보게 합니다.

내가 죽이고자 모의하는 사람은 누구입니까? 나를 살려주신 예수님을 알지 못해 성경 지식으로 판단하며 정죄하지는 않습니까?(1, 2절).

예수님의 장례를 준비한 여인

3절을 다 함께 읽어봅시다.

"예수께서 베다니 나병환자 시몬의 집에서 식사하실 때에 한 여자가 매우 값진 향유 곧 순전한 나드 한 옥합을 가지고 와서 그 옥합을 깨뜨려 예수의 머리에 부으니."

여기서 '나드'는 히말라야나 인도 산지에서 자생하는 다년생 식물 감송향의 뿌리와 줄기에서 채취한 고급 향유입니다. '옥합'은 '석고'라는 뜻입니다. 성경에서는 애굽의 테베, 수리아의 다메섹, 소아시아의 갑바도기아 등지에서 생산되는 반투명 고급 대리석으로 만든 호리병 모양의 고급 향수병이나 화장품 병, 꽃병 등을 말합니다. 예수님은 주일날 예루살렘에 입성하셨습니다. 매일 성전에 들어가서 가르치시고, 청소하시고, 대제사장과 바리새인들과 논쟁하시는 일을 하시고는 저녁이 되었을 때, 기드론 골짜기를 지나 감람산 바로 뒤쪽에 있는 '베다니'라는 동네에 가서 주무셨습니다.

본문에 기록된 "시몬의 집"이 문둥이 시몬의 집이라는 의견도 있고, 나사로의 집이라는 해석도 있습니다. 혹은 '문둥이 시몬이 나사로의 아버지가 아닐까'하는 의문도 가져봅니다. 예수님께서 문둥이 시몬의 집에 가셨고, 나사로와 다른 사람들은 단지 와서 함께 식사한 것으로 생각해 볼 수도 있습니다. 어쨌든 베다니는 예수님을 잘 영접한 시골 마을이었던 것 같습니다.

베다니에서 예수님이 식사하실 때, 한 여자가 매우 값진 향유 곧 순전한 나드 한 옥합을 가지고 와서 그 옥합을 깨뜨려 예수의 머리에 부었습니다(3절 후반절). 이 모습을 본 사람들이 반응은 어땠습니까? 본문 4, 5절을 다 함께 읽어봅시다.

"어떤 사람들이 화를 내어 서로 말하되 어찌하여 이 향유를 허비하는가, 이 향유를 삼백 데나리온 이상에 팔아 가난한 자들에게 줄 수 있었겠도다 하며 그 여자를 책망하는지라."

당시 1데나리온은 노동자가 하루를 일하고 받는 품삯이었습니다. 그러니 삼백 데나리온을 가지고 가난한 사람을 돕는 것이 훨씬 낫지 않겠느냐는 말이었습니다. 그러나 예수님의 생각은 달랐습니다. 6~8절을 다 함께 읽어봅시다.

"예수께서 이르시되 가만 두라 너희가 어찌하여 그를 괴롭게 하느냐 그가 내게 좋은 일을 하였느니라. 가난한 자들은 항상 너희와 함께 있으니 아무 때라도 원하는 대로 도울 수 있거니와 나는 너희와 항상 함께 있지 아니하리라. 그는 힘을 다하여 내 몸에 향유를 부어 내 장례를 미리 준비하였느니라."

여인은 예수님의 장례를 미리 준비한 것이었습니다. 예수님의 열두 제자도, 대제사장도 아닌 이름 없는 여인이 그 일을 감당했다는 것입니다. 그러면서 예수님께서는 여인을 칭찬하시기를 "내가 진실로 너희에게 이르노니 온 천하에 어디서든지 복음이 전파되는 곳에는 이 여자가 행한 일도 말하여 그를 기억하리라 하시니라"(9절)고 말씀하셨습니다.

하나님의 은혜로 살아난 경험이 있습니까? 그 은혜에 감사하여 내가 가진 가장 귀한 것을 드리고 있습니까?(3절).

옥합을 깬 이유

이 여인이 한 일을 주님이 이렇게 기뻐하시는 이유는 무엇이었을까요? 여인은 자기가 하는 일을 몰랐다는 것입니다. 여인에게는 예수님의 장례를 준비하려는 의도가 없었습니다. 단지 감사하는 마음에서 한 일이었다는 것입니다. 삼백 데나리온은 이 여인에게 있어 전 재산과도 같은 것이었습니다. 그러나 자신의 가장 귀중한 것을 아낌없이 드렸습니다.

예수님께 향유를 붓는 일은 인류의 역사상 딱 한 번밖에 일어나지 않은 일이었습니다. 카이로스적인 순간입니다. 그런데 인류 역사에 한 번밖에 없는 그 일을 하나님께서는 이 여인에게 맡기셨습니다. 왜일까요? 자기의 모든 것을 다 드리는 '감사하는 마음'을 보신 것이었습니다. 하나님은 감사하는 자에게 위대한 일을 맡기십니다.

여러분은 여러분의 삶에서 가장 귀한 순전한 나드를 무엇을 위해 쓰고 있습니까? 혹은 누구를 위해 쓰고 있습니까? 여인을 책망한 '어떤 사람'들처럼 계산적인 감사가 되어서는 안 될 것입니다. 그런 사람은 주님이 원하시는 카이로스적 사명을 절대로 감당할 수가 없습니다. 옥합을 깨뜨려야 합니다.

유월절 만찬

마 가 복 음   1 4 장   1 0 절 ~ 2 1 절

본문 속에는 두 가지 중요한 내용이 담겨 있습니다. 가룟 유다의
배반(10, 11절), 그리고 제자들과 함께 유월절을 지키신 이야기(12~21
절)입니다. 이 말씀을 10, 11절, 12~16절, 17~21절 세 부분으로도 나눌
수 있습니다. 먼저 본문 10, 11절을 다 함께 읽어봅시다.

"열둘 중의 하나인 가룟 유다가 예수를 넘겨주려고 대제사장들에
게 가매, 그들이 듣고 기뻐하여 돈을 주기로 약속하니 유다가 예수
를 어떻게 넘겨줄까 하고 그 기회를 찾더라."

가룟 유다는 예수님의 열두 제자 중 한 사람이었습니다. 예수님이
병든 자를 고치시고, 귀신을 쫓으시고, 물 위를 걸으시고, 오병이어
의 기적을 행하시는 일들을 보면서, 제자들은 예수님이 이제 곧 하
나님의 나라를 가져올 메시아라는 것을 알고 있었을 것입니다. 그

337

런데 왜 가룟 유다는 예수님을 팔아넘겼을까요? 무엇이 문제였습니까?

가룟 유다의 문제는 잘못된 인식의 문제, 깨달음의 문제였습니다. 가룟 유다는 예수님을 정치적인 메시아로 알고 있었습니다. 다시 말해 다윗의 후손으로 오셔서 로마를 다 쫓아내고 다윗의 왕국을 건설할 분으로 알고 있었다는 것입니다. 이런 생각을 열두 제자들도 했고, 가룟 유다도 했습니다.

가룟 유다는 열심당원 중 한 사람이었습니다. 유대 민족을 다시 세우려는 열망이 가득 찬 사람이었습니다. 그리고 그 열망만큼 정치적 메시아를 고대했던 사람이었습니다. 그런데 날이 갈수록 예수님이 하시는 일들이 메시아로서 다윗의 왕국을 다시 세울 것 같지 않아 보였던 것입니다. 실망한 가룟 유다는 이대로 예수님을 따라가다가는 나중에 자신까지도 반역자로서 죽임을 당할 수 있겠다는 생각을 했던 것 같습니다.

가룟 유다는 결국 대제사장에게 가서 은 삼십 냥을 받고, 예수님을 팔아넘기기로 결심합니다. 마태, 누가, 요한복음의 증언에 의하면 사탄이 유다에게 예수를 팔 마음을 넣어주었다고 기록합니다. 유다의 마음속에는 갈등이 있었던 것 같습니다. 그런데 안타깝게도 가룟 유다는 사탄이 심어준 마음을 물리치지 않고 받아들였다는 것입니다. 내가 예수님보다 더 사랑하는 것은 무엇입니까? 나는 언제, 무엇 때문에 예수님을 배신했습니까?

12절부터 16절까지의 말씀은 유월절을 준비하신 내용입니다. 제자들이 예수님께 묻습니다. 12절을 봅시다.

"무교절의 첫날 곧 유월절 양 잡는 날에 제자들이 예수께 여짜오되 우리가 어디로 가서 선생님께서 유월절 음식을 잡수시게 준비하기를 원하시나이까 하매."

그러자 예수님께서 제자 중 둘을 보내시며 말씀하십니다. 13~15절을 다 함께 읽어봅시다.

"예수께서 제자 중의 둘을 보내시며 이르시되 성내로 들어가라 그리하면 물 한 동이를 가지고 가는 사람을 만나리니 그를 따라가서, 어디든지 그가 들어가는 그 집 주인에게 이르되 선생님의 말씀이 내가 내 제자들과 함께 유월절 음식을 먹을 나의 객실이 어디 있느냐 하시더라 하라. 그리하면 자리를 펴고 준비한 큰 다락방을 보이리니 거기서 우리를 위하여 준비하라 하시니."

예수님의 이야기를 듣고 갔더니 정말로 그 사람이 있었고, 그 사람을 따라가서 주인에게 이야기하니까 주인이 준비된 다락방을 보여주었다는 이야기입니다. 이것은 예수님의 예언적 준비입니까? 아니면 기적일까요? 본문에서 이에 대한 답을 알려주고 있지는 않습니다. 다만 분명한 것은, 예수님이 예루살렘 안에서 제자들과 함께 유월절 식사를 하는 것이 하나님의 뜻이었고, 하나님은 예수님과 열두 제자가 함께 유월절 식사를 할 수 있는 것까지도 준비해놓으셨다는 사실입니다.

주님의 말씀에 순종하지 않고 내 방법 내 생각으로 하려고 하는 것은 무엇입니까?(14, 15절) 날마다 말씀으로 내게 일러주시는 것을 듣고 순종하고 있습니까? 내가 준비해야 할 유월절은 무엇입니까?(16절).

다음으로 살펴볼 것은 12절 상반절에 "무교절의 첫날 곧 유월절 양 잡는 날에"라는 말씀이 있습니다. 유대인들의 무교절은 니산월 (바벨론 포로기 이후 사용된 히브리 월력의 첫 번째 달로 양력으로는 3~4월) 15일이고, 유월절은 니산월 14일 해질 때입니다.

오후 3시부터 6시 사이에 유월절 준비를 하고, 해가 지면 그때부터 15일이 시작됩니다. 로마 사람들의 달력으로 보면 이날은 같은 날입니다. 다만 해지기 전과 해진 후의 차이가 있을 뿐입니다. 그래서 "무교절의 첫날 곧 유월절 양 잡는 날"이라고 기록한 것입니다.

예수님은 유월절 식사를 미리 하시고 다음 날 또 유월절에 십자가에 못 박혀 죽으신 것입니다. 이것은 예수님이 유월절 어린 양으로 오셔서 십자가에 못 박혀 죽으시고, 그 유월절 식사를 통해 자신이 하나님의 어린양이라는 것을 제자들에게 마지막으로 가르치시고 있다는 사실입니다.

마지막으로 17절부터 21절까지의 말씀을 살펴보면 유월절 식사를 하실 때 예수님께서 이렇게 말씀하십니다. "내가 진실로 너희에게 이르노니 너희 중의 한 사람 곧 나와 함께 먹는 자가 나를 팔리라"(18절). 굉장히 심각한 이야기를 주님이 하고 계신 것입니다. 제자들은 근심하며 하나씩 하나씩 자신은 아니라고 부정합니다(19절). 그러니까 예수님이 말씀하시기를 열둘 중에서 한 사람, 곧 예수님과 함께 그릇에 손을 넣은 자가 예수님을 팔 것이라고 말씀하십니다(20절).

유월절 식사 때 보면 쓴 나물이 담긴 자그마한 그릇에 무교병(누룩을 넣지 않고 구운 빵)을 찍어서 먹게 되어 있습니다. '그 그릇에 손을 함께 넣는 자'라고 했지만 사실 열두 제자가 전부 다 손을 넣었을 것입니다. 그래서 서로가 누구인지 잘 모릅니다. 아무도 가룟 유다라고 알 수 없었습니다. 그러나 주님은 알고 계셨습니다. 다시 말해 "나와 함께하던 자가 나를 팔 것이다"라는 것을 강조하시기 위해 이 말씀을 하신 것입니다.

그러면서 예수님께서는 21절에서 "인자는 자기에 대하여 기록된 대로 가거니와 인자를 파는 그 사람에게는 화가 있으리로다. 그 사람은 차라리 나지 아니하였더라면 자기에게 좋을 뻔 하였느니라 하시니라"고 말씀하십니다.

우리는 가룟 유다의 이야기를 보면서 이런 생각을 해보게 됩니다. '어차피 성경에 기록된 대로 예수님을 팔아야 했고, 예수님은 또 십자가에 죽으셔야 했던 것이라면 가룟 유다에게는 무슨 죄가 있었단 말입니까?' 그러나 중요한 것은 가룟 유다에게는 자유의지가 있었다는 것입니다. 만약 그가 로봇처럼 의지와는 상관없이 한 일이었다면 그에게는 죄가 없을 것입니다. 그저 하나님의 일을 한 것이 됩니다. 그러나 가룟 유다에게는 자유의지가 있었고, 의지를 가지고 그 일을 했다는 것입니다.

하나님은 인간을 창조하실 때 '자유의지'라는 것을 가진 존재로 만드셨습니다. 그러므로 그 의지에 따라 죄를 지을 수도 있고, 안 지을 수도 있습니다. 예수님을 팔 수도 있고, 팔지 않을 수도 있었습니다. 다만 중요한 사실은 하나님은 그것을 미리 알고 계셨다는 사실입니다. 가룟 유다가 자기 의지로써 예수님을 팔 것을 하나님은 미리 알고 계셨습니다.

시편 41편 9절에 "내가 신뢰하여 내 떡을 나눠 먹던 나의 가까운 친구도 나를 대적하여 그의 발꿈치를 들었나이다"라고 합니다. 다시 말해서 예수님과 가까이 있던 친구가 예수님을 판다는 이야기가 이미 기록되어 있었다는 것입니다. 하나님은 미리 알고 계셨습니다. 그러나 가룟 유다는 그런 마음이 든 순간에 사탄이 준 생각을 물리치고 바른 생각을 선택해야 했지만, 사탄의 생각을 선택했다는 것입니다. 여기에 책임이 있는 것입니다.

누군가에게 배신을 당했거나 누군가를 배신한 적이 있습니까? 나를 배신한 사람에게 복수를 꿈꿉니까? 불쌍히 여기며 주께 맡깁니까? 여러분은 누구입니까? 이런 결정의 순간에 어느 길을 선택하겠습니까?

옥합을 깨트린 여인과 같이, 예수님의 유월절 식사를 준비한 마가의 다락방 주인과 같이, 예언적 하나님의 카이로스 타임을 위해 올바른 결정을 내리는 사람이 되어야 할 것입니다.

구원의 성만찬

마가복음 14장 22절~31절

마가복음 14장은 예수님을 죽이려는 대제사장과 서기관들의 이야기(1~2절)와 향유를 부은 여인의 이야기(3~9절), 가룟 유다의 배반(10, 11절), 그리고 제자들과 함께 유월절을 지키신 이야기(12~21절)로 전개됩니다. 본문 말씀은 이어서 성찬식에 대한 이야기(22~26절)와 베드로가 부인할 것을 예언하시는 내용(27~31절)으로 나눌 수 있습니다. 먼저 본문 22, 23절을 다 함께 읽어봅시다.

"그들이 먹을 때에 예수께서 떡을 가지사 축복하시고 떼어 제자들에게 주시며 이르시되 받으라 이것은 내 몸이니라 하시고, 또 잔을 가지사 감사 기도 하시고 그들에게 주시니 다 이를 마시매."

이 본문은 유월절 식사 중에 일어난 이야기입니다. 유월절 식사를 하고 있을 때 예수님께서 떡을 가지고 축사하셨다고 합니다. 본문

343

을 정확히 이해하기 위해서는 유월절 식사에 담긴 의미에 대해 알아볼 필요가 있습니다.

본문의 '떡'은 무교병입니다. 유월절 식사 때는 세 번의 잔을 마십니다. 첫 번째 잔은 성결의 잔, 두 번째 잔은 심판의 잔, 재앙의 잔이라고 해서 열 가지 재앙이 일어난 사건을 설명해 주고 그 잔은 마시지 않습니다. 이 잔의 설명을 마치고 나면 그때 다 같이 유월절 식사를 합니다. 맛있는 양고기를 먹고, 수프를 만들어 먹습니다. 그다음으로 세 번째 잔을 마십니다. 이 잔은 구속의 잔입니다. 주님이 십자가에서 피 흘리시고 죽으심으로 말미암아 우리를 죄에서 구원하셨다는 것을 기념하는 것이 바로 이 세 번째 잔입니다. 그리고 이 세 번째 잔을 먹을 때 무교병을 잘라줍니다.

그래서 본문이 이야기하는 "그들이 먹을 때"에는 사실 식사를 하고 난 이후의 이야기입니다. 유월절 식사 중에 먹는 무교병(맡짜)은 회개의 맡짜로서 창에 뚫린 것처럼 구멍이 뚫려 있고, 채찍에 맞은 것처럼 줄이 쳐져 있습니다. 예수님의 몸을 상징하는 무교병입니다. 이 무교병은 '예수 그리스도'를 상징합니다.

전통적으로 유월절 식사에는 잔을 나눌 때마다 하나님께 감사 기도를 합니다. "포도나무에 열매를 주신 하나님을 찬양합니다." 심지어 안식일 식사 때도 이렇게 기도합니다. '포도나무 열매'는 '예수님의 피'를 상징합니다. 24절을 다 함께 읽어봅시다.

344

"이르시되 이것은 많은 사람을 위하여 흘리는 나의 피 곧 언약의 피니라."

예수님은 왜 '언약의 피'라고 말씀하셨을까요? 유월절에 어린양의 피를 문지방에 바르면, 심판하는 천사가 그것을 넘어갈 것이라고 말씀했기 때문입니다. 이스라엘 백성들은 이 언약의 피를 붙들고 하나님께 감사하며 살아야만 했습니다.

그런데 이스라엘 백성들은 역사를 통해서 한 번도 이 약속을 지키지 않았습니다. 그래서 심판을 받고 쫓겨나 이방 땅에서 고통받아야 했던 것입니다. 하나님의 약속은 있으나 그 약속을 지키지 않았기 때문에 백성들은 저주 가운데 놓여 있었습니다. 바로 그 때문에 하나님께서 메시아인 예수를 보내주셔서 새 언약을 맺으신 것입니다.

그러므로 옛 언약은 무효가 되었습니다. 하나님께서 새 언약의 피, 예수의 피로 우리의 죄를 용서해 주시고 하나님의 자녀가 되는 축복을 주셨기 때문입니다. 성찬식이 중요한 것은 이러한 의미를 담고 있기 때문입니다. 그래서 죄 사함을 받기 원한다면, 죄 사함과 두려움에서 벗어나기 원한다면 예수를 믿어야 합니다. 그 예수의 피가 믿는 자에게 구원을 주는 언약의 피입니다. 그것을 보여주는 것이 유월절 식사이고, 그 핵심을 보여주는 것이 성찬식이라는 것입니다. 굉장히 중요한 부분입니다. 그러면서 예수님은 25절에서 이런 말씀을 하십니다.

"진실로 너희에게 이르노니 내가 포도나무에서 난 것을 하나님 나라에서 새 것으로 마시는 날까지 다시 마시지 아니하리라 하시니라."

이 말씀은 무슨 의미입니까? 예수님은 곧 십자가에 죽으시고 부활하시고 승천해서 하나님 아버지 곁으로 가실 것이므로, 나중에 다시 재림하실 때까지는 유월절 식사를 하지 않으시겠다는 말씀입니다. 그러나 재림 후 하나님 나라가 시작될 때에는 예언적인 의미가 완전히 성취되는 진짜 유월절 식사를 하시겠다는 말씀입니다. 그러므로 이 땅에서 살아가는 우리는 유월절 식사를 하면서 훗날 하나님 나라에서 주님과 함께 유월절 식사를 할 그날을 기다려야 할 것입니다.

또 한 가지 살펴볼 것은 26절에 "이에 그들이 찬미하고 감람산으로 가니라"고 합니다. 유대인들은 유월절 때는 물론 모든 절기 때마다 할렐 찬송(시편 113~118편)을 불렀습니다. 식사 이전에 113편부터 115편까지를 부르고, 식사를 끝내고 나서 116편부터 118편까지의 찬송을 불렀습니다. 이 찬송은 메시아가 오셔서 우리를 구원하시고, 완전한 하나님의 나라를 주신다는 약속입니다.

두 번째 부분은 27절부터 31절까지 말씀입니다. 먼저 27절에 보면 "예수께서 제자들에게 이르시되 너희가 다 나를 버리리라 이는 기록된 바 내가 목자를 치리니 양들이 흩어지리라 하였음이니라"고 합니다. 또 스가랴서에 보면 "만군의 여호와가 말하노라 칼아 깨어서 내 목자, 내 짝 된 자를 치라 목자를 치면 양이 흩어지려니와 작은 자들 위에는 내가 내 손을 드리우리라"(슥 13:7)고 기록하고 있습니다. 하나님께서 목자를 치실 것을 이야기하고 있는 것입니다.

이 이야기를 들은 베드로는 29절에서 "다 버릴지라도 나는 그리하지 않겠나이다"라고 말합니다. 그러자 주님이 다시 말씀하십니다. 30절을 다 함께 읽어봅시다.

"예수께서 이르시되 내가 진실로 네게 이르노니 오늘 이 밤 닭이 두 번 울기 전에 네가 세 번 나를 부인하리라."

예수님의 말씀에 베드로뿐만 아니라 열두제자 모두 "주와 함께 죽을지언정 주를 부인하지 않겠나이다"(31절)라고 말했습니다. 주님이 아직 잡히시기 전, 그러니까 그들이 위험하다고 느끼기 전에는 그랬다는 것입니다. 그러나 겟세마네 동산에서 주님이 잡히시고, 빌라도 앞으로 끌려가 십자가에 못 박혀 죽으시게 되자 제자들은 모두 도망가고 말았습니다.

성경은 이 이야기를 통해 우리에게 두 가지 메시지를 주는 것 같습니다. 먼저 예수님을 따르던 제자들도, 수제자인 베드로마저도 넘어졌다는 것입니다. 그러므로 우리도 언제든지 넘어질 수 있으므로 주의하라는 경고의 메시지입니다.

다음으로는 성령을 받으면 그런 가운데서도 주님을 부인하지 않을 수 있다는 것입니다. 베드로는 예수님을 모른다고 세 번이나 부인했지만, 나중에는 예수님을 위해서 십자가에 거꾸로 매달려 죽기까지 했습니다. 야고보는 어떻습니까? 전 세계에 흩어져 복음을 전하다가 믿음을 지키고 순교했습니다. 그도 예전에는 도망간 사람이었습니다. 그러나 성령님이 그에게 임하였을 때 그들이 알지 못하는 확신이 그들 속에 임하게 되었던 것입니다.

그러므로 우리는 겸손해야 합니다. 성령으로 거듭나고 성령의 음성을 들으면서 기도하며 살아가야 할 것입니다. 그런 사람들은 어떠한 순간에도 넘어지지 않고 끝까지 주님을 시인하며 복음 증거 하는 삶을 살아갈 수 있습니다.

마지막으로 한 가지 더 생각해볼 것은 28절의 "그러나 내가 살아난 후에 너희보다 먼저 갈릴리로 가리라"는 말씀입니다. 왜 이런 말씀을 하셨을까요? 갈릴리는 '영혼의 고향'이기 때문입니다. 1장부터 11장까지는 주로 갈릴리 사역, 이방 사역을 이야기하고, 11장 이후부터 예루살렘 사역을 이야기합니다. 예루살렘에서는 기적도 행하지 않으셨습니다. 거기에는 주님을 영접하는 사람이 없고, 주님을 인정하는 사람이 없었기 때문입니다. 그런데 갈릴리에서는 하나님이 많은 기적을 행하셨습니다.

"내가 갈릴리로 가리라"는 이야기를 들으면서 제자들은 무슨 생각이 들었을까요? 갈릴리에서 죽은 자를 살리시고, 오병이어의 기적을 행하시고, 두려운 풍랑이 이는 가운데 풍랑을 잠잠케 하신 주님, 문둥병자를 치유하시고 죽은 자를 살리신 주님이 생각났을 것입니다. 다시 말해서 "내가 먼저 갈릴리고 가겠다"는 말씀은 "너희들이 나를 버리고 도망가지만 내가 갈릴리로 가서 너희들을 다시 회복시키겠다"는 말씀이 아닌가 생각됩니다.

우리는 다시 갈릴리에서 주님을 만나야 합니다. 주님을 만나고 체험했던 그 장소로 돌아가야 합니다. 그때 신앙의 회복이 일어날 수 있습니다.

겟세마네의 기도

마 가 복 음 1 4 장 3 2 절 ~ 4 2 절

　예수님께서 유월절 식사를 마치시고 기드론 시냇가를 건너 겟세마네 동산에 이르셨습니다. '겟세마네'란 '기름 짜는 틀'이라는 뜻입니다. 지금도 겟세마네 동산이라고 추정되는 곳에 가보면 몇백 년된 올리브나무가 있고, 그곳에 기름을 짰던 틀이라고 할 수 있는 흔적들을 볼 수가 있습니다. 주님은 그 장소에 여러 번 찾아가셔서 기도하셨던 것입니다. 겟세마네는 주님의 기도 처소였습니다.

　예수님은 그의 인생에서 가장 중요한 기도를 드리고 계셨습니다. 왜냐하면, 앞으로 십자가에 못 박힐 때까지 시간이 얼마 남지 않았기 때문입니다. 보통 유월절 식사는 해가 질 때 시작해서 3시간가량 동안을 먹습니다. 게다가 예수님께서 식사를 마치시고 나서 기드론 시내를 건너 겟세마네로 가시기까지도 어느 정도의 시간이 걸렸을 것입니다. 이 모든 것들을 계산해 보면 밤 11시 정도가 되었을 것으로 예측됩니다. 밤 11시부터 새벽 1시 정도까지 겟세마네 동산에서

350

기도하신 것입니다.

주님은 무척 피곤하셨을 것입니다. 베다니에서 예루살렘 마가의 다락방까지 걸어가셨고, 또 거기에서 식사하시고 제자들을 가르치시고 나서 걸어서 기드론 시냇가를 건너 겟세마네까지 가는 하루의 여정이 쉽지는 않았을 것입니다. 주님은 피곤하셨지만 잠을 잘 수가 없었습니다. 바로 눈앞에 놓인 십자가의 죽음을 바라보고 있었기 때문입니다. 본문 36절을 다 함께 읽어봅시다.

"아빠 아버지여 아버지께는 모든 것이 가능하오니 이 잔을 내게서 옮기시옵소서 그러나 나의 원대로 마시옵고 아버지의 원대로 하옵소서."

주님은 겟세마네 동산에서 십자가의 고통을 내다보시면서 이렇게 기도하셨습니다. 그러나 그때 수제자라고 하는 베드로를 포함해 모두가 잠들어 있었습니다. 육신이 피곤했기 때문에 잠든 것이었습니다. 주님은 그들을 바라보시며 말씀하십니다. 본문 37, 38절을 다같이 읽어봅시다.

"네가 한 시간도 깨어 있을 수 없더냐? 시험에 들지 않게 깨어 있어 기도하라. 마음에는 원이로되 육신이 약하도다."

기도하지 않으면 시험에 든다는 주님의 말씀입니다. 헬라어 원문에 보면 '마음'은 '영'으로 해석됩니다. 다시 말해 영은 원하지만, 육신의 연약함이 너를 붙들어서 결국은 넘어지게 할 것이라는 말씀입니다. 그런데도 그들은 잠들었습니다. 그리고 결국에는 예수님이 겟세마네 동산에서 붙잡히시자마자 다 도망갔습니다. "죽을지언정 우리는 주님을 버리지 않겠다"라고 한 제자들 모두가 도망갔습니다. 이 사건을 통해 하나님이 우리에게 주시는 깨달음은 무엇일까요?

여섯 가지 가르침

첫 번째는 '예수님의 인성'(人性)입니다. 예수님은 하나님의 아들이셨지만 이 땅에 계시는 동안은 사람으로서 사셨습니다. 하나님의 뜻에 철저히 순복하며 살아야 한다는 것을 아시는 분이셨습니다. 성경을 알고 있었고, 하나님의 뜻을 잘 알고 있었기 때문에 자신이 십자가에 죽어야 한다는 것도 알고 계셨습니다. 그것 때문에 그는 애통하면서 "아버지 이 잔을 좀 옮겨주십시오"라고 기도했던 것입니다. 예수님의 인성입니다.

그렇다면 왜 예수님께서는 하나님의 아들인데 인간의 몸으로 오셔서 인간의 고통을 다 겪으면서까지 십자가의 고통을 당하셔야 했을까요? 이에 대해 히브리서 기자는 "그는 우리의 대제사장이 되어서 우리의 고통을 다 겪은 분이시다"라고 말합니다. 우리의 고통을 다 겪기 위해서 일부러 인간의 몸이 되셨다는 것입니다. 그래서 우리는 주님을 믿을 수 있고, 신뢰할 수 있는 것입니다. 그분의 길을 따를 수 있다는 사실입니다.

두 번째로 본문에서 볼 수 있는 것은 '리더의 갈등'입니다. 예수님은 인류의 리더, 모든 이들의 리더로 오셨습니다. 예수님의 인생에서 부르심은 십자가를 지는 것이었고, 그것을 위해서 일평생을 사셨습니다. 그 일을 아는 사람은 없었습니다. 마가복음에 예수님께서 십자가 고난에 대해 세 번 이상 계시하셨지만, 제자들은 깨닫지 못했습니다.

다시 말해 예수님 혼자서 책임을 져야 했고, 감당해야 했다는 이야기입니다. 아무리 말해도 깨닫지 못합니다. 직접 가르쳐줘도 이해하지 못합니다. 그때 리더는 어떻게 해야 될까요? 스스로 책임을 져야 합니다. 때문에 예수님은 하나님 앞에 나가서 기도하셨던 것입니다. 이것이 진정한 리더의 모습이고, 예수님이 하셨던 것처럼 우리도 그렇게 해야 한다는 가르침입니다.

세 번째로 본문에서 볼 수 있는 것은 주님께서도 '세 번 기도하셨다'는 사실입니다. 하나님의 아들이신 예수님도 가장 중요한 순간, 깊은 갈등을 느꼈을 때 세 번까지 기도하셨습니다. 세 번 기도하시고 그 마음속에 육신의 유혹을 이겼다는 것이고, 하나님의 뜻에 순종하겠다는 결단이 이루어졌다는 사실입니다. 이런 갈등의 순간을 시편에서도 볼 수가 있습니다. 다윗이 하나님께 세 번 기도합니다 *(시 42:5, 11, 43:5)*. 그런데 그 세 번의 기도가 모두 똑같은 내용입니다.

"내 영혼아 네가 어찌하여 낙심하며 어찌하여 내 속에서 불안해 하는가 너는 하나님께 소망을 두라 그가 나타나 도우심으로 말미암아 내 하나님을 여전히 찬송하리로다."

이 기도는 다윗의 기도가 아니라 마치 예수님의 기도 같습니다. 십자가를 지시려는 그 아픔과 고통 속에 영혼이 낙심하고 불안해합니다. 그런데 다시 살리고 부활하게 하실 하나님을 바라보면서 소망을 가지고 결단을 내리는 모습을 보여주고 있다는 것입니다. 역시 다윗은 메시아의 상징입니다. 메시아의 모범입니다. 결단이 설 때까지 기도하라는 메시지입니다.

네 번째로 본문을 통해 생각해보게 되는 것은 '하나님의 뜻'과 '육신의 욕망' 사이에서의 갈등입니다. 육신이 원하는 것은 죽지 않는 것, 다시 말해 잔이 지나가게 하는 것이었습니다. 그러나 하나님의 뜻은 십자가에 달리는 것이었습니다. 이것이 예수님께만 있는 고민이었을까요? 하나님이 아브라함에게 "네 독자 이삭을 바치라"고 하셨을 때, 아브라함에게는 갈등이 일어나지 않았을까요? 여러분은 어떻습니까? '육신의 뜻이냐, 하나님의 뜻이냐'를 놓고 고민하는 일이 없으신가요?

다섯 번째로 우리는 '깨어 있어야 할 필요성'에 대해 생각해보아야 합니다. 예수님께서는 마가복음 13장에서도 종말에 대한 이야기

354

를 하시면서 마지막에 "깨어 있으라"는 말씀을 주십니다. 언제 주인이 올지, 하나님이 세상을 심판하실 마지막 때가 언제 올지 알 수 없으므로 깨어 있으라는 말씀입니다. 본문에서는 부르심을 이룰 중요한 순간이 왔으므로 깨어 있으라고 말씀하십니다. 인생의 가장 중요한 부르심에 응답하기 위해서라도 늘 깨어 있어야 합니다.

마지막 여섯 번째로 본문에서 볼 수 있는 중요한 것은 '제자들의 연약함'입니다. 육신의 한계입니다. 예수님은 제자들에게 깨어 있으라고 말씀하셨지만, 제자들은 너무 피곤해서 깨어 있을 수가 없었습니다. 이해가 가는 장면입니다. 그러나 아무리 피곤해도 자지 말아야 할 때가 있다는 사실입니다. 우리는 자만하지 말고 육신의 한계를 인정해야 합니다. 스스로 연약한 존재임을 깨달아야 합니다.

예수님께서 베드로가 잠든 것을 보시고는 "베드로야" 하지 않으시고 "시몬아"라고 합니다. 시몬은 갈대라는 뜻이고, 베드로는 든든한 바위라는 뜻입니다. 그 순간에 베드로가 시몬으로 바뀌어 버린 것이었습니다. 결국, 베드로는 닭이 두 번 울기 전에 주님을 세 번 부인하고 맙니다. 베드로의 영은 그렇지 않았지만, 육신이 약하므로 넘어지고 말았던 것입니다. 이런 일들이 우리의 삶 가운데서도 일어날 수 있으므로 육신의 연약함을 알고 미리 깨어 있으라고 주님은 말씀하고 있는 것입니다. 그렇다면 이런 육신의 연약함을 이길 수 있는 비결은 무엇일까요?

첫 번째로 '기도'입니다. "내 뜻대로 마옵시고 아버지의 뜻대로 하옵소서"라고 하는 순종의 기도가 필요합니다. 몇 번이고 내 마음이 하나님 앞에 정해질 때까지, 내가 나 자신을 이길 때까지 기도해야 합니다. 그래야만 사탄의 유혹을 이길 수 있고, 주님은 하나님의 뜻을 이룰 수 있습니다.

두 번째로는 '말씀'입니다. 주님은 하나님의 뜻이 무엇인지 알고 있었습니다. 어떻게 알았을까요? 주님은 성경을 알고 있는 분이었습니다. 성경을 통하여 아버지의 뜻을 알고 있는 사람이었다는 사실입니다. 매일 매일의 삶 속에서 하나님의 말씀을 듣고 읽고 깨달으며 살아가는 사람은 깨어 있을 수 있습니다. 깨달음 속에서 이길 수 있는 힘이 나오도록 되어있습니다.

예수님은 하나님의 뜻인 줄 알았기 때문에 "내 뜻대로 마옵시고 아버지의 뜻대로 하옵소서"라고 기도할 수 있었습니다. 말씀을 알아야 합니다. 아무리 피곤해도 금식하며 나아가서 기도하는 태도를 지녀야 됩니다. 이것이 여러분의 삶을 승리로 이끄는 비결이 됩니다.

성경을 이루기 위함

마 가 복 음   1 4 장   4 3 절 ~ 5 2 절

　제가 어려서부터 보아온 그림액자가 하나 있습니다. 그것은 저희 어머님께서 출입문 위에 걸어놓았던 겟세마네 동산에서 기도하시는 예수님의 모습이 담긴 액자입니다. 그것을 저는 늘 보면서 자랐고, 어머님은 그렇게 기도하시는 모습을 우리 자식들에게 보여주셨습니다.

　예수님은 겟세마네 동산에서 밤이 맞도록 기도하셨습니다. 십자가의 고통을 미리 아시고 땀방울이 핏방울이 되도록 기도하셨습니다. 그렇게 기도하던 중에 가룟 유다가 와서 예수님을 대제사장에게 넘겨주는 이야기가 43절부터 52절까지의 말씀입니다. 그리고 53절부터 65절까지는 대제사장의 집에서 예수님이 심문을 받으시는 이야기입니다.

357

1. 네 종류의 사람

먼저 '마가가 왜 이런 내용을 기록했을까?'에 대해 생각해 볼 필요가 있습니다. 오늘날 많은 사람이 예수님의 죽으심과 부활이 역사적 사실이라는 것을 알지 못하기에 믿지 못합니다. 예수님의 역사를 분명히 아는 것은 반드시 필요합니다. 이것이 바로 복음서의 기록이 중요한 이유입니다.

우리는 본문 말씀을 통해 '네 종류의 사람들'을 보게 됩니다. 예수님과 예수님을 붙잡으러 온 사람들, 예수님이 붙잡힐 때 도망간 사람들, 그리고 예수님을 팔아먹은 가룟 유다입니다.

첫째, 예수님은 이미 십자가를 짊어질 각오를 하신 상태였습니다. 그래서 붙잡히실 때도 도망가지 않는 담담한 모습이었고 떨지 않으셨습니다. 뿐만 아니라 대제사장의 집에서 심문을 받으실 때도 두려움 없이 대제사장의 질문에 "내가 바로 그다!"라고 말씀하셨습니다. 이것이 바로 진리 위에 서 계신 예수님의 모습입니다.

둘째 부류는 대제사장들과 장로들과 서기관들, 그리고 그들의 지시를 받아 예수님을 붙잡으러 온 종들입니다. 이들은 정치적인 이익을 따라 움직이는 그룹으로 상황에 따라서 생각과 의견을 바꿉니다. 하나님을 믿는다고 하는 대제사장 그룹이었으나 자신들의 정치적인 이익에 맞지 않을 때는 예수님을 죽일 수도 있는 그룹이었다는 사실입니다.

세 번째 그룹은 예수님을 따르기로 결심한 사람들입니다. 오늘날의 교회 성도들 즉 목사와 선교사, 그리스도의 제자들이 이에 해당할 것입니다. 주님을 따르기로 결단했고, 주님을 만나는 체험도 했습니다. 주를 위해 죽겠다는 결단도 했습니다. 그런데 실제로 예수님이 붙잡히게 될 때, 두려움으로 예수님을 버린 사람들입니다. 감옥에 갇힐 것이 두렵고, 직장을 잃을 것이 두렵고, 사람들한테 손가락질당할 것이 두려워 예수님을 버린 사람들입니다.

마지막으로 가룟 유다와 같은 사람들이 있습니다. 예수님을 따르기로 했으나 이익과 맞지 않고 생각했던 것과 다르니까 팔아넘기는 사람입니다. 악한 사람입니다. 당신은 어느 그룹의 사람입니까?

2. 유다의 입맞춤(43~46절)

가룟 유다가 대제사장과 짜고 미리 와서 예수님께 입을 맞춥니다. 본문 45~47절을 다 함께 읽어봅시다.

"이에 와서 곧 예수께 나아와 랍비여 하고 입을 맞추니, 그들이 예수께 손을 대어 잡거늘, 곁에 서 있는 자 중의 한 사람이 칼을 빼어 대제사장의 종을 쳐 그 귀를 떨어뜨리니라."

요한복음에 의하면 그 칼을 빼어 든 사람은 베드로이고, 대제사장의 종은 '말고'라고 합니다. 베드로는 의협심에 칼을 꺼내 들었으나 예수님은 "칼을 꽂아 놓으라"고 말씀하십니다. 얼마든지 그들을 해치울 수 있지만, 하나님의 뜻을 이루기 위해서 그렇게 하면 안 된다는 말씀이었습니다.

또한, 48절에 예수님께서는 당신을 잡으러 온 그들을 향해 "너희가 강도를 잡는 것 같이 검과 몽치를 가지고 나를 잡으러 나왔느냐"라고 말씀하십니다. 그러면서 49절에서 "그러나 이는 성경을 이루려 함이니라"고 말씀하십니다. 예수님은 성경을 이루기 위해 담담하게 그 길을 걸으셨습니다.

3. 한 청년의 이야기(50~52절)

이렇게 겟세마네 동산에서 잡혔을 때 50절에 보면 "제자들이 다 예수를 버리고 도망하니라"고 말하고 있습니다. 베드로도 도망갔고, 다른 제자들도 도망갔고, 다른 한 청년(51, 52절)도 도망갔습니다. 여기에서 살펴볼 것은 '한 청년'입니다. 많은 사람이 그 청년을 마가일 것이라고 예측합니다. 마가는 예수님이 자기 집에서 유월절 식사하시는 모습을 보았습니다. 어머니를 통해서 예수님이 누구신지에 관한 이야기도 들었을 것입니다.

예수님이 어떤 분이신지 궁금한 마음에 겟세마네 동산까지 따라갔을 것이고, 예수님의 기도하는 모습도 보았을 것입니다. 그날 저녁은 유월절이었으므로 온 예루살렘 주민들이 떠들썩한 축제 분위기였습니다. 그러므로 이 청년도 일찍 잠자리에 들지 않고 "벗은 몸에 베 홑이불을 두르고"(51절) 밖으로 나갔던 것 같습니다. 여기에서 또한 볼 수 있는 것은, 그 청년은 부자였고 철이 없었다는 것입니다.

당시에 이불은 부잣집에게만 있었는데 그 홑이불을 걸치고 모두가 보는 곳으로 나갔다는 것은 철없는 행동으로 비칩니다.

그러나 더욱 중요한 것은, 홑이불을 두르고 도망하던 그 청년이 훗날 마가복음을 썼다는 사실입니다. 이집트 북아프리카 지역에 있는 모든 콥틱교회를 창시한 사람이 되었습니다. 철없는 청년도 주님을 만나면 이렇게 변화될 수 있다는 것을 마가는 이야기하고 있는 것 같습니다.

4. 세 종류의 제자(43~52절)

다시 우리는 세 종류의 제자를 결론적으로 종합해 보아야 합니다. 첫 번째는 입을 맞추는 제자(43~46절), 두 번째는 칼을 빼어든 제자(47~49절), 세 번째는 도망하는 제자(50~52절)입니다.

내가 예수님 외에 의지하는 것은 무엇입니까? 내가 배운 모든 것을 몽치로 삼아 다른 사람들을 힘들게 한 경험이 있습니까? 검과 몽치로 나를 잡으러 온 자에게 빼어든 나의 칼은 무엇입니까? 구속사를 이루고자 내가 사용하지 않아야 할 내 힘은 무엇입니까? 나만 살겠다고 모든 것을 버려두고 도망한 적이 있습니까? 우리 가정의 구속사를 이루고자 내가 용납해야 할 일은 무엇입니까?

하나님의 아들 예수 그리스도

마 가 복 음   1 4 장   5 3 절 ~ 6 5 절

1. 멀찍이 따라가는 베드로(53~54절)

본문의 말씀은 겟세마네에서 제자들이 도망간 후, 대제사장과 장로들과 서기관의 지시를 받은 종들은 예수님을 붙잡아 대제사장의 집으로 향했습니다. 본문 53, 54절을 다 함께 읽어봅시다.

"그들이 예수를 끌고 대제사장에게로 가니 대제사장들과 장로들과 서기관들이 다 모이더라. 베드로가 예수를 멀찍이 따라 대제사장의 집 뜰 안까지 들어가서 아랫사람들과 함께 앉아 불을 쬐더라."

베드로가 멀찍이 예수님을 따라갑니다. 지난 3년 동안 예수님과 '동행'했으나 예수님이 죄인처럼 끌려가실 때는 '멀찍이' 따라갑니다. 그가 "모두 주를 버릴찌라도 나는 그리하지 않겠다"라고 확신에 차서 고백한 것이 불과 한두 시간 전의 일이었으니(29절) 그의 심정

이 얼마나 난감했을까요. '멀찍이'란 도망갈 거리를 확보하여 적당한 거리를 유지하고 있다는 부정적인 의미를 내포합니다. 그래도 그는 제자들이 다 예수를 버리고 도망한 후(50절) 홀로 다시 돌아와 멀찍이라도 예수님을 따랐습니다. 이는 주님을 끝까지 사랑하여 따라갔다는 긍정적인 의미이기도 하기에 그가 주님의 십자가 앞에서 내적 갈등을 겪었다고 볼 수 있습니다.

나는 예수님과 동행합니까, 멀찍이 따라갑니까? 내가 십자가 앞에서 갈등하는 것은 무엇입니까?

2. 침묵할 때와 입을 열 때(55~62절)

예루살렘 성지 순례를 가보면 예수님이 유월절 식사를 하셨던 마가의 다락방 아래쪽에 다윗성이 있고, 또 아래쪽으로 내려가다 보면 닭이 울었던 교회가 있습니다. 고고학적 발굴을 통해 그 교회가 대제사장의 집이었을 가능성이 크다는 것이 발견되었습니다. 그 집 지하에 죄인들을 묶고 가두는 감옥과 창고가 있었고, 거기에 사람을 매달아 놓고 쳤던 흔적도 있습니다. 그래서 예수님을 먼저 대제사장의 감옥에 집어넣고, 그곳에서 심문을 하지 않았을까도 생각해 보게 됩니다.

대제사장들과 온 공회가 다 모였습니다. 한밤중, 그것도 유월절 식사를 마친 시간에 그들이 다 모였다는 것은 계획한 일이었다는 것입니다. 이 공회는 불법적인 공회였습니다. 공회는 지금으로 말하면 국회입니다. 밤중에 모이지 않습니다. 낮에만 모이게 되어 있습니다. 율법적으로는 그런데도 밤에 모였다는 것은 불법적인 모임이라는 이야기입니다.

당시 대제사장은 로마의 통치 아래 돈을 주고 자리를 산 자입니다. 돈 벌 욕심에 혈안이 된 자들이기에 예수님의 존재가 거침돌이 되었을 것입니다. 그런 예수님을 죽이고자 그들은 증거를 찾으며 명분을 만듭니다. 그래서 여러 사람을 돈을 주고 샀을 것입니다. 그리고 예수님을 심문합니다. 그러나 그들이 하는 말들이 서로 맞지 않습니다. 그러니까 한 사람이 이야기합니다. 본문 58절을 다 함께 읽어봅시다.

"우리가 그의 말을 들으니 손으로 지은 이 성전을 내가 헐고 손으로 짓지 아니한 다른 성전을 사흘 동안에 지으리라 하더라 하되."

그런데 이 이야기를 하는데도 또 다른 사람은 전혀 다른 이야기를 합니다. 예수님을 본 적도, 들은 적도 없는 거짓 증언자들의 증언은 모두 헛수고가 되고 맙니다. 유대 율법에서는 두세 사람의 증인이 없이는 절대 사람을 정죄할 수 없다고 되어있었기 때문입니다. 이때 예수님은 그들의 거짓 증거에 아무 대답도 하지 않으십니다. 영적으로 통하지 않을 때는 잠잠해야 합니다. 이 모습을 답답히 여긴 대제사장이 예수님께 "사람들이 너를 치는 증거가 어떠하냐?"고 물었지만, 예수님은 예언을 이루기 위해 침묵하셨습니다.

대제사장이 이제는 예수님을 고소하기 위해서 이렇게 묻습니다. 61절 하반절에서 "네가 찬송 받을 이의 아들 그리스도냐?" 그러자 잠잠하시던 예수님께서 62절 상반절에서 "내가 그니라"라고 단호히 대답하십니다. 61절에서는 침묵하시고 62절에서는 입을 여시는 주님이십니다. 십자가를 지기로 결단한 사람은 자신이 침묵해야 할 때와 입을 열어야 할 때를 분별할 수 있습니다.

예수님의 이 말씀을 살펴보면 "인자가 권능자의 우편에 앉는 것"은 시편 110편 1절의 메시아에 대한 이야기이고, 인자가 "하늘 구름을 타고 오는 것"은 다니엘서 7장 13, 14절에 기록되어 있는 말씀입니다. 다시 말해 '예수님은 성경대로 생활하시고 말씀하시고 말씀에 따라 죽으셨다'는 것입니다.

예수님의 삶은 철저하게 성경을 이루는 삶이었습니다. 무리들이 검과 몽치를 가지고 예수님을 잡으러 왔을 때 그냥 붙잡히신 것도 성경을 이루기 위함이었으며(슥 13:7), 심문을 당하시는 중에 침묵하고 아무 대답도 하지 않으신 것도 성경을 이루기 위함(사 53:7)이었습니다. 이렇게 예수님께서는 옳은 것을 좇아 살기보다는 예언을 이루기 위한 삶을 사셨습니다. 예수님의 삶은 철저하게 예언적 삶이었습니다.

많은 사람이 이 부분에서 실수합니다. '하나님이라면 이렇게 하겠느냐'고 질문합니다. 그러나 기억할 것은 인간의 의로움을 따라 행해서는 안 된다는 사실입니다. 우리의 기준은 '주님이 어떻게 말씀하셨는가?'가 되어야 할 것입니다. 예수님은 철저히 그런 인생을 사셨습니다. 예수님께서는 능히 그 자리를 피할 수 있으셨지만, 알면서 붙잡히시고, 침묵하시고, 잠잠하셨던 것입니다.

나는 잠잠할 때와 단호히 말해야 할 때를 분별하고 있습니까? 아무 때나 혈기를 내거나 모든 일에 침묵하지는 않습니까?

3. 수치와 조롱을 당하심(63~65절)
본문 63~65절을 다 함께 읽어봅시다.

"대제사장이 자기 옷을 찢으며 이르되 우리가 어찌 더 증인을 요구하리요. 그 신성모독 하는 말을 너희가 들었도다 너희는 어떻게 생각하느냐 하니 그들이 다 예수를 사형에 해당한 자로 정죄하고, 어떤 사람은 그에게 침을 뱉으며 그의 얼굴을 가리고 주먹으로 치며 이르되 선지자 노릇을 하라 하고 하인들은 손바닥으로 치더라."

예수님이 "내가 그리스도니라"고 말씀하셔도 이 말을 아무도 알아듣지 못합니다. 일주일 전 "호산나 주의 이름으로 오시는 이여"(11:9절) 찬양하던 무리도 군중심리에 휘말려 신성모독이라며 예수님을 정죄합니다. 남의 의견에 따라 움직이는 것이 이렇게 무섭습니다. 이후 사람들은 본격적으로 예수님을 조롱합니다.

대제사장이 자기 옷을 찢습니다. "신성모독 하는 말을 너희가 들었다"며 예수님을 사형에 해당하는 자로 정죄하고 침을 뱉고 주먹으로 쳤다는 것입니다. 그리고 종들은 손바닥으로 예수님을 쳤다는 이야기입니다. 우리는 누군가 내 자존심을 조금만 상하게 해도 부들 부들 떠는데 예수님은 이 모든 이를 감내하십니다. 나의 죄를 씻어 주시고자 수치와 조롱을 감내하신 예수님을 기억해야 합니다.

본문 말씀을 통해서 성령님이 주시는 음성은 무엇입니까? 예수님과 같이 굳건하게 진리 위에 서서 침묵할 수 있습니까? 대제사장처럼 정치적으로 나에게 이익이 안 되면 사람을 죽여서라도 목적을 이루는 사람이 되겠습니까? 아니면 가룟 유다처럼 자기의 생각과 다르다는 이유로 스승이라도 팔아넘기는 사람이 되겠습니까? 혹은 제자들처럼 팔아넘기진 않아도 자신이 죽을까 두려워 도망가는 사람이 되겠습니까? 실제로 이런 상황이 닥칠 때 여러분은 어떤 결정을 내리시겠습니까? 한 번쯤 진지하게 고민해 볼 문제입니다.

베드로의 부인과 통곡

마가복음 14장 66절~72절

본문 66절부터 72절에 보면 예수님의 예언대로 베드로는 예수님을 세 번 부인하게 됩니다. 첫 번째 부인*(66~68 상반절)*, 두 번째 부인*(68 하반절~70 상반절)*, 세 번째 부인*(70 하반절~72절)*입니다.

1. 베드로의 부인

예수님이 겟세마네 동산에서 붙잡히셨습니다. 그리고 대제사장의 집으로 끌려가서 심문을 받습니다. 그때 대제사장 집에서 일하는 여종 한 명이 베드로를 보고는 "너도 나사렛 예수와 함께 있던 자가 아니냐"라고 하자 베드로는 "무슨 말을 하느냐?"며 모른 척합니다. 베드로가 그 자리를 피해서 앞뜰로 들어가니까 또 여종 한 명이 자기 옆에 서 있던 다른 사람에게 말하기를 "저 사람 분명히 갈릴리 당이다"라고 하자 베드로는 또다시 부인합니다. 예수님이랑 같이 있은

적이 없다는 것이었습니다.

조금 후에 옆에 서 있는 사람이 베드로에게 "당신은 갈릴리 사람이구나. 말하는 것을 보니 예수님과 함께 있었던 그 당이 맞다"라고 하자 베드로가 자기를 저주하면서 맹세하기를 "나는 너희가 말하는 그 사람을 모른다"라고 하고 아예 예수님과 아무 관계도 없는 것처럼 세 번째 부인을 했다는 이야기입니다. 그때 베드로는 "닭이 두 번 울기 전에 네가 세 번 나를 부인할 것이다"라고 하신 예수님의 말씀이 생각났습니다.

우리도 주님을 부인할 수 있는 죄인임을 인정합니까? 예수님을 부인하고 살았지만, 그럼에도 주님을 사랑하는 마음이 내 안에 있습니까?

본문 마지막 72절을 다 함께 읽어봅시다.

"닭이 곧 두 번째 울더라 이에 베드로가 예수께서 자기에게 하신 말씀 곧 닭이 두 번 울기 전에 네가 세 번 나를 부인하리라 하심이 기억되어 그 일을 생각하고 울었더라."

마가는 왜 이 사실을 기록했을까요? 지금 예수님은 산헤드린의 회원들이 다 모여 있는 대제사장의 집 안에서 심문을 받고 있습니다. 대제사장과 서기관과 장로들에 의해서 죄인이라고 정죄를 당하고 있습니다. 그런데 예수님은 그러한 상황 속에서도 담대하게 "내가 하나님의 아들이다. 그리스도다"라고 하면서 사실을 밝힙니다.

그러나 대제사장의 집 바깥에서 일어나는 일들을 보면, 예수님의 가장 훌륭한 수제자인 베드로가 대제사장의 종 앞에서 자기가 예수님과 함께 있었다는 사실조차도 부인하고 있습니다. 그리고 결국 마지막에는 부끄러워서 울었다고 이야기합니다. 본문 말씀은 '예수님'과 '베드로'를 대비시켜 보여주고 있습니다. 죽음 앞에서도 담대하게 메시아 되심을 선언하시는 예수님과 죽음이 두려워 계집종 앞에서 부끄러움을 당하는 베드로를 통해 마가가 우리에게 전하고자 하는 메시지를 살펴볼 수 있습니다.

2. 베드로의 눈물

베드로의 모습을 통해 우리는 본성의 연약함과 죄악성에 대해 알게 됩니다. 우리 안에는 예수님을 증거 할 능력이 없는 상태를 봅니다. 30절에서 예수님께서 베드로에게 "오늘 이 밤 닭이 두 번 울기 전에 네가 세 번 나를 부인하리라"고 말씀하셨을 때, 31절에서 베드로가 힘 있게 "내가 주와 함께 죽을지언정 주를 부인하지 않겠나이다"라고 했습니다.

베드로가 거짓말을 한 것일까요? 그렇지 않습니다. 베드로는 분명 그럴 마음의 결단이 있었습니다. 그런데 실제로 어려움이 닥쳤을 때, 상황이 어려워졌을 때, 죽을 것 같은 위험에 처했을 때, 그 두려움의 순간 결국에는 내면에 숨겨진 연약함을 드러냈다는 것입니다. 우리는 본질적으로 연약하기 때문에 스스로 예수님을 끝까지 시인하고 고백할 능력이 없습니다. 예수님을 끝까지 부인하지 않고자 하는 마음은 있지만, 나 자신의 어려움을 당하게 될 때 그것을 이겨낼 능력이 내 안에 없다는 것을 성령님은 우리에게 보여주고 있습니다.

그래서 72절 하반절에 보면 "그 일을 생각하고 울었더라"고 합니다. 닭 울음소리를 들은 베드로는 예수님이 주신 예언적인 말씀이 생각났습니다. 회개하는 마음이 일었다는 것입니다. 여기에서 우리가 생각할 것은 가룟 유다와 베드로의 차이입니다. 가룟 유다도 예수님과 3년 동안 같이 다녔고, 베드로도 3년 동안 예수님과 함께 다녔습니다. 그러나 베드로에게는 회개의 마음이 있었고, 가룟 유다는 그렇지 못했습니다.

예수님께서는 베드로가 예수님을 세 번 부인할 것을 말씀하신 것처럼 가룟 유다에게도 "이 그릇에 손을 함께 넣는 자가 나를 부인할 것이다"라고 말씀해주셨습니다. 그러나 가룟 유다는 그 말을 듣는 순간에도 자기가 예수님을 부인할 줄 알고 있었다는 사실입니다. 마음에 예수님을 팔겠다는 결단이 있었습니다.

이 차이로 인해 베드로는 회개할 수 있었지만, 가룟 유다는 회개할 수 없었습니다. 가룟 유다는 결국 목을 매달아 죽고 맙니다. 주님이 용서해 주실 것이라는 확신이 없었다는 것입니다. 반면 베드로는 "주는 그리스도시요 살아계신 하나님의 아들입니다"라고 고백하는 믿음을 가지고 있었고, 성령으로 거듭나자마자 오히려 담대하게 예수를 증거 하는 사람으로 변화되었습니다.

누가복음 22장 31, 32절에 보면 "시몬아, 시몬아, 보라 사탄이 너희를 밀 까부르듯 하려고 요구하였으나, 그러나 내가 너를 위하여 네 믿음이 떨어지지 않기를 기도하였노니 너는 돌이킨 후에 네 형제를 굳게 하라"고 말씀합니다. 예수님께서는 베드로를 위해서 기도하셨습니다. 또 누가복음 22장 61, 62절에 보면 베드로가 예수님을 세 번 부인할 때, 누가는 이렇게 기록하고 있습니다.

"주께서 돌이켜 베드로를 보시니 베드로가 주의 말씀 곧 오늘 닭 울기 전에 네가 세 번 나를 부인하리라 하심이 생각나서, 밖에 나가서 심히 통곡하니라."

예수님은 심판 받는 그 순간에도 뒤를 돌아서 열린 문 사이로 베드로를 바라보고 계셨다는 사실입니다. 베드로는 그 예수님의 눈빛을 보았을 것입니다. '네가 나를 부인하느냐'라는 예수님의 그 눈빛을 보고 베드로는 심히 통곡하며 울었을 것입니다.

베드로는 인간적으로 연약한 사람이었지만 울면서 회개할 수 있는 사람이었습니다. 베드로는 주님을 진심으로 사랑했습니다. 베드로에게 예수님을 부인하고 싶은 마음은 사실 없었습니다. 그러나 내적인 능력이 부족했습니다. 이것은 오늘날 수많은 예수 믿는 사람들의 문제점이고 어려움이기도 합니다. 그러면 이 문제를 주님은 어떻게 해결하셨을까요?

3. 연약함을 이기는 비결

사도행전 1장 8절에 보면 "오직 성령이 너희에게 임하시면 너희가 권능을 받고 예루살렘과 온 유대와 사마리아와 땅 끝까지 이르러 내 증인이 되리라"고 하십니다. "오직 성령이 너희에게 임하시면", 성령이 임할 때 인간의 본성적인 연약함을 이길 수 있다는 말씀입니다.

예수님은 베드로를 알고 계셨습니다. 베드로가 주님을 부인하지만, 마음으로는 그렇지 않다는 사실을 알고 계셨습니다. 베드로를 위해서 기도하신 것도 그 때문이었습니다. 그런 까닭에 베드로에게는 회개의 기회가 있었고, 다시 마가의 다락방으로 돌아갔고, 하늘에서 능력을 받았고, 결국, 수많은 사람 앞에서 예수님을 부인했던 베드로가 담대하게 예수님을 증거하는 사람으로 변화되었습니다

여러분은 베드로입니까, 가룟 유다입니까? 내 안의 본성은 어떤 상태에 있습니까? 우리는 모두가 연약하기 때문에 누구든지 넘어질 수 있습니다. 그러나 적어도 주님과의 관계 속에서 "주님, 나 죽어도 주님을 부인하지 않겠습니다"라는 마음만은 있어야 할 것입니다. 그것마저 없다면 우리는 쉽게 가룟 유다처럼 될 수도 있습니다. 주님은 베드로에게 "네 믿음이 떨어지지 않게 내가 기도하겠다"라고 하셨습니다.

또한, 28절에 "내가 살아난 후에 너희보다 먼저 갈릴리로 가리라"고 하셨습니다. 제자들을 부르셨고, 제자들과 함께 3년의 세월을 보내신 갈릴리에서 다시 보자는 말씀이었습니다. 이 말씀을 하신 것은

"내가 너희를 불렀고, 결코 버리지 않겠다. 내가 너희를 만났던 곳에서 다시 만날 것이다"라는 확증을 주신 것입니다.

관계는 굉장히 중요합니다. 예수님과 어느 정도의 시간을 보내는가 하는 것은 굉장히 중요한 문제입니다. 베드로가 생각하고 울었던 이유는 예수님과 영적 관계, 가족의 관계를 갖고 있었기 때문이었습니다. 여러분은 누구입니까? 베드로처럼 내적으로는 연약하더라도 결국에는 주님의 제자가 될 수 있는 그런 사람이 되어야 할 것입니다.

순간의 선택이 영원을 결정한다

마 가 복 음   1 5 장   1 절 ~ 1 5 절

본문 말씀을 세 단락으로 분류하면, 예수님의 침묵(*1~5절*), 전례에 따라(*6~11절*), 넘겨진 예수(*12~15절*)입니다. 본문의 말씀을 요약하면, 새벽에 대제사장과 온 공회가 예수를 결박하여 빌라도에게 넘겨줍니다. 빌라도가 "네가 유대인의 왕이냐"고 묻자 예수님은 "네 말이 옳다"라고 대답하십니다.

우리도 세상에서 성도임을 확실히 밝히는 고백을 해야 합니다. 하지만 여러 가지로 고발하는 대제사장의 말에는 침묵하십니다. 주님은 죄를 범치 않기 위해서, 하나님의 판결에 맡기기 위해서 침묵하셨습니다. 대제사장들이 무리들을 충동함으로 전례에 따라 바라바를 놓아주고 예수님은 십자가에 못 박도록 넘겨줍니다.

또한, 본문에서는 네 종류의 사람들이 등장합니다. 예수님, 대제사장들과 산헤드린 공회원, 무리들, 그리고 빌라도입니다. 예수님의 십자가 처형을 둘러싸고 벌이는 각기 다른 사람들의 선택적 결정과 움직임들을 통해 우리는 많은 생각을 하게 됩니다. 본문 1절을 다 함께 읽어봅시다.

"새벽에 대제사장들이 즉시 장로들과 서기관들 곧 온 공회와 더불어 의논하고 예수를 결박하여 끌고 가서 빌라도에게 넘겨주니."

당시 대제사장과 산헤드린 공회에서는 사형을 결정할 만한 권한이 없었습니다. 다른 모든 결정은 내릴 수 있었지만, 사형에 대한 권한만은 로마의 총독인 빌라도에게 있었습니다. 당시 빌라도는 유다와 사마리아 전체, 갈릴리까지 통괄하는 로마의 총독이었습니다. 결국, 그들은 로마 관청의 문이 열리기를 기다렸다가 새벽이 되어 빌라도를 찾아갔습니다. 빌라도가 사형에 대해 승인만 해 주면 되도록 밤새 심문을 마친 상태였습니다.

당시 로마 총독은 가이사랴에 거주했습니다. 가이사랴는 지중해 연안에 있는 곳입니다. 지금의 텔아비브에서 조금 북쪽에 있는 항구 도시인데, 유대와 사마리아 지역에서 반란이 일어나면 배 타고 얼른 로마로 도망갈 수 있는 곳이고, 로마의 군함들이 들어오는 장소가 가이사랴이기 때문에 그곳에 진을 치고 있었습니다. 그러다 유월절, 오순절, 그리고 장막절과 같은 명절이 되면 많은 순례객으로 예루살렘이 복잡해졌으므로 치안 유지를 목적으로 예루살렘에 거주했던 것으로 추측됩니다.

그렇게 예루살렘에 머물 때, 빌라도는 끌려온 예수님을 만나게 됩니다. 예수님을 만나 "유대인의 왕이냐"고 물었으나 예수님은 "네 말이 옳도다"라고 하실 뿐 담담하셨습니다. 그런 중에 대제사장들은 예수를 여러 가지로 고발하며, 명절의 전례대로 죄수 중 한 사람을 놓아달라고 이야기합니다. 우리에게는 누구나 선택할 기회가 주어집니다. 영생을 위한 선택, 신앙을 위한 선택을 할 것인가, 아니면 잘못된 선택을 통해 살인자를 택하여 증오와 폭력을 선택할 것인가는 매우 중요합니다. 이 선택의 순간에 어떤 결단을 내리느냐가 자신의 운명을 결정짓는 중대한 계기가 됩니다. 결국, 빌라도는 군중들의 요청대로 바라바를 놓아주고 예수님을 못 박히게 내어줍니다. 15절을 다 함께 읽어봅시다.

"빌라도가 무리에게 만족을 주고자 하여 바라바는 놓아 주고 예수는 채찍질하고 십자가에 못 박히게 넘겨 주니라."

빌라도의 관심은 정치적인 것이었습니다. 그는 로마 총독으로 황제의 이름을 대신한 사신(使臣)으로 와 있었기 때문에 이 문제가 큰 문제로 번지지 않기를 바랐습니다. 그러므로 무리들이 "예수를 십자가에 못 박으라"고 하는 말을 따를 수밖에 없었습니다. 무리의 말을 듣지 않았다가 그 자리에서 쫓겨날 것과 폭동이 일어나서 로마 황제 앞에서 할 말이 없어질 것을 염려했기 때문입니다.

요한복음 19장 12절에 "이러하므로 빌라도가 예수를 놓으려고 힘

썼으나 유대인들이 소리 질러 이르되 이 사람을 놓으면 가이사의 충신이 아니니이다. 무릇 자기를 왕이라 하는 자는 가이사를 반역하는 것이니이다"라고 기록하고 있습니다. 빌라도는 예수님께 죄가 없다는 것을 눈치채고 있었습니다. 빌라도의 아내도 꿈 이야기를 들려주며 빌라도에게 예수를 죽여서는 안 된다고 했습니다.

그러나 "가이사를 반역하는 사람을 풀어주어서는 안 됩니다" 하는 이야기를 듣자마자 그는 정치적인 이익 때문에 결국 예수님을 죽음에 넘겨주고 맙니다. 빌라도는 진리에 서지 않은 총독이었습니다. 로마 황제에 대해 지나친 아부와 충성으로 자기 자리를 지켰던 사람이었습니다. 그는 10년 동안 유대 총독 자리를 마치고 결국은 사마리아에서 일어난 큰 학살 사건 때문에 황제에게 소환을 당하자마자, 자기 정치 생명이 끝난 것을 알고 자살하고 맙니다.

누가복음 23장을 자세히 읽어보면, 빌라도는 세 번이나 예수를 놓아주려고 했지만 결국 십자가에 내어주고 맙니다. 자기 양심에 거스르는 판단을 했다는 것입니다. 어떤 사람은 양심을 "내 존재의 깊은 내면에서 들려오는 신의 목소리다"라고 말합니다. 즉 하나님의 목소리라는 것입니다.

그렇다면 빌라도만이 예수님을 십자가에 못 박은 것일까요? 대제사장과 산헤드린 공회원들, 그리고 무리들은 어떤 사람들이었습니까? 대제사장들과 산헤드린 공회원들과 무리들이 예수님을 넘겨준 이유는 그들의 생각과 다르기 때문이었습니다. 그들의 생각은 예수님은 하나님의 아들일 수가 없다는 것이었습니다. 로마의 속박으로 부터 자신들을 건져주지 않는다면 그는 메시아가 아니라는 생각이 었습니다.

그래서 무리들이 유월절 전례대로 한 사람을 놓아달라고 빌라도에게 먼저 요구한 이유도, 정치적 해방을 위해 일한 바라바를 차라리 놓아달라는 것이었습니다. 그것이 바로 그들의 선택이었습니다.

무리들은 군중심리에 이끌리는 사람들입니다. 예수님이 예루살렘에 입성하실 때 가장 높은 곳에서 '호산나'를 외쳤던 이들도 바로 그 무리들이었습니다. 그런데 이제 그들은 대제사장들이 예수를 십자가에 못 박아야 한다고 외치고 다니니까 흔들리고 말았다는 것입니다. 우리는 항상 진리를 따라 움직여야 합니다. 사람들이 말하는 것, 기뻐하는 것, 인정해 주는 것이 아닌 하나님의 진리대로 살아갈 수 있어야 합니다. 진리가 아닌 군중심리에 의해 움직이는 무리들이 되어서는 안 됩니다.

예수님은 하나님의 시간표를 따라서 십자가에 못 박혀야 된다는 그 사명을 알고 계셨습니다. 유월절에 십자가에 죽어야 한다는 절기에 숨겨진 하나님의 예언도 알고 계셨습니다. 그래서 무리들이 뭐라고 외치든, 빌라도가 어떤 결정을 내리든, 대제사장과 산헤드린 공회원들이 무엇을 말하든 침묵하셨습니다.

주님은 십자가에 못 박혀 죽으시기 위해서 온 분이셨습니다. 이것이 그분의 성경적 운명, 신적 운명이었습니다. 뿐만 아니라 예수님은 그렇게 잠잠히 고난의 길을 가심으로 이사야의 예언을 성취하셨습니다(사 53:7). 예수님은 하나님이 정하신 그 부르심의 자리를 따라, 또 하나님의 구속의 시간표를 따라 십자가에 못 박히기를 결정하셨고, 예언에 적힌 대로 침묵을 지키시면서 사람과 다투지 않으며 그의 길을 묵묵히 걸어가셨습니다.

인생에는 많은 선택의 순간이 있습니다. 이유 없이 비난을 들어야 하는 순간, 우리의 선택은 어떠해야 할까요? 하나님의 시간표를 따르는 삶을 살아가야 할 것입니다.

예수님은 빌라도의 질문에는 대답하시지만, 대제사장들의 여러 고소에는 아무 대답도 하지 않으십니다. 가장 큰 지혜는 언어의 지혜, 말의 지혜입니다. 침묵할 때와 말할 때를 분별하는 것이 참 지혜입니다. 나의 입술에는 말의 지혜가 있습니까? 아무 곳에서나 억울함을 토로하여 곤경에 빠지게 된 적이 있습니까? 순간의 선택이 영원을 결정합니다.

바라바는 민란과 살인과 강도를 저지른 악명 높은 자이며, 로마 정권과 정면으로 대립한 혁명가입니다. 무리의 눈에는 그가 유대 민중을 위한 독립운동가로 보였을 수도 있습니다. 우리가 예수님을 따르는 것 같아도 눈에 보이는 바라바와 같은 지도자를 찾고 구할 때가 많습니다. 내가 예수님보다 의롭다고 여기는 바라바는 누구(무엇)입니까? 사회개혁을 위하여 예수님보다 혁명가가 필요하다고 생각합니까? 순간의 선택이 영원을 결정합니다.

빌라도가 합리적으로 재판하는 것 같아도 말씀이 없으면 결국에는 세상과 타협하기 마련입니다. 그는 철저히 자기의 유익을 좇아 행동한 것이며, 최종 결정권자로서 져야 할 책임은 뒤로한 채 무리를 따릅니다. 또한, 예수님께 열광하던 무리는 그분이 초라해 보이자 등을 돌려 떠났습니다. 하지만 예수님은 어리석은 이들을 위해 십자가의 길을 끝까지 걸어가십니다.

십자가에 달리신 예수님

마 가 복 음 1 5 장 1 6 절 ~ 3 2 절

　본문은 세 단락으로 나누어 볼 수 있습니다. 첫째 조롱당하신 예수님(16~19절), 둘째 구레네 사람 시몬(20, 21절), 셋째 십자가에 달리신 예수님(22~32절)입니다. 마가가 이 기록을 통해 말하고자 했던 메시지는 무엇일까요?

　군인들이 예수를 끌고 '브라이도리온'이라는 뜰 안으로 들어가서 희롱을 했습니다(16절). '브라이도리온'은 로마 총독의 사령부입니다. 당시 빌라도가 예루살렘에 오면 머무르던 성채(城砦)입니다. 거기에서 총독이 머무르면서 재판도 했던 것으로 보입니다. 그런데 이때 군인들이 예수님께 왕의 옷을 입히면서 조롱하는 내용이 17~20절까지 말씀입니다.

　예수님이 온 군대 앞에서 조롱을 당하십니다. 그들은 왕의 의복인 자색 옷을 예수께 입히고 머리에 면류관 대신 가시관을 씌워 경례하며 예수님을 희롱합니다. 그것도 모자라 갈대로 머리를 치며 침까지 뻿습니다. 우리가 이런 수치를 당한다면 인내할 수 있을까요? 예수님은 이 엄청난 수치를 당하고 모든 것을 기록으로 남기셨습니다.

자존심이 상할 때 나는 분을 토해냅니까, 끝까지 수치를 당합니까? 누구에게도 말하지 못한 나의 수치는 무엇입니까? 그러나 말씀이 내 삶을 관통하면 나의 수치가 주님의 수치로 바뀌어 약재료가 될 줄 믿습니다(겔 47:12). 자색 옷과 가시면류관, 갈대는 각각 왕복, 그리고 왕의 홀을 의미합니다. 왜 군병들이 그런 일을 했습니까? 예수님을 조롱하기 위해서입니다. 그러나 실제로 그분은 바로 메시아셨습니다. 그리고 우리는 그것을 구약의 역사를 통해서도 확인하게 됩니다.

1. 구약 예언의 성취

본문 23절을 함께 읽어봅시다.

"몰약을 탄 포도주를 주었으나 예수께서 받지 아니하시니라."

그런데 시편에 보면 이를 뒷받침하는 내용이 나옵니다. "그들이 쓸개를 나의 음식물로 주며 목마를 때에는 초를 마시게 하였사오니"(시 69:21). 시편의 내용이 그대로 이뤄진 것입니다. 그뿐만 아닙니다. 24~28절까지 내용을 보면 예수님께서 인류의 저주를 대신해서 받으신 이야기가 나옵니다. 본문 26~28절을 다 함께 읽어봅시다.

"그 위에 있는 죄패에 유대인의 왕이라 썼고, 강도 둘을 예수와 함께 십자가에 못 박으니 하나는 그의 우편에, 하나는 좌편에 있더라."

이 이야기가 신명기 21장 22, 23절에도 나옵니다. "사람이 만일 죽을 죄를 범하므로 네가 그를 죽여 나무 위에 달거든 그 시체를 나무 위에 밤새도록 두지 말고 그 날에 장사하여 네 하나님 여호와께서 네게 기업으로 주시는 땅을 더럽히지 말라 나무에 달린 자는 하나님께 저주를 받았음이니라."

다시 말해 구약의 예언을 성취하시기 위해 주님은 십자가에서 저주를 받아 죽으셨다는 말씀입니다. 그 말을 나중에 바울은 이렇게 해석합니다. 갈라디아서 3장 13, 14절을 다 함께 읽어보겠습니다.

"그리스도께서 우리를 위하여 저주를 받은바 되사 율법의 저주에서 우리를 속량하셨으니 기록 된 바 나무에 달린 자마다 저주 아래에 있는 자라 하였음이라. 이는 그리스도 예수 안에서 아브라함의 복이 이방인에게 미치게 하고 또 우리로 하여금 믿음으로 말미암아 성령의 약속을 받게 하려 함이라."

예수님이 십자가에 못 박혀 죽으신 것은 이미 예언된 것이요, 예수님은 그 예언을 성취하기 위해서 죽으셨다는 말씀입니다. 또한, 본문 24절에 보면 "십자가에 못 박고 그 옷을 나눌 새 누가 어느 것을 가질까 하여 제비를 뽑더라"고 합니다. 그리고 시편 22편과 69편에 예언되어 있습니다. 시편 22편 7, 8절을 봅시다.

"나를 보는 자는 다 나를 비웃으며 입술을 비쭉거리고 머리를 흔들며 말하되, 그가 여호와께 의탁하니 구원하실 걸, 그를 기뻐하시니 건지실 걸 하나이다."

메시아가 그렇게 고난 당할 것을 미리 예언했다는 것입니다. 시편 69편 4절에서는 "까닭 없이 나를 미워하는 자가 나의 머리털보다 많고 부당하게 나의 원수가 되어 나를 끊으려 하는 자가 강하였으니 내가 빼앗지 아니한 것도 물어 주게 되었나이다"라고 합니다. 메시아의 생애뿐만 아니라 그리스도를 따르는 자는 자기 십자가를 지고 따라야 된다는 말씀입니다. 이렇게 마가는 본문의 기록을 통해 예수님의 고난과 죽음은 역사적 사실이라는 것을 말해주고 있는 것입니다.

2. 억지로 진 십자가

본문을 통해 볼 수 있는 또 하나의 사건은 구레네 시몬에 대한 이야기입니다. 예수께서 십자가를 지고 가시다가 힘들어 멈춘 곳에서 구레네 사람 시몬이 그 십자가를 대신 지었습니다. 그는 '디아스포라 유대인'(흩어져 살며 유대교의 관습을 유지한 유대인)으로서 유월절을 지키러 왔다가 십자가를 지게 되었습니다. 이처럼 우리도 자발적으로 헌신하지 못해 억지로 직분을 받게 될 때가 있습니다.

본문 21절에 보면 "마침 알렉산더와 루포의 아버지인 구레네 사람 시몬이 시골로부터 와서 지나가는데 그들이 그를 억지로 같이 가게 하여 예수의 십자가를 지우고"라고 합니다. 왜 이런 이야기를 기록했을까요? 굳이 '알렉산더와 루포의 아버지인 구레네 사람 시몬'이라고 표현한 이유는 무엇일까요? 아마도 당시 알렉산더와 루포라는 사람은 유명한 사람이었던 것 같습니다. 로마서 16장 13절에 보면 "주 안에서 택하심을 입은 루포와 그의 어머니에게 문안하라 그의 어머니는 곧 내 어머니니라"는 말씀이 나옵니다. 사도 바울을 섬겼던 여인이 있었는데, 그 사람이 루포의 어머니라는 것입니다. 그런데 루포의 아버지가 바로 구레네 시몬이라는 것입니다.

어쩌면 구레네 사람 시몬은 십자가를 억지로 지기 전까지는 예수님이 메시아라는 것을 믿지 않던 사람이었을 것입니다. 그런데 억지로 진 그 십자가를 통해 인격적으로 예수님을 체험하게 되고, 예수님이 메시아라는 것을 믿게 되었던 것입니다. 그 믿음을 자기 아들인 알렉산더와 루포에게 전달했을 것이고, 그들이 바울의 수종자가 되었다는 이야기입니다. 구레네 시몬이 억지로 십자가를 졌지만, 그로 인해 주님을 영접하고 증인이 되었기에 온 가족이 변하여 복을 받습니다.

내가 억지로 지게 된 십자가는 무엇입니까? 나를 힘들게 하는 상사와 배우자, 자녀와 부모 때문에 예수님을 만나게 되었습니까? 십자가는 억지로라도 지는 것이 맞습니다. 나는 원치 않지만, 부모님이 십자가를 지라고 해서 떠밀리듯 지게 된 것들이 있다고 해서 억울해할 필요가 없습니다. 어찌 보면 하나님의 경영 가운데 있는 일일 수도 있습니다. 억지로 십자가를 져서라도 하나님의 축복을 누릴 수 있다면 그것은 좋은 일입니다.

3. 포도주를 거절하신 의미

마지막으로 본문 말씀을 통해 우리가 기억해야 할 또 한 가지는, 예수님은 우리의 고통을 대신 맛보기 위해서 몰약을 탄 포도주도 거절하셨다는 사실입니다. 몰약을 탄 포도주는 십자가의 고통을 조금이라도 덜기 위한 것(*마취제 기능*)이었습니다. 그러나 주님은 그것을 거절하시며 고통을 온전히 참아내셨습니다. 왜 그렇습니까? 바로 우리의 고통과 아픔을 대신 맛보기 위해서입니다.

우리에게 인생의 고통이 다가올 때, 그 고통을 스스로 지고 살겠다는 것은 교만한 것입니다. 주님은 "너희의 고통은 내가 대신 다 맛보았다. 그러므로 너희는 나를 믿기만 하고 내 안에 들어오기만 하면 고통에서 해방될 것이다"라고 말씀하십니다. 우리는 스스로 죄의 값을 치를 수가 없습니다. 죄의 값은 사망이기 때문입니다. 그러므로 진정 겸손한 사람은 자기의 죄를 깨닫고 주님 앞에 무릎을 꿇는 사람입니다. 우리 죄를 대신 짊어지신 주님을 생각하는 사람입니다. 이를 위해 예수님께서는 몰약을 탄 포도주도 거절하셨다는 것입니다.

예수님은 수많은 모욕과 조롱 가운데서도 침묵을 지키시며 묵묵히 예언 성취의 삶을 이루셨습니다. 여러분은 그렇게 할 수 있습니까? 왜 예수님이 십자가에 못 박혀야 했습니까? 하나님이 정해 놓으신 진리이기 때문입니다. 십자가에서 내려와 여행과 쇼핑 등 멀리 떠나고 싶을 때는 언제입니까? 내가 이해타산으로 제비 뽑아 나누는 것은 무엇입니까? 모든 인류를 위해서 저주를 받는 것이 예수님의 부르심이었습니다. 여러분의 부르심은 무엇입니까?

예수는 그리스도

마 가 복 음 1 5 장 3 3 절 ~ 4 7 절

　바울 사도는 가는 곳마다 "예수는 그리스도"라고 복음을 선포했습니다. 곧 예수는 우리 온 인류를 대속하신 구원자라는 것입니다. 본문 말씀은 예수님께서 십자가에 못 박혀 죽으실 때 일어난 사건과 아리마대 사람 요셉이 예수의 시체를 무덤에 안장시킨 이야기입니다.

　본문 33절에 "제육시가 되매 온 땅에 어둠이 임하여 제 구시까지 계속하더니"라고 합니다. 마가는 왜 이것을 기록했을까요? 아모스 8장 9절에 보면 "주 여호와의 말씀이니라. 그 날에 내가 해를 대낮에 지게 하여 백주에 땅을 캄캄하게 하며"라고 기록하고 있습니다. 하나님의 심판의 날 하늘이 어두워지고 대낮에 캄캄해지는 일들이 일어날 것을 예언하고 있는 것입니다. 그리고 33절 말씀을 통해 그 일이 실제로 일어났다는 것을 성경은 우리에게 말해주고 있는 것입니다.

또한, 34절에 보면 예수님께서 십자가에 죽으실 때 "엘리 엘리 라마 사박다니"라고 하십니다. "나의 하나님, 나의 하나님, 어찌하여 나를 버리셨습니까?"라는 말씀입니다. 이것은 무엇을 뜻합니까? 우리 죄 때문에 주님이 십자가의 고통을 당하시고, 형벌을 받으시고, 그 고통이 너무 커서 마치 하나님이 버리신 것 같은 느낌을 받았다는 것입니다. 그러나 주님은 그 고통을 마다하지 않으시고 우리의 죄를 위해 죽으심으로 우리와 하나님 사이에 화목의 길을 열어놓으셨습니다.

1. 형식적인 제사의 종말

그런데 38절에 보면 예수님이 숨지시자 "성소 휘장이 위로부터 아래까지 찢어져 둘이 되니라"고 이야기합니다. 성전 휘장이 위에서 아래로 둘로 갈라져 찢어졌다는 것은 무엇을 의미할까요? 형식적인 제사의 종말을 고하는 것입니다. 성전예배제도가 끝나고 새 예배가 시작되었음을 의미합니다. 성소의 휘장에는 오직 대제사장 한 명만이 들어갈 수 있었습니다. 이 대제사장은 예수님을 상징합니다. 인간의 대표로서 그는 하나님의 지성소에 들어가서 짐승의 피를 뿌림으로 모든 사람의 죄를 사함 받았다는 것입니다.

죄인의 신분으로서는 하나님의 임재가 있는 지성소에 들어갈 수 없었으나, 예수님께서 우리의 모든 죄를 대신 짊어지시고 죽으시고 모든 저주를 다 끊으심으로 말미암아 이제 우리도 지성소에 들어갈 수 있는 은혜를 얻었다는 것입니다. 그래서 그 지성소를 '은혜를 베푸는 자리'라고 하여 '속죄소, 혹은 시은좌'라고 하는 것입니다. 그러므로 이제 예수 그리스도를 믿으면 그 예수님이 우리를 십자가에 죽으신 대속의 죽음이 나에게도 유효하게 되는 것입니다. 믿음으로 말미암아 우리는 구원을 받은 것입니다. 할렐루야!

2. 백부장의 고백

예수님이 죽으시자 가장 먼저 예수님을 메시아로 고백한 것은 이방인인 '백부장'이었습니다. 39절을 다 함께 읽어봅시다.

"예수를 향하여 섰던 백부장이 그렇게 숨지심을 보고 이르되 이 사람은 진실로 하나님의 아들이었도다 하더라."

백부장이 어떻게 이런 고백을 하게 되었는지 우리는 다 알지 못합니다. 다만 확실히 알 수 있는 것은 하나님께서 그 백부장의 심령 속에 '예수님이 바로 진실한 의인이요, 진정한 하나님의 뜻을 이루기 위해서 오신 분'이라는 사실을 깨닫는 은혜를 베풀어주셨다는 것입니다.

제자들은 주님을 다 떠났습니다. 여인들도, 아리마대 요셉도 아직 그런 고백을 하기 전이였다고 볼 수 있습니다. 그런데 놀랍게도 하나님이 이방인 백부장에게 은혜를 베푸셔서 첫 번째 고백을 하도록 하셨다는 이야기입니다. 기독교는 고백의 종교입니다. 예수를 주로, 그리스도로 고백하는 놀라운 일을 이 백부장이 했다는 것입니다.

3. 예수님을 따른 여인들

십자가 사건 현장에는 예수님을 따르는 '여인들'이 있었습니다. 본문 40, 41절을 다 함께 읽어봅시다.

"멀리서 바라보는 여자들도 있었는데 그 중에 막달라 마리아와 또 작은 야고보와 요세의 어머니 마리아와 또 살로메가 있었으니, 이들은 예수께서 갈릴리에 계실 때에 따르며 섬기던 자들이요 또 이 외에 예수와 함께 예루살렘에 올라온 여자들도 많이 있었더라."

예수님의 제자들은 모두 떠나고 이 여인들만 남았다는 것입니다. 참 제자의 길을 걷는 사람으로서 여인의 모습을 지금 성경은 우리에게 보여주고 있습니다.

본문에 소개된 여인들을 살펴보면 먼저 '막달라 마리아'는 일곱 귀신 들렸다 예수님에게 치유 받았던 그 여인입니다. '작은 야고보와 요셉의 어머니인 마리아'는 예수님의 열두 제자 중 또 다른 한 야고보가 있었는데, 그 야고보의 어머니였을 가능성이 큽니다. 그 다음에 '살로메'는 전통적으로 이야기할 때 야고보와 요한의 어머니 마리아라고 이야기합니다.

왜냐하면, 마태복음 27장 56절에 같은 본문의 이야기를 하면서 "그 중에는 막달라 마리아와 또 야고보와 요셉의 어머니 마리아와 또 세베대의 아들들의 어머니도 있더라"고 이야기하기 때문입니다.

다시 말해서 마가복음에서 말하고 있는 살로메라는 이름 대신에 "세베대의 아들들의 어머니"라는 표현을 쓰고 있기 때문에, 이 여인이 바로 야고보와 요한의 어머니일 것이라는 이야기입니다. 이 여인들은 예수님이 갈릴리에 계실 때 섬기는 자들이었고, 또 예수와 함께 예루살렘에 올라온 여자가 많았습니다.

과거에서나 오늘이나 신실하게 주님을 따르는 대부분의 가장 큰 그룹은 여인들의 그룹인 것 같습니다. 여인들로 인해서 교회는 살아나고, 기도하고, 그리스도의 복음을 증거 하는 몸이 될 수 있는 것입니다. 마가는 본문을 통해 아마도 이 이야기를 들려주고 싶었던 것 같습니다.

4. 아리마대 요셉

'아리마대 요셉'도 본문에서 주목해 봐야 할 인물입니다. 본문 42, 43절을 다 함께 읽어봅시다.

"이 날은 준비일 곧 안식일 전날이므로 저물었을 때에 아리마대 사

람 요셉이 와서 당돌히 빌라도에게 들어가 예수의 시체를 달라 하니 이 사람은 존경 받는 공회원이요 하나님의 나라를 기다리는 자라."

'아리마대'라는 도시는 예루살렘에서 북동쪽으로 20여 킬로미터 정도 떨어진 동네 이름일 것이라고 고고학자들은 추측합니다. 그러나 중요한 것은 아리마대 출신의 사람인 요셉이 빌라도에게 들어가서 시체를 달라고 했다는 것입니다. 이 사람은 존경받는 공회원이요, 하나님의 나라를 기다리는 자였습니다(43절). 그 마음의 중심 속에 세속에 물들지 않고 하나님의 나라가 임하는 것을 기다리는 사람이었다는 말입니다. 본문 44~47절을 다 함께 읽어봅시다.

"빌라도는 예수께서 벌써 죽었을까 하고 이상히 여겨 백부장을 불러 죽은 지가 오래냐 묻고, 백부장에게 알아 본 후에 요셉에게 시체를 내주는지라. 요셉이 세마포를 사서 예수를 내려다가 그것으로 싸서 바위 속에 판 무덤에 넣어 두고 돌을 굴려 무덤 문에 놓으매, 막달라 마리아와 요세의 어머니 마리아가 예수 둔 곳을 보더라."

마가는 왜 아리마대 요셉의 이야기를 기록했을까요? 먼저는 아리마대 요셉의 수고로움을 살펴볼 수 있습니다. 그는 안식일 전에 이 일을 끝내야 했음으로 해가 지기 전에 수고로움을 무릅 쓰고 예수님의 시체를 무덤에 안장했다는 것입니다. 또한, 생각해볼 것은 아리마대 요셉은 매우 위험한 행동을 했다는 것입니다. 예수님은 정치적으로 로마를 반역한 사람이라는 죄목으로 죽으셨습니다. 그런데 아리마대 요셉이 빌라도에게 가서 시체를 달라고 했다는 것이 알려지면, 대제사장과 산헤드린 공회원들에게 비난을 받고 쫓겨날 수도 있는 상황이었습니다. 그러나 그는 아랑곳하지 않고 바른 일을 공개적으로 선택했습니다.

요한복음과 마태복음, 누가복음에 보면 아리마대 요셉은 예수님의 제자였습니다. 그러나 유대인들을 두려워해서 제자인 것을 숨겼다가, 예수님이 십자가에 죽으시는 모습을 보고, 빌라도에게 가서 시체를 달라고 했다는 것입니다. 주님이 십자가에 돌아가시는 것을 보고 삶에 어떤 변화를 겪었던 것 같습니다.

기독교는 십자가의 종교입니다. 십자가를 지고 주님을 따르는 것이 제자의 삶입니다. 고통스러워도 누가 뭐래도 아랑곳하지 않고 아리마대 요셉처럼 공개적으로 예수님을 나의 구주로 고백하는 사람이 진짜 크리스천입니다. 아무리 힘들고 어려워도 여인들처럼 십자가까지 주님을 따라가는 삶이 되어야 합니다. 그것이 바로 기독교 신앙입니다. 이런 신앙고백이 우리 가운데도 있어야 할 것입니다.

예수의 부활

마 가 복 음   1 6 장   1 절 ~ 1 3 절

본문은 마가복음의 마지막 장입니다. 마가복음 16장은 고린도전서 15장과 함께 '부활장'이라고 이야기합니다. 예수님이 죽은 지 사흘 만에 부활하신 사건을 기록하고 있기 때문입니다. 부활하실 뿐만 아니라 승천하시고, 하나님의 보좌 우편에 앉으신 내용까지 기록하고 있는 것이 16장입니다. 본문을 세 단락으로 나누어 보면 첫째, 예수의 빈 무덤(1~8절), 둘째, 듣고도 믿지 않는 제자들(9~11절), 셋째, 역시 믿지 않는 제자들(12, 13절)입니다.

1. 예수의 빈 무덤(1~8절)

예수님을 따르며 사역을 도운 두 명의 마리아와 살로메는(15:40, 41) 마지막 순간까지 예수님을 섬기고자 안식 후 첫날 새벽에 주님의 무덤을 찾아갑니다. 그러나 그들이 도착한 곳은 빈 무덤입니다.

무덤에 계셔야 할 예수님이 이미 살아나 그곳을 떠나셨기 때문입니다. 예수님을 대신하여 흰옷을 입은 한 청년이 무덤에 있었는데, 그는 "주님의 부활 소식을 제자들에게 가서 전하라"고 합니다. 예수님의 빈 무덤에는 당연히 있으리라 여긴 주님의 시신은 없고 부활의 소식과 '전하라'는 천사의 명령만이 기다리고 있습니다. 내가 당연하다고 여기던 것을 찾지 못하는 텅 빈 상황에서 부활하신 주님의 복음을 듣고 사명을 부여받는 것이 내게 주신 부활의 사건입니다.

다음으로 본문을 통해 볼 수 있는 것은 예수님은 그가 부활하셨다는 사실을 제자들에게 먼저 보여주지 않으시고, 여인들에게 보이셨다는 사실입니다. 1절과 9절을 다 함께 읽어봅시다.

"안식일이 지나매 막달라 마리아와 야고보의 어머니 마리아와 또 살로메가 가서 예수께 바르기 위하여 향품을 사다 두었다가."
"예수께서 안식 후 첫날 이른 아침에 살아나신 후 전에 일곱 귀신을 쫓아내어 주신 막달라 마리아에게 먼저 보이시니."

이 여인들, 특별히 막달라 마리아는 주님을 체험한 사람이었습니다. 그 체험을 통해 예수님은 자신을 어두움의 삶에서 건져주시고, 참된 위로를 주신 주님이라는 애정과 사랑이 가득한 사람이었다는 것입니다. 주님과의 관계는 애정의 관계입니다. 내 삶 가운데 간섭하셔서 어둠에서 건져내시고, 절망에서 끄집어내 주시고, 완전히 낙망해 쓰러져 있는 나에게 새 이름을 주신 그분이 바로 주님이라는 것을 기억해야 합니다. 그 경험이 있어야 합니다.

이것을 체험한 사람들은 도저히 주님을 떠날 수가 없고, 항상 주님을 따르게 되어있습니다. 그분이 죽은 다음에 부활하지 않는다고 할지라도 그분을 따르는 사람들이 이 여인들이라는 것입니다. 그 정도로 주님을 사랑했다는 이야기입니다. 그래서 주님은 이 여인들에게 먼저 자신을 보여주십니다. 놀라운 은혜의 말씀입니다.

2. 듣고도 믿지 않는 제자들(9~11절)

빈 무덤에서 예수님의 부활 소식을 듣고 무서워하던 세 여인 가운데 막달라 마리아가 가장 먼저 주님을 만납니다. 그녀는 흰옷 입은 청년의 말을 들었을 때는 무서워서 누구에게도 알리지 못했습니다(8절). 그러나 다시 사신 주님을 직접 보니 이제 가서 '예수와 함께 하던 사람들', 즉 주님의 제자들에게 부활의 소식을 알립니다. 제자들은 자신들의 고정관념과 편견에 사로잡혀 여자의 말을 믿지 않을 뿐만 아니라, "내가 살아난 후에 너희보다 먼저 갈릴리로 가리라"(14:28)는 주님의 말씀도 믿지 않습니다.

믿음은 나의 편견과 고정관념을 깨뜨리는 일입니다. 자기 생각에서 벗어나 성경의 증언을 믿는 자만이 부활의 기쁨과 능력을 누릴 수 있습니다.

왜 갈릴리에 대한 언급을 하셨을까요? 갈릴리는 제자들이 예수님의 삶을, 기적과 능력을 맛본 장소였습니다. 비록 예수님과 함께 다닌 3년 동안 예수님이 메시아라는 것을 깨닫지는 못했으나, 예언자 중에 강력한 엘리야와 같은 선지자 중 한 명이라고는 생각했던 것 같습니다.

그러므로 부활한 주님에 대한 소식을 듣고 난 다음에 갈릴리로 다시 돌아가서 주님을 만났을 때, '아, 이분이 메시야였기 때문에 이런 기적을 행하셨고, 우리를 불러 제자의 사역을 하게 하셨고, 부활하셨구나'라는 것을 알 수 있지 않겠느냐는 것입니다. 그래서 예수님이 "갈릴리로 먼저 가서 너희를 기다리겠다. 갈릴에서 만나자"라고 하신 것입니다.

우리의 삶에도 갈릴리의 경험, 만남의 경험이 필요합니다. 삶이 낙담될 때, 내 힘으로 할 수 없다고 생각될 때, 주님이 나를 떠났다고 생각될 때 영혼의 고향인 갈릴리로 돌아가시기 바랍니다.

3. 역시 믿지 않는 제자들(12, 13절)

누가에 의하면 이 '두 사람'은 열한 사도들에 들지 않았습니다(눅 24:33). 그들은 '눈이 가리어져서'(눅 24:16) 다른 모양으로 나타나신 주님을 알아보지 못합니다. 여기서 다른 모양은 부활한 주님의 몸의 구별된 상태를 나타내는 것입니다.

완전한 외형의 변화나 일시적인 변장을 뜻함은 아닐 것입니다. 그렇기에 두 사람은 주님의 말씀을 듣고 함께 식사한 후 '눈이 밝아져'

비로소 주님을 알아봅니다 *(눅 24:30, 31)*. 그러나 두 사람이 가서 전해도 열한 사도와 나머지 제자들은 여전히 부활을 믿지 않습니다. 믿음은 인간의 원함이나 노력으로는 생기지 않으며 하나님의 은혜로 주시기에, 보지 못하고 믿는 자들은 복됩니다 *(요 20:29)*.

만민에게 복음을 전파하라

마 가 복 음 1 6 장 1 4 절 ~ 2 0 절

마가복음의 마지막 강해 가운데, 우리는 끊임없이 마가가 말해 주고자 하는 메시지가 무엇인지 경청해야 합니다. 마가복음 16장 1~13절까지의 내용은 '예수님이 부활했다는 사실을 여인들도 믿지 못했고, 제자들도 믿지 못했다'는 사실입니다. 예수님을 따라다니면서 물 위를 걸으시고, 오병이어의 기적을 일으키시고, 문둥병자를 고쳐주시고, 눈먼 자를 눈 뜨게 하시고, 죽은 자를 살리시는 놀라운 이적을 봤음에도 불구하고 예수님이 메시아라는 사실을 믿지 못했습니다.

예수님이 십자가에서 대속의 죽음을 죽으시고 부활한다는 사실을 여러 번 말했는데도 그것을 믿지 못한 것입니다. 심지어는 예수님이 부활하셔서 천사를 통해 여인들에게 말하고, 또 두 제자에게 길을 갈 때 나타나셔서 부활했다는 것을 보여주셨는데도, 그 두 제자가 다른 제자들에게 이야기를 해도 믿지 못했습니다. 마가는 마가복음을 쓰면서 마지막 16장에서까지도 제자들은 믿지 못했다는 이야기를 하고 있는 것입니다.

1. 예수님의 마지막 책망(14절)
본문 14절을 다 함께 읽어봅시다.

"그 후에 열한 제자가 음식 먹을 때에 예수께서 그들에게 나타나사 그들의 믿음 없는 것과 마음이 완악한 것을 꾸짖으시니 이는 자기가 살아난 것을 본 자들의 말을 믿지 아니함일러라."

주님은 부활하신 예수님을 먼저 만난 막달라 마리아와 두 형제의 증언을 듣고도 믿지 않은 열한 제자를 찾아오십니다. 그들은 주님이 잡혀가실 때 다 주님을 버리고 도망했습니다(14:50). 멀찍이 따라가던 베드로도 주님을 부인했습니다(14:54, 71). 우리의 생각으로는 이런 배신이야말로 호되게 꾸짖어야 할 일로 보입니다. 그러나 주님은 이런 것으로 그들을 꾸짖지 않으십니다. 주님은 오직 그들이 부활의 복음을 완악한 마음으로 믿지 않는 것을 꾸짖으십니다. 인간적인 옳고 그름을 따지는 일보다, 복음을 들을 때 믿고 겸손히 순종하는 태도가 더 중요합니다. 죄책감에 머물지 않고 말씀을 듣고 회개함이 우리를 향한 부활하신 주님의 뜻입니다.

주님의 살아나심과 마지막 날에 나도 다시 살 것이라는 약속의 말씀을 어느 정도 믿습니까? 믿지 못한다면 무엇 때문입니까?*(14절)*.

2. 예수님의 마지막 명령(15~18절)
본문 15~18절을 다 함께 읽어봅시다.

"또 이르시되 너희는 온 천하에 다니며 만민에게 복음을 전파하라. 믿고 세례를 받는 사람은 구원을 얻을 것이요 믿지 않는 사람은 정죄를 받으리라. 믿는 자들에게는 이런 표적이 따르리니 곧 그들이 내 이름으로 귀신을 쫓아내며 새 방언을 말하며, 뱀을 집어 올리며 무슨 독을 마실지라도 해를 받지 아니하며 병든 사람에게 손을 얹은즉 나으리라 하시더라."

주님은 제자들에게 이 땅에서의 마지막 명령을 하십니다. 그 명령은 '온 천하에 다니며 만민에게 복음을 전파하는 것'입니다. 주님의 마지막 명령은 좋은 사람이 되는 것이나 큰 업적을 남기는 것, 많은 영향을 끼치는 것이 아니라, 어디든지 주님이 보내시는 곳에 가서 만나는 모든 사람에게 복음을 전파하는 것입니다. 복음 전파의 결과는 주님이 책임지시는 영역임도 분명히 일러주십니다. 복음 전파의 과정에 필요한 능력도 주시겠다고 약속하십니다.

이 말씀은 우리에게 대단히 큰 위로가 됩니다. 우리는 예수님의 고난과 부활에 대해 머리로만 믿을 뿐, 삶 가운데 어려움의 환경이 다가오면 믿지 못할 때가 많습니다. 그때 우리는 '나는 믿음이 없어서 주님의 일을 할 자격이 없어'라는 생각에 낙담하기 쉽습니다. 그러나 본문 말씀을 보면 그것은 우리들의 생각임을 알게 됩니다.

제자들도 3년 동안 예수님을 따라 다녔지만 믿지 못했습니다. 부활하신 것을 보여줘도 믿지를 못했습니다. 그런데 예수님은 그들에게 복음을 맡겼다는 것입니다. 이것은 굉장히 큰 비밀입니다. 마지막에 예수님의 책망을 받고 그들은 주님이 주신 대사명대로 복음을 증거 하게 됩니다. 순종한 것입니다. 비록 마음에 의심이 일어나고 믿기 어려운 상황이라 할지라도 순종하는 믿음을 내보일 때 역사가 나타나게 되어있습니다. 이것은 우리에게 중요한 교훈을 던져줍니다.

오늘날 우리의 문제는 '내가 큰 확신을 가지면 주님의 일을 하겠다'는 생각입니다. 하나님이 역사를 보여주시면 주님의 일을 하겠다고 합니다. 그러나 분명한 것은 주님은 우리 모두를 그리스도의 증인으로 부르셨고, 나가서 복음을 증거 하는 전도자로 부르셨다는 사실입니다. 그리고 전도자로 사는 삶에 하나님이 함께하시는 기적은 '믿음으로 순종할 때 시작된다'는 것입니다. '온 천하 만민'은 목사나 선교사의 직분을 가진 사람들이 찾아가는 먼 곳에 있는 사람들만 가리키지 않습니다. 내 주변에 예수님을 믿지 않는 모든 사람이 곧 '주님이 내게 맡기신 온 천하 만민'입니다.

주님이 오늘 내게 맡기신 '온 천하 만민'은 누구입니까? 전도를 위해 내게 표적으로 주신 일은 무엇입니까?*(15, 17절).*

3. 예수님의 승천(19, 20절)

본문 19, 20절을 다 함께 읽어봅시다.

"주 예수께서 말씀을 마치신 후에 하늘로 올려지사 하나님 우편에 앉으시니라. 제자들이 나가 두루 전파할새 주께서 함께 역사하사 그 따르는 표적으로 말씀을 확실히 증언하시니라."

주님은 인간의 몸을 입고 이 땅에 오신 모든 목적을 다 이루신 후 하늘에 올라 아버지 하나님 우편에 앉으십니다. 예수님의 승천은 이 땅을 떠나기 위함이 아니라 하나님 우편에 앉기 위함입니다. 하나님 우편에 앉았다는 말은 온 우주를 만드시고 다스리시는 하나님의 통치권을 소유하셨음을 뜻합니다. 승천하신 주님은 그분의 마지막 명령인 말씀 전파의 사명을 감당하는 제자들을 적극적으로 도우십니다(15절). 각 제자에게 성령님을 보내셔서 사명을 위해 함께 일하시며, 표적을 보이셔서 주님의 말씀이 전적으로 옳음을 확실히 증언하십니다. 내 안에 거하시는 성령님이 나와 함께 일하시기에 오늘도 우리는 능히 사명을 감당할 수 있습니다.

승천하신 예수님이 내 삶뿐 아니라 주변의 환경까지 다스리심을 믿습니까? 성령님이 확실히 증언하시도록 전해야 할 말씀은 무엇입니까?(20절).

마가복음의 여정을 마치면서 우리가 되짚어봐야 할 내용은 무엇일까요? 예수님은 메시아셨고, 부활하셨다는 것과 그 십자가의 대속의 죽음과 부활을 증거 하는 복음의 전도가 우리에게 맡겨진 대사명이라는 것입니다. 그리고 믿음으로 발걸음을 내디딜 때 주님은 반드시 우리 삶 가운데 역사해주실 것입니다.

더 늦기 전에 복음을 증거 해야 합니다. 주님이 오실 때가 가까웠습니다. 순종하면 곧 기사(奇事)가 나타날 것입니다. 주님의 살아계심을 체험하게 될 것입니다. 이런 놀라운 은혜가 있으시기를 주님의 이름으로 축복합니다.

초판 1 쇄 _ **2022년 6월 5일**

지 은 이 _ 박귀환

펴 낸 이 _ 김현태

디 자 인 _ 디자이너 장창호

펴 낸 곳 _ 따스한 이야기

등   록 _ No. 305-2011-000035

전   화 _ 070-8699-8765

팩   스 _ 02- 6020-8765

이 메 일 _ jhyuntae512@hanmail.net

따스한 이야기 페이스북, 인스타그램

https://www.facebook.com/touchingstorypublisher

https://www.instagram.com/touchingstory512

따스한 이야기는 출판을 원하는 분들의 좋은 원고를
기다리고 있습니다.

가격 16,000원